Erwin W. Lutzer

Ein Blick hinter die Kulissen

Wer regiert - Gott oder Satan?

Erwin W. Lutzer

Ein Blick hinter die Kulissen

Wer regiert - Gott oder Satan?

Über den Autor:

Erwin W. Lutzer (B.A., Winipeg Bible College; Th.M., Dallas Theological Seminary; M.A., Loyola University; L.L.D., Simon Greenleaf School of Law) ist Senior-Pastor der Moody-Memorial-Church in Chicago sowie ein bekannter Tagungsredner und Rundfunksprecher. Er hat viele Bücher geschrieben, so zum Beispiel *Hitler's Cross* (»Hitlers Kreuz«), *Failure: The Back Door to Success* (»Versagen: Die Hintertür zum Erfolg«), *Twelve Myths Americans Believe* (»Zwölf Mythen, die die Amerikaner glauben«), *How You Can Be Sure That You Will Spend Eternity With God* (»Wie kannst du sicher sein, die Ewigkeit mit Gott zu verbringen?«) und *Christ Among Other Gods* (»Christus und die anderen Götter«).

Zur Ehre unseres Herrn und Heilandes Jesus Christus.

»Er hat die Gewalten und die Mächte völlig entwaffnet
und sie öffentlich zur Schau gestellt.
In ihm hat er den Triumph über sie gehalten.«
(Kolosser 2,15)

ISBN 3-89436-174-3

Lutzer, Erwin W.: Ein Blick hinter die Kulissen
Titel des englischen Originals: The Serpent of Paradise -
The incredible Story of how Satan's Rebellion Serves God's Purposes

Übersetzung: Peter Schäfer von Reetnitz
Satz: CV Dillenburg
Umschlaggestaltung: Eberhard Platte, Wuppertal
Druck: Druckhaus Gummersbach
Printed in Germany

INHALT

VORWORT

Im Herbst 1964 saß ich in einem Hörsaal der Freien Universität Amsterdam und hörte eine Vorlesung meines Professors G. C. Berkouwer. Es war ein ungewöhnlich heißer Tag - ungewöhnlich heiß für Holland - und der Raum hatte keine Klimaanlage. Ich ertappte mich dabei, wie meine Gedanken abschweiften, als ich aus dem Fenster schaute und die Enten beobachtete, die auf einem Kanal neben der Straße umherschwammen. Meine Träumereien rissen plötzlich ab und meine ganze Aufmerksamkeit richteten sich auf Professor Berkouwers Worte, als er einen einfachen, kurzen Satz sagte.

Ich weiß nicht, wie viele Worte ich in meinem Leben in Vorlesungen und in Predigten gehört habe, aber ich bin sicher, dass ihre Zahl in die Millionen geht. Ebenso sicher ist, dass ich die überwiegende Mehrheit dieser Worte inzwischen wieder vergessen habe. Aber ich kann mich immer noch jener Worte erinnern, die Dr. Berkouwer in diesem einfachen, kurzen Satz sagte: »Es kann keine gesunde Theologie geben ohne eine gesunde Dämonologie.« Dr. Berkouwer wollte auf folgendes hinaus: Wenn wir die biblische Offenbarung ernst nehmen, müssen wir auch ernst nehmen, was die Bibel über das Reich Satans lehrt.

Wir alle kennen die Frage: »Kamerad, hast du ein Streichholz?« Im Niederländischen lautet die Frage: »Mijnheer, heeft u en lucifer?« (»Haben Sie ein Streichholz, mein Herr?«). Das niederländische Wort für »Streichholz« ist »lucifer«, dasselbe Wort, das in der heiligen Schrift für Satan gebraucht wird. Ich weiß nicht, wie das niederländische Wort für ein Streichholz wortgeschichtlich abgeleitet wird; ich weiß nur, dass es so ist. Sicher ist jedenfalls, dass eine Verbindung zwischen der niederländischen Wortbedeutung und der Feststellung des Neuen Testaments besteht, Satan verkleide sich als ein »Engel des Lichts«. Satan erscheint uns nicht in der verzerrten und abscheulichen Gestalt, die seiner Natur entspricht, und auch nicht so, wie er im Brauchtum beschrieben oder zu Halloween verzeichnet dargestellt wird. Satan ist vielgestaltig. Er stellt sich gern *sub species bonum* dar, als »Auserwählter Gottes«. Er ist - so stellt ihn das 1. Buch Mose vor - das listigste und raffinierteste aller Geschöpfe. Er ist der vollkommenste Betrugskünstler, der seine Spitzbübereien getarnt ausführt.

Die beiden wirksamsten Listen Satans bestehen in der Verführung der Menschen, ihn à la Fernsehdetektiv Columbo zu unterschätzen, so dass er uns in eine verborgene Falle locken kann, oder ihn zu überschätzen, damit er uns so sehr einschüchtern kann, dass wir seiner drohenden Macht gegenüber völlig hilflos sind. Er liebt es, wenn wir seine Existenz leugnen und ihn daher unbeachtet wirken lassen oder wenn wir ihn auf eine göttliche Ebene erheben und uns von ihm ganz in Anspruch nehmen lassen. Wir sind möglicherweise nicht sein Eigentum, und können doch sicherlich von ihm beherrscht sein.

Als mich Erwin Lutzer bat, dieses Vorwort zu schreiben, zeigte er sich sehr großmütig. Er wusste, dass ich seine Sicht gewisser eschatologischer Fragen, die er in diesem Buch vertritt, nicht teile und dass ich ihm in einigen Details nicht zustimmen würde. Aber wenn ich einem Autor in jeder Einzelheit seines Buches zustimmen müsste, ehe ich das Buch gutheißen kann, wäre ich wahrscheinlich außerstande, irgendein Buch gutzuheißen - ausgenommen die Bibel. Gleicherweise wäre dann niemand jemals fähig, irgendeines meiner Bücher gutzuheißen.

Es gibt drei Hauptgründe, die mich in den Stand versetzen, dass ich dieses Buch empfehlen kann. Erstens: Was Erwin Lutzer und R. C. Sproul theologisch eint, ist weit mehr als das, was uns trennt. Zweitens: Ich habe ein tiefgreifendes Verständnis für Erwin Lutzer als Mensch, als Christ und als Verteidiger des Glaubens. Wir alle kennen Menschen, mit denen wir, sobald wir sie sehen, ohne ein Wort zu reden einig sind; wir empfinden eine unmittelbare enge, persönliche Beziehung. Wenn ich Erwin sehe, erhebt sich mein Geist. Drittens, und vielleicht am wichtigsten: Ich empfand dieses Buch als einen echten Schatz biblischer Einsichten. Es ist eine Last des Theologendaseins, dass die meisten christlichen Bücher, die ich gelesen habe, nur wenig Information enthielten, die ich nicht schon vorher viele Male gelesen hatte. Gleichwohl lerne ich durch Wiederholung; ich vermute, ich bin ein langsamer Lerner. Dieses Buch aber ist jedenfalls angefüllt mit erhellenden Einsichten, die ich zuvor niemals in Betracht gezogen hatte. Es war eine reine Freude, bei einer einzigen Gelegenheit so viel zu lernen.

Daheim in Orlando ist es meine Gewohnheit, jeden Morgen um vier Uhr aufzustehen. Meine innere Uhr hat ihr eigenes Alarmsystem. Heute Morgen schlug ich meine Augen genau um zwei Minuten vor vier auf. Von Viertel nach vier an saß ich über diesem Manuskript. Ich stand vor der Aufgabe, vier Vorlesungen zu halten; um neun Uhr musste ich anfangen. Gewöhnlich verbringe ich die frühen Stunden mit der Vorbereitung meiner Vorlesungen. Heute musste ich auf diesen Luxus verzichten, weil mich dieses Buch so sehr gefangennahm. Meinem Urteil nach ist es ein brillantes Buch. Es ist die beste Arbeit über die Person und Arbeitsweise des Feindes, die ich jemals gelesen habe. Es ist nicht nur eine Übung in abstrakter Theologie - es ist eine Fülle geistlicher Einsicht, die ich persönlich verarbeiten muss. Ich kann es kaum erwarten, das Buch noch einmal zu lesen. Es regt nicht nur den Geist an, sondern ist auch höchst erbaulich für die Seele.

R. C. Sproul, Orlando 1996

1

VERWEISE DEN TEUFEL AUF SEINEN PLATZ

Dieses Buch ist ein bescheidener Versuch, dem Teufel den ihm gebührenden Platz anzuweisen. Als Luzifer - sein Name bedeutet »Lichtträger« - die Würfel rollen ließ, da setzte er alles auf eine Karte: Er dachte als Gottes Feind mehr zu erreichen wie als Gottes Freund. Er brachte eine moralische Katastrophe in Gang, die in das ganze Universum ausstrahlen sollte. Du und ich - wir sind zutiefst von der Entscheidung berührt, die er vor Zeitaltern getroffen hat.

Es ist vielleicht nicht allseits bekannt, dass Luzifer bereits in dem Augenblick besiegt war, in dem er sündigte. Er war *strategisch* besiegt, denn als Geschöpf Gottes lag seine weitere Existenz gezwungenermaßen in Gottes Hand. Jede von ihm ausgeübte Macht war nur von Gottes Willen und Ratschluss abhängig. So leidet er von Augenblick zu Augenblick unter dem für ihn erniedrigenden Wissen, dass er niemals selbst der letzte Grund seiner Existenz und seiner Macht sein kann.

Zur Klärung: Ich meine nicht, dass man einfach sagen könnte, Gott beantworte jeden Schritt Luzifers durch Gegensteuern. Daran ist sicherlich auch Wahres, doch dürfte sich Satan in einer noch verhängnisvolleren Situation befinden. Wie die Kapitel dieses Buches zeigen werden, kann er auch nur seinen ersten eigenen Schritt selbst jetzt nicht ohne Gottes ausdrücklichen Willen und ohne seine Erlaubnis tun!

Wir wollen kühn die Behauptung aufstellen: Welches Unheil auch immer Satan zu tun erlaubt wird, es ist stets von Gott zugelassen - zum Dienst und Besten für die Heiligen. William Gurnall ermutigte die Gläubigen, an der Versicherung Gottes festzuhalten, dass er jeden Schritt Satans überwachen und ihm nicht den letztendlichen Sieg überlassen werde. Dann schrieb er: »Wenn Gott ›Halt!‹ sagt, dann muss Satan wie ein Hund bei Tisch stehen, während sich die Heiligen der Tröstungen Gottes erfreuen. Er wagt es nicht einmal, nach einem herabfallenden Leckerbissen zu schnappen, weil das Auge des Herrn unablässig auf ihm ruht.«[1] Und so ist es, das Auge unseres Meisters lässt ihn nicht aus dem Blick. Nach seiner ersten Tat des Ungehorsams waren sein Misserfolg und sein Verderben besiegelt.

Obwohl er es niemals hätte vorhersagen können, war Luzifer am Kreuz *geistlich* besiegt, denn dort garantierte Christus, dass einmal ein Teil der gefallenen Menschheit aus dem Reich der Finsternis freigekauft sein würde, um teilzuhaben am Reich des Lichts. Dass Geschöpfe, die Satan in die Falle gegangen waren, schließlich über das einst von ihm selbst regierte Reich der Engel erhoben sein würden war mehr, als er tragen konnte. Aber er muss es ertragen.

Wenn er am Ende in den Feuersee geworfen worden ist, ist er *ewig* besiegt, da er für immer aus der Gegenwart Gottes verbannt sein wird. Dort, in der nicht endenden Qual und Schande wird ihm unablässig seine Torheit vor Augen stehen, sich gegen Gott gestellt zu haben. Seine Erniedrigung wird öffentlich sein, schmerzlich und endlos. Schon jetzt, wo Sie diese Worte lesen, ist er eine glücklose Figur in dem Drama, das er selbst in Gang gesetzt hat. Und es gibt nichts, was er tun könnte, um das Ergebnis zu ändern.

In der Zeit des Mittelalters wurde der Teufel oft als langschwänziger, paarhufiger Spaßvogel mit zwei Hörnern in einem roten Umhang dargestellt. Er sah so aus, als spiele er die Rolle eines Clowns; oft bildete man ihn als den Verlierer in Alltagskonflikten ab. Karikaturen zeigten ihn als einen Possenreißer, dessen Anwesenheit die Menschlichkeit beleidigte.

Man denke nicht, die Menschen des Mittelalters hätten wirklich geglaubt, dass der Teufel so idiotisch aussähe. Wie wir wussten auch sie, dass er in Wirklichkeit ein böser Geist ist, mächtig und furchtbar. Der Zweck dieser Karikaturen bestand vielmehr darin, ihn an seiner verwundbarsten Stelle zu treffen, nämlich in seinem Stolz.

Sie wollten deutlich machen, dass der Teufel ein Narr war, in Opposition zu Gott zu treten. Obgleich ein Wesen von überragender Intelligenz, war er doch entschieden unklug, sich gegen seinen Schöpfer zu erheben. Die Menschen des Mittelalters ließen ihn dumm erscheinen, weil er trotz seiner Macht und seines schwindelerregenden Wissens wirklich dumm war. Sie wussten wohl, dass der Teufel wirklich und mächtig war; sie wussten aber auch, dass er fehlgeleitet und besiegt war. So bestand Luther darauf, dass wir den Teufel, wenn er nicht aufgibt uns anzufechten, verhöhnen und verspotten sollten: »Denn er kann Verachtung nicht ertragen.«

Man mag die Menschen des Mittelalters beschuldigen, dem Teufel allzuviel Aufmerksamkeit geschenkt und oftmals biblische Wahrheiten mit Legenden und Aberglauben vermischt zu haben. Aber wir müssen sie loben für ihren ungebrochenen Glauben an die Existenz des Fürsten der Finsternis. Unser Zeitalter ist demgegenüber zu schelten, weil es ihm entweder zu wenig Aufmersamkeit schenkt oder - sogar noch schlimmer - jene Art von Aufmerksamkeit, die er begehrt.

Wenn der Teufel uns beharrlich anficht, sollten wir ihn verhöhnen und verspotten.

Wir können dankbar sein für einen Artikel, der kürzlich in der Zeitschrift Newsweek erschien. In ihm wurde gesagt, dass die »Wiedergeborenen« den Teufel ernst nehmen.«[2] Wir, die wir an die Vertrauens würdigkeit der Bibel glauben, machen uns nicht des Zweifels an seiner tatsächlichen Existenz schuldig. Wir sollten mehr als jeder andere den Teufel ernst nehmen. Sehr ernst.

Aber unsere Aufrichtigkeit garantiert noch nicht, dass unsere Vorstellung vom Teufel richtig ist. Ich glaube, dass die neuerliche Betonung von Satans Wirken durch Evangelikale in, sagen wir einmal den letzten zwanzig Jahren, zum größten Teil sehr hilfreich gewesen ist. Ganz sicher sind wir heute besser ausgerüstet, unserem Feind zu widerstehen durch die Schriften jener, die uns vor seinen Anschlägen gewarnt und uns an unsere Hilfsquellen erinnert haben, gegen ihn zu kämpfen. Als junger Pastor wurde ich von jenen in die geistliche Kriegführung eingeführt, die mehr über unseren Feind wussten als ich.

Allerdings hat sich gleichzeitig mit manch hilfreichem Rat auch einige Verzerrung in unser Denken eingeschlichen, die dem Teufel in die Hände spielen könnte. Obwohl sie es nicht ausdrücklich sagen, gehen einige Autoren davon aus, dass Satan unabhängig von Gott handeln kann; sie stellen es so dar, als ob Gott sich nur dann mit dem Treiben des Teufels befasse, wenn wir ihn darum bitten. Weil Satan »der Gott dieser Welt« ist, denken sie er sei frei, seine eigenen Entscheidungen zu treffen und Verwüstung anzurichten, wo und wann immer er es wünscht.

Dem kann ich - bei allem Respekt - nicht zustimmen.

Natürlich sind sich alle Evangelikalen darin einig, dass der Teufel schließlich besiegt sein wird; jetzt in der Zeit aber - so lehren einige - stehe es ihm frei, vieles zu tun, was ihm gefällt. Der Satan vieler sogenannter »Befreiungsdienste« ist einer, der ungehindert seine eigenen Schläge führt und uneingeschränkt Macht ausübt - begrenzt nur durch weitgefaßte Richtlinien, die Gott ihm einmal gesetzt hat. Nach dieser Theologie verfährt Satan nach seiner eigenen Tagesordnung und kann uns ohne großes Eingreifen des Allmächtigen beunruhigen.

Erinnern wir uns der Worte Luthers: »Sogar auch der Teufel ist der Teufel Gottes«. Wir haben es vergessen - nur wenn wir wissen, wer Gott ist, können wir wissen, wer der Teufel ist. Gesegnet sind jene, die überzeugt sind, dass der Fürst dieser Welt der Sklave des Friedefürsten geworden ist.

In der Geschichte der Menschheit gibt es Beispiele für Denker, die ohne sorgfältiges Studium der Heiligen Schrift über den Teufel geschrieben haben. Diese Autoren haben viel von unserem Denken über Satan zum Guten oder zum Schlechten mitgeformt. Erinnern wir uns einiger von ihnen, die bis heute größten Einfluss ausüben.

Welcher Teufel?

Dante

Dante Alighieri (1265-1321) unternahm in seinem klassischen Meisterwerk *Inferno*[3] eine imaginäre Reise durch die Sphären der Tiefe. Diese Reise beinhaltete die entsetzliche Erfahrung, Dämonen die erbarmungswürdigen Insassen der Hölle foltern zu sehen. Diese Dämonen kontrollieren einen Fluss aus siedendem Pech und verabreichen den Sündern genau die Strafe, die sie verdienen. Mit Haken und spitzen Krallen greifen sie jeden Sünder an, der versucht zu entkommen oder ihre Autorität nicht anerkennt. Die Strafen dieser Leute sind mit nicht irrender Genauigkeit angemessen: Jede der neun Sphären ist einer speziellen Sünde vorbehalten, und jede Person empfängt ihre Strafe gemäß dem, was er oder sie getan hat - die Heuchler im tiefsten Kreis. Die Dämonen sind entzückt jene zu quälen, die die abscheulichste aller Lästerungen begangen haben.

Dieses Bild Satans, das einen großen Teil des mittelalterlichen Denkens bestimmte, gründete sich nicht auf die Bibel, sondern auf weitverbreitetes Brauchtum. Obgleich es einen lebendigen Glauben an die Existenz Satans und seiner Dämonen hervorrief, verfälschte es die Erkenntnis der Rolle, die der Teufel in der Welt wirklich spielt. Der Mythos vom Teufel als Höllenpeiniger ist nur eine weitere Möglichkeit, dem Argen Aufmerksamkeit der Art zu schenken, die er begehrt. Schlimmer noch - Dante lässt die neutestamentliche Heilslehre unbeachtet und führt eine Errettung aus Werken ein. Obgleich er mit Recht als einer der größten Denker aller Zeiten erachtet wird, wäre zu wünschen, er hätte entweder die Bibel gründlicher studiert oder sich statt mit der Theologie besser mit anderen Themen beschäftigt.

Milton

Johannes Milton (1608-1674) gibt in seinen epischen Gedichten *Paradise Lost* und *Paradise Regained*[4] ein biblisches Bild Satans. Im weltlichen England Shakespeares hatte der Glaube an die Existenz des Teufels zu schwinden begonnen, und Milton kommt das Verdienst zu, den biblischen Glauben an die

Wirklichkeit Satans wiederbelebt zu haben. Obwohl seine Theologie zeitweise auch mit Mängeln behaftet war und vieles von dem, was er schrieb, seiner Phantasie entsprang, decken diese Gedichte das ganze Spektrum der Heilsgeschichte ab. Milton argumentiert, dass die Engel mit einem freien Willen ausgestattet sind und dass daher das Böse möglich wurde. In der Tat stellt er fest, dass göttliche Tugend ohne freien Willen nicht möglich ist. Gott aber wendet das Böse zum Guten, indem er uns durch unsere Prüfungen und Leiden Weisheit und Glauben lehrt.

Milton stellte Luzifer als eine Figur dar, die ebenso anziehend wie abstoßend ist, Held und Bösewicht zugleich. Satan wird als mächtig reizvoll geschildert; Milton beabsichtigte, der Leser sollte von Bewunderung ergriffen sein, den Sog der Versuchung spüren hin zu diesem schrecklichen, selbstgefälligen Fürsten der Finsternis. Allmählich wird die wahre Natur Luzifers offenbar und die verführerische Macht des Bösen wird deutlich.

Doch Milton greift auch auf einige von Dantes Brauchtumsgedanken zurück. Satan rebellierte, sagt Milton, weil er »lieber in der Hölle regieren als im Himmel dienen« wollte. Als er aus dem Garten Eden in die Hölle zurückkehrt, nachdem er erfolgreich den Menschen verdorben hat, wird er von einem Pfeifkonzert empfangen. Er behauptet, den Thron Gottes erschüttert zu haben, doch die Behauptung erweist sich als Lüge. Obwohl die anderen gefallenen Engel im Feuersee kriechen und sich niederwerfen, beruft sie Satan zu Gehilfen und spricht sie mit ihren Engelstiteln an.

Milton verknüpft die Theologie der Bibel mit christlicher Tradition und lebendiger Phantasie. Wir brauchen ihm nicht darin zuzustimmen, dass freier Wille allein für Satans Fall ursächlich ist, und wir sollten ihm ganz sicher nicht darin zustimmen, dass der Teufel bereits in der Hölle ist oder dass er jemals dort regieren wird. Aber Milton hat uns eine zwingende Darstellung vom Kampf zwischen Gut und Böse gegeben, vom Kampf zwischen Satan, Adam und Christus. Seine lebendigen Beschreibungen dienten Künstlern, Schriftstellern und Predigern zur Grundlage.

Der Glaube an den Teufel erlebte ein Comeback.
Dann kam die Aufklärung.

Goethe

Das Verblassen des Teufels im westlichen Denken kann bis in jene Zeit zurückverfolgt werden, in der angesichts humanistischer Lehren und naturwissenschaftlicher Entdeckungen der Glaube an die übernatürliche Welt zu schwinden begann. Bald galt der Teufel nur noch als Erfindung einer altertümlichen, abergläubischen Epoche. Seit der Gott Luthers und Calvins von einem sonnigeren, toleranteren Gott ersetzt worden war, glaubte man allgemein, dass es in seinem Universum keinen Platz für ein unabhängiges böses Wesen geben könne.

Wenn man meint, *Faust* habe einen Pakt mit dem Teufel geschlossen und dann seinen Schrecken darüber entdeckt, dass er um seine Seele betrogen wurde, dann versteht man ihn richtig - aber nur solange man über die mittelalterlichen Versionen dieser Geschichte nachdenkt. Obgleich Faust scheinbar ein wirklicher historischer Mensch mit magischen Kräften war, gaben die sich um seine Person rankenden Legenden Anlass zu zahlreichen phantastischen Geschichten über seine Kunststücke, Gaunereien und natürlich seinen Pakt mit dem Teufel. Nach einer Version starb er 1525 während einer geheimnisvollen Flugvorführung. Nach einem oftmals weithin geglaubten Brauchtum wurde er vom Teufel abgeführt.

Aber es gibt einen anderen *Faust*, eine bekanntere Version, die der deutsche Aufklärungsgelehrte Goethe (1749-1832) geschrieben hat. Hier - mehr als hundert Jahre nach Milton - begegnet Faust einem anderen Teufel; einem Wesen, das zwar noch einige Elemente christlicher Sicht aufweist, das aber kein zu fürchtendes Geschöpf mehr ist. Tatsächlich ist es in Goethes Schauspiel Faust, der den Teufel überlistet.

Goethes Mephistopheles (der Teufel) ist eine sehr komplizierte Figur, sogar der Schöpfer der Engel. Und obwohl er im Widerspruch zu Gott erscheint, ist er eine schwerwiegende Verzerrung des Teufels im Christentum: Er erscheint als ein

Wesen, das den Leser einlädt, der Vielfalt der Wirklichkeit ins Auge zu sehen. Er ist sicherlich nicht zu fürchten.

Als Faust einen Pakt mit Mephistopheles schließt, verspricht ihm der Teufel, er werde Fausts Diener in dieser Welt sein, wenn Faust ihm in der zukünftigen Welt dienen wolle. Mephistopheles lockt Faust in die Sinnlichkeit, indem er in ihm das Gelüst nach einer jungen Frau erregt, Gretchen, die sich in ihn verliebt. Verwirrt und zermürbt folgt Faust schließlich dem Weg des geringsten Widerstandes und verwirklicht seine Phantasien, indem er Gretchens Bett teilt.

Aber - und das ist wichtig - Fausts Leidenschaft verwandelt sich schließlich in wirkliche Liebe. So hat Mephistopheles Faust nicht zerstört, sondern in Wirklichkeit das Gute getan, das er verachtet. Als das Schauspiel endet, gibt es einen Streit um Fausts Seele. Der aber überlistet Mephistopheles, weil er gelernt hat, zu lieben.

Daher wurde Faust gerettet - nicht von der Sünde, sondern von der Sinnlichkeit und vom bloßen Intellektualismus. Und nicht Christus rettete ihn, sondern seine eigenen strebsamen Bemühungen. Faust entdeckte, dass Mephistopheles dienen sowohl Verpflichtungen wie auch Belohnungen beinhaltet. Einen Pakt mit ihm zu schließen, muss nicht notwendigerweise ernste Konsequenzen nach sich ziehen.

Goethes Mephistopheles paßt gut in den Rahmen der zeitgenössischen westlichen Welt. Der Teufel verwandelt sich in das, was wir in allererster Linie zu sehen erwarten. Wir können uns mit ihm verbünden ohne fürchten zu müssen, tatsächlich unsere Seele zu verlieren. Das ist ein symbolischer Teufel von schwächerer, karikaturenhafter Art.

Unser Zeitalter glaubt an einen zahmen Teufel. Er ist eifrig um die Befriedigung unseres Bedürfnisses bemüht, die Existenz des Bösen zu erklären, und willig, eine bloß symbolische Beschreibung des Schreckens zu sein, mit dessen Begründung wir uns herumschlagen. Er ist ein Teufel, der gut für uns ist; ein Teufel, der uns dient; ein Teufel, der seine Macht mit uns teilt, der unsere Zukunft vorhersagt und der uns hilft, unsere Kräfte zu entwickeln. Er ist ein Teufel der Horoskope, der Ouija-Boards, der Spiele wie *Dungeons and Dragons*[5]; ein Teufel der

New-Age-Bewegung, der uns hilft, mit »Meistern der Weisheit« in Kontakt zu kommen und unsere eigene aufgeklärte Menschlichkeit zu bejahen.

Nach einer Umfrage des Magazins *Newsweek* glauben mindestens 25 Prozent der Amerikaner, dass der Teufel in Wirklichkeit nur ein Symbol menschlicher Unmenschlichkeit gegenüber dem Menschen sei. Nur ein kleiner Prozentsatz derer, die sagen, sie glaubten an den Teufel, meint, er sei stets dabei, sie zu verführen. »Unter den Christen«, sagt Newsweek, »offenbaren nur die Wiedergeborenen einen ungebrochenen Sinn für die Gegenwart des Teufels.«[6]

Dieser Zustandsbericht passt zu der breiten Menge der Protestanten und Katholiken, die - mit den Worten Woodwards - »den Teufel aus ihrem aktiven Wortschatz exorziert (ausgetrieben) haben«.[7] Wir dürfen über den Teufel reden, solange wir ihn uns nicht als eine unabhängige, bösartige Persönlichkeit denken. Man schätzt ihn ein als Denkfigur: symbolisch, beschreibend und spekulativ.

Der Soziologe Robert Muthnow weist darauf hin, dass es weithin von der sozialen Schicht abhängt, ob jemand glaubt, dass der Teufel objektiv existiert, oder ob er es nicht glaubt. »Sehen Sie sich den Parkplatz vor irgendeiner beliebigen Kirche an«, sagt er. »Wenn Sie dort Mercedes' und Cadillacs sehen, wird drinnen nicht über Satan gepredigt. Wenn Sie eine Menge alter Farmkisten sehen, werden Sie über Satan hören.«[8]

Wozu dieses Buch?

Dieses Buch versucht, einen Überblick über das Streben Satans und seine Wechselwirkung mit dem Allmächtigen zu geben. Es verfolgt seinen Sturz aus einer erhobenen Position bis hin zu seiner Besiegung durch Christus und zu seinem Untergang in immerwährender Schande und Verachtung. Es versucht zu beweisen, dass Satan immer verliert - auch wenn er zu gewinnen scheint. Über all das hinaus zeigt es, dass wir - die wir aus dem Reich der Finsternis hineinversetzt sind in das Reich des Lichts - in der Lage sind, ihm zu widerstehen.

Meine erste Annahme: *Gott ist in seinem Universum absoluter Herrscher*. Das bedeutet, dass sogar auch das Böse ein Teil des großen Planes Gottes ist. Natürlich will ich damit nicht sagen, dass Gott selbst Böses tut oder es billigt. Ich meine jedoch, aus seiner Rolle als Schöpfer und Erhalter des Universums folgt, dass Gott der grundlegende (nicht notwendigerweise der unmittelbare!) Ursprung von allem ist, was geschieht.

Ich bin zutiefst überzeugt: Wenn wir nicht begreifen, wie der Teufel in Gottes Plan der Dinge passt, dann wird es uns schwer werden, seiner Verschwörung gegen uns persönlich und seinem Einfluss in unserer Gesellschaft zu widerstehen. Wie wir unseren Feind erkennen, wird weithin bestimmen, wie wir gegen ihn kämpfen.

Wir können nur dann eine richtige Theologie des Teufels entwickeln, wenn wir eine richtige Theologie von Gott haben. Nur, wenn wir wirklich gottesfürchtig sind, brauchen wir Satan nicht zu fürchten. Darum ist dies zwar ein Buch über Satan, aber es ist auch ein Buch über Gottes Macht, Gottes Plan und Gottes Ziele in der Welt. Je größer unser Gott ist, desto kleiner ist unser Teufel.

Satan war in dem Augenblick besiegt, in dem er beschloss zu sündigen.

Wir müssen in der unerschütterlichen Überzeugung leben, dass Gott nicht nur am Ende gewinnen wird, sondern dass er sogar auch jetzt, Tag für Tag, der Gewinner ist. Wir müssen nicht warten, bis Satan in den Feuersee geworfen wurde, ehe wir darüber frohlocken, dass unser Feind zertreten ist. Ich werde mich bemühen zu zeigen, dass er in dem Augenblick besiegt war, in dem er sich entschloss, gegen den Allmächtigen zu sündigen. Ich bin von Grund auf überzeugt: *Obgleich Luzifer rebellierte, um nicht länger Gottes Diener zu sein, ist er es nach wie vor!*

Vor vielen Jahren erinnerte uns der Titel eines weitverbreiteten Buches von J. B. Phillips: *Dein Gott ist zu klein.* Vielleicht sollte in unserer Zeit ein neues Buch geschrieben werden, das den Titel trägt: *Dein Teufel ist zu groß.* Unser Teufel ist zu groß, wenn wir von ihm fasziniert sind. Unser Teufel ist zu groß, wenn wir meinen, wir hätten ihm ein Versprechen zu erfüllen. Unser Teufel ist zu groß, wenn wir Opfer eines Fluches sind, der über uns ausgerufen wurde. Unser Teufel ist zu groß, wenn wir in der Furcht leben, unsere Zukunft liege in seinen Händen.

Ein Autor gab diese hilfreiche Illustration: Ein einzelnes Markstück, vor das Auge gehalten, kann das strahlende Licht der Sonne verdunkeln - eines Sterns, dessen Durchmesser 1,392 Millionen Kilometer beträgt. Ebenso kann Satan, wenn wir ihn lassen, uns den Blick auf Gott versperren. Er kann uns die erschreckende optische Täuschung vermitteln, dass er - zumindest in diesem Leben - ebenso groß ist wie Gott.[9] Erinnern wir uns: Satans Macht nimmt in dem Maß zu, in dem wir sie ihm geben!

Satan ist gerade so mächtig, wie wir glauben, dass er ist. Weil die Israeliten glaubten, die Stadt Jericho sei unüberwindlich, *war sie es auch.* Die Bewohner Jerichos sahen das ganz anders. Sie waren erschrocken vor den Israeliten und waren verwirrt darüber, dass sie nicht schon vierzig Jahre früher kamen und ihre Erbschaft beanspruchten. Tatsächlich wussten Josua und Kaleb, dass Gott den Schutz von der Stadt genommen hatte (4Mo 14,9). Es war nicht die Stärke der Stadt, sondern der Unglaube der Israeliten, der den Sieg auf später verschob. Indem sie der Stadt mehr Kraft zuschrieben, als sie wirklich hatte, überließen ihr die Israeliten das Recht auf die Herrschaft. Ebenso wird Satan, wenn wir ihn für unbesiegbar halten, unseren Erwartungen entsprechen. Deshalb dürfen wir Satan nie betrachten, ohne Gott zu betrachten.

Meine zweite Annahme: *Gott gebraucht unsere Auseinandersetzung mit Satan, um Charakter zu entwickeln.* Diese Kämpfe geben uns die Möglichkeit, unseren Glauben prüfen zu lassen. Unser geistlicher Kampf ist ein Klassenzimmer, wo wir belehrt werden über die Falschheit der Sünde und die Strafe Gottes - sowie über seine Güte und seine Macht. Gott hätte Satan auf einen anderen Planeten verbannen oder ihn unmittelbar in den Feuersee werfen können. Aber er entschloss sich, den

Teufel zu gebrauchen, ihn eine Rolle in dem göttlichen Drama spielen zu lassen. Gott weiß, dass wir kämpfen müssen, ehe wir feiern können. Wir müssen lernen, ehe wir bewährt sind. Gott lässt Satans vorübergehende Herrschaft zu, um - wie die Puritaner sagen - »die ewige Freude der Heiligen zu erhöhen«.

Gott würde uns nicht in die Schlacht werfen, wenn er uns nicht auch die notwendigen Hilfen gegeben hätte, uns dem Feind entgegenzustellen. Das soll nicht heißen, dass wir uns allezeit der Mittel bedienen, die uns als Christen zur Verfügung stehen. Ich habe meinen eigenen Anteil am Versagen im Kampf gegen den Fürsten der Finsternis kennengelernt. Aber ich betrachte dieses Versagen als meine Verantwortung - eine Verantwortung, die ich mit anderen Gläubigen teile, die Teil des gleichen Leibes Christi sind.

Einige Kapitel dieses Buches sind dem gewidmet, was wir als »geistliche Kriegführung« bezeichnet haben. Ich versuche zu zeigen, wie man die gebräuchlichsten Verführungen Satans gegen uns erkennt. Darüber hinaus müssen wir mit Überzeugung vertreten, dass wir uns in einem Kampf befinden, den wir auch gewinnen können. Wir sind »obenauf« gegenüber einem Wesen, das alle Einschränkungen eines Geschöpfes hat.

Nur die Bibel kann uns helfen, all die Auffassungen von Satan richtigzustellen, wie sie von Dante, Milton oder Goethe gedacht wurden. In der Heiligen Schrift werden wir mit einem Feind Gottes konfrontiert, der nichtsdestoweniger Gottes Geheiß erfüllen muss. Uns wird dort der Teufel als ein Wesen vorgestellt, das niemals in der Hölle Menschen quälen oder dort regieren wird; auch ist er keine bloße Denkfigur unserer Phantasie - kein Wesen, das wir überlisten können, wenn wir nur klug genug sind.

Das biblische Bild Satans zeigt uns ein Geschöpf, das in der Tat große Macht hat, die aber immer durch die Ziele und Pläne Gottes eingeschränkt ist. Es ist das Bild eines stolzen Wesens, das aber bereits gedemütigt wurde. Es ist das Bild eines Wesens, dessen größter Aktivposten im Krieg gegen uns unsere eigene Unwissenheit ist.

Ich werde Ihnen, dem Leser gegenüber, versagt haben, wenn ihr Glaube an den Sieg Gottes nach der Lektüre dieses Buches nicht gewachsen ist. Ich bete um die Weisheit, deutlich machen zu können, dass Satan für uns groß ist, nicht aber groß für Gott. Wir müssen Ehrfurcht haben vor einem Gott, der einen Rebellen dazu benutzen kann, seinen Namen zu verherrlichen.

Wir dürfen Satan niemals betrachten, ohne Gott zu betrachten.

2

DER HOCH ERHOBENE SANK IN DEN STAUB

»Du warst in Eden, dem Garten Gottes.«
Diese einfache Feststellung eröffnet uns eine Welt, die einfach jenseits unserer Vorstellungskraft liegt. Es ist eine Welt der Schönheit, des Friedens, der Einheit. Eine Welt, die dem uns Bekannten so wenig ähnelt, dass sie die Grenzen unserer Phantasie sprengt. Die Gärten von Schloss Schönbrunn in Wien zu sehen, ist schon wunderbar - nun stelle man sich den »Garten Gottes« vor!

Und in diesem Reich, das sogar unserem geistigen Zugriff verschlossen ist, entschließt sich ein herrliches Geschöpf zu einem Spiel von kosmischen Ausmaßen, das fehlschlagen musste. Er tippte eine Reihe von Dominosteinen an, deren wechselseitige Beziehungen ihm unbekannt waren. Seine einmal vollbrachte Tat sollte in alle Ewigkeit hinaus ausstrahlen; das ganze Universum sollte im Schock des Taumels erschauern. Auch jetzt fühlen Sie und ich die schmerzhaften Auswirkungen.

Das war der Beginn aller Risikospiele. Es war die Eröffnung eines Dramas; ganz sicher keiner Komödie, sondern einer Tragödie von unübersehbaren Ausmaßen, die allerdings Gott zu seiner Verherrlichung dienen würde. In der Tat gibt es Anzeichen dafür, dass dies alles Teil eines größeren Plans gewesen ist. Aber das verringert nicht den furchtbaren Impuls dieses schicksalhaften Tages: Da schickte sich eines der Geschöpfe Gottes an, einen Weg zu beschreiten, dessen Bahn es immer rascher aus seiner bevorzugten Stellung, ihrem Einfluss und ihrer Erfüllung entfernte.

Um die Einzelheiten zu klären, wollen wir uns der Bibel zuwenden - dem Buch, das uns über Ereignisse in der unsichtbaren Welt informiert, die wir nie aus eigener Kraft wahrnehmen könnten. Der Vorhang geht auf, und die Charaktere des Dramas werden uns vorgestellt. Und wenn wir genauer hinsehen, erkennen wir, dass auch wir selbst mit auf der Bühne stehen, verwickelt sind in den Widerstreit der Zeitalter.

Welch ein Geschöpf war Satan?

Wer war dieses Geschöpf, das den Frieden für den Krieg einwechselte? Wer war der Irregeleitete, der dachte, Dienstbarkeit gegen Königtum einzutauschen? Sein Name war Luzifer, »der Leuchtende«. Er war der »Lichtträger«. Er hatte nicht Licht aus sich selbst, sondern sollte das Licht und die Herrlichkeit Gottes widerspiegeln.

Gott würde niemals ein Wesen erschaffen, das so groß und wunderbar wäre wie er selbst. Jede geschaffene Kreatur muss unbedingt gering sein angesichts der grenzenlosen Vollkommenheit des Allmächtigen. Daher war Luzifer viel geringer als Gott, aber selbstverständlich war er »das Beste«, was der Allmächtige vollbringen konnte.

Die Bibel lädt uns ein, den Vorhang zu teilen, einen Blick auf das Warum und Wozu von Satans Aufstand zu werfen. Zwei Propheten des Alten Testaments erzählen die Geschichte eines Wesens, das mehr ist als nur ein menschlicher König. Sie führen uns ein in jene Welt, in der das große, kosmische Spiel seinen Anfang nahm.

Jesaja und Hesekiel berichten die gleiche Geschichte, aber aus leicht unterschiedlichen Blickwinkeln. Beide Propheten rufen »Wehe« aus über die stolzen Könige ihrer Zeit. Beide erinnern sie die Monarchen daran, dass ihnen Gott ihren Hochmut und ihre Empörung gegen ihn nicht durchgehen lassen werde - er werde sie vielmehr von ihrem hohen Ross des zynischen Elitedenkens herabstoßen.

Dann aber greifen die Propheten weit aus, mit Beschreibungen, die nicht zu irgendeinem menschlichen König passen können. Sie beschreiben ein mächtigeres Wesen, das hinter den Königen dieser Welt steht. Sie erzählen uns von einem Geschöpf, das einmal eine ehrfurchtgebietende Schönheit besaß, nun aber durch und durch niederträchtig geworden ist. Es ist so, als schauten sie durch den Korridor der Zeit zurück und sähen kosmische Geschichte. Wir werden mit einer Kreatur bekanntgemacht, die im Garten Gottes lebte, aber im Abgrund von Verachtung und Erniedrigung endete. Lassen wir Hesekiel selbst zu Wort kommen:

»Und das Wort des HERRN geschah zu mir so: Menschensohn, erhebe ein Klagelied über den König von Tyrus und sage ihm: So spricht der Herr, HERR: Du warst das vollendete Siegel, voller Weisheit und vollkommen an Schönheit, du warst in Eden, dem Garten Gottes; aus Edelsteinen jeder [Art] war deine Decke: Karneol, Topas und Jaspis, Türkis, Onyx und Jade, Saphir, Rubin und Smaragd; und Arbeit in Gold waren deine Ohrringe und deine Perlen an dir; am Tag, als du geschaffen wurdest, wurden sie bereitet. Du warst ein mit ausgebreiteten [Flügeln] schirmender Cherub, und ich hatte dich [dazu] gemacht; du warst auf Gottes heiligem Berg, mitten unter feurigen Steinen gingst du einher. Vollkommen warst du in deinen Wegen von dem Tag an, als du geschaffen wurdest, bis sich Unrecht an dir fand. Durch die Menge deines Handels fülltest du dein Inneres mit Gewalttat und sündigtest. Und ich verstieß dich vom Berg Gottes und trieb dich ins Verderben, du schirmender Cherub, aus der Mitte der feurigen Steine. Dein Herz wollte hoch hinaus wegen deiner Schönheit, du hast deine Weisheit zunichte gemacht um deines Glanzes willen. Ich habe dich zu Boden geworfen, habe dich vor Königen dahingegeben, damit sie ihre Lust an dir sehen. Durch die Menge deiner Sünden, in der Unredlichkeit deines Handels, hast du deine Heiligtümer entweiht. Darum habe ich aus deiner Mitte ein Feuer ausgehen lassen, das hat dich verzehrt, und ich habe dich zu Asche auf der Erde gemacht vor den Augen aller, die dich sehen. Alle, die dich kennen unter

den Völkern, entsetzen sich über dich; ein Schrecken bist du geworden und bist dahin auf ewig!« (Hes 28,11-19).

Man fragt sich vielleicht, wieso Schriftgelehrte vor Jahrhunderten glaubten, Hesekiel habe damit begonnen, über den König von Tyrus zu reden, aber mit einem Bericht über Luzifer geendet. Dann wird man den Grund erkennen: Diese Beschreibung kann sich nicht auf irgendein menschliches Wesen beziehen. Der König von Tyrus war niemals »voller Weisheit und vollkommen an Schönheit«, noch war er jemals »ein mit ausgebreiteten [Flügeln] schirmender Cherub«, und noch viel weniger »vollkommen« in allen seinen Wegen.

Der König von Tyrus [war niemals] »ein mit ausgebreiteten Flügeln schirmender Cherub«.

Daher müssen wir, wenn diese Textstelle einen Sinn haben soll, sie entweder vergeistigen oder annehmen, dass Hesekiel von einem Wesen spricht, das hinter dem König von Tyrus steht. Da die Heilige Schrift lehrt, dass Satan über die Nationen herrscht, darf man mit Recht annehmen, dass Hesekiel über das Engelwesen spricht, auf das einmal die Beschreibungen dieser Passage zutrafen, das sich dann aber hochmütig empörte. Er, der Gipfelpunkt der Schöpfung, würde schließlich in ewiger Schande und Verachtung leben.

Wir wollen diese Beschreibung mit noch mehr Sorgfalt erwägen. »Du warst in Eden, dem Garten Gottes; aus Edelsteinen jeder [Art] war deine Decke: Karneol, Topas und Jaspis, Türkis, Onyx und Jade, Saphir, Rubin und Smaragd ...« (Vers 13). Dieses Eden war nicht der Garten Eden, den wir kennen, denn dies ist die Beschreibung einer mineralischen Schönheit, nicht einer vegetativen. Es ist ein Garten, geschmückt mit Juwelen und jeder Art Extravaganz. Ein Paradies, das eine passende Heimstatt für ein vollkommenes Geschöpf darstellt. Luzifer war Gottes Meisterstück; ein Schaustück, dessen Gegenwart seinen Schöpfer verherrlichte. Das war die beste Arbeit Gottes.

DIE PFLICHTEN, DIE IHM OBLAGEN

Was hatte Luzifer zu tun in jenen herrlichen Tagen, als sich das Universum der Ruhe der Vollkommenheit erfreute? Wir lesen: »Du warst ein gesalbter schirmender Cherub: ich hatte dich dazu bestellt; auf dem heiligen Götterberge weiltest du, inmitten feuriger Steine wandeltest du« (Vers 14; Menge)[1].

Was meinte Hesekiel nun mit dem »gesalbten Cherub«? Vielleicht ist es ein allgemeiner Verweis auf den Dienst im Reich Gottes. Barnhouse vermutet in seinem Buch *The Invisible War*[2], dass dieser Ausdruck auf eine priesterliche Funktion hindeutet, die mit den Cherubim verknüpft ist, die auch jetzt die Anbetung im Himmel leiten. Man erinnere sich: Die Flügel eines Cherub waren über dem Sühnedeckel der Bundeslade ausgebreitet. In Übereinstimmung mit dieser Interpretation steht auch der Ausdruck »deine Heiligtümer« (Vers 18), wie es scheint ein Hinweis auf die Verehrung Gottes.

Wenn diese Auslegung stimmt, dann bedeutet das, dass Luzifer die Anbetung anderer Engel ausrichtete und dirigierte. Er empfing die Verehrung der Engel, die unter ihm standen, und leitete sie weiter an Gott über ihm. Nichts von all der Anbetung durfte auf dem Weg verlorengehen. Gott allein verdiente ausnahmslos alles, was ihm dargebracht wurde.

Wir können nicht sicher sagen, wo sich Luzifer aufhielt. Barnhouse glaubt, dass diese Erde seine Sphäre war. Sein Verlangen war jedenfalls danach »zum Himmel hinaufzusteigen« (Jes 14,13). Obgleich er Zutritt hatte zum Thron Gottes, war die Erde sein Standort. Dorthin war er befohlen, seine priesterlichen Pflichten auszuführen.

Die meisten anderen Gelehrten glauben, Luzifers hauptsächlicher Aufenthaltsort sei nahe dem Throne Gottes im Himmel gewesen. Hesekiel sagt, er wurde »zu Boden geworfen« (Vers 17). Das soll uns vielleicht die Dinge so sehen lassen, als sei er erst nach seinem Sündenfall auf die Erde geworfen worden. Aber ob Erde oder Himmel, es scheint klar, dass Luzifer eine Art Tambour oder Kapellmeister des Allmächtigen war.

Wie lange konnte er sich dieses Vorrechts erfreuen? Wir wissen es nicht. Es kann Millionen Jahre gewährt haben, oder auch nur eine ganz kurze Zeitspanne. Milton nimmt an, dass es die Erschaffung von Adam und Eva war, die ihn zur Eifersucht reizte, und dass er kurz nach ihrer Erschaffung in Sünde fiel. Wie dem auch sei, ehe er sündigte, existierte er, um Gott unermüdlich ohne Widerstreben und konkurrenzlos zu dienen. Hätte er doch nur gewusst, wie glücklich er war!

Das Spiel, das er in Gang setzte

Wir sind verblüfft und schockiert von der einfachen Feststellung: »Vollkommen warst du in deinen Wegen von dem Tag an, als du geschaffen wurdest, bis sich Unrecht an dir fand« (Vers 15).

Unrecht wurde an dir gefunden!

Mit diesem atemberaubenden Kommentar wird uns gezeigt, wie die Sünde ins Universum kam. Das ist ein göttlich inspirierter Kommentar über den Ursprung des Bösen: An einem Wesen, das noch einen Augenblick zuvor vollkommen war, wurde Unrecht gefunden!

Was war diese Sünde, dieses Unrecht? Es war - mit einem Wort - Hochmut. »Durch die Menge deines Handels fülltest du dein Inneres mit Gewalttat und sündigtest ... Dein Herz wollte hoch hinaus wegen deiner Schönheit« (Verse 16-17). Seine Schönheit und seine Stellung riefen einen verhärtenden Stolz in ihm hervor. Paulus schrieb im Neuen Testament, dass ein Neubekehrter nicht in Dienst genommen werden sollte, »damit er nicht, aufgebläht, dem Gericht des Teufels verfalle« (1Tim 3,6).

Die Stadt Tyrus brüstete sich ihres Handels; ebenso wurde Luzifer stolz über seine Pflichten als ein Verwalter der Angelegenheiten Gottes. Insbesondere begann er, anstatt allen Lobpreis an Gott weiterzugeben, etwas von diesem Lobpreis für sich zu behalten. Wie ein Krämer, der ein wenig von dem Gewinn einsteckt, der über seinen Ladentisch geht, so wollte auch Luzifer etwas von der Verehrung zurückhalten und sich dessen erfreuen, was seiner Ansicht nach sein Anteil war.

Vielleicht glaubte er, es sei ganz in Ordnung, dass Gott den größten Teil der Anbetung und des Lobpreises empfing, aber nicht alles. Warum sollte der Allmächtige diese Herrlichkeit nicht mit seinen Geschöpfen teilen - besonders mit jenem, das das strahlendste und beste von ihnen war?

Hier haben wir ein theologisches Puzzle vor uns, das jahrhundertelang die größten Geister in Anspruch genommen hat: Wie kann eine unrechte Entscheidung dem Herzen eines rechtschaffenen Geschöpfes entspringen? Um es auf den Punkt zu bringen: Warum sollte ein vollkommenes Geschöpf in einer vollkommenen Welt unzufrieden werden? Dies war ein Wesen, das offensichtlich erfüllt davon war, Gott zu dienen. Wenn es zufrieden war, warum empörte es sich dann?

Die meisten Theologen schreiben Satans Entscheidung seinem freien Willen zu. Sie sagen, er habe sich vor eine Wahl gestellt gesehen und als ein freies Wesen (und sogar vollkommen) habe es stets in seiner Macht gelegen, vom rechten Wege abzuweichen. Vielleicht ist das ein Teil der Geschichte, und wir müssen zugeben, dass Luzifer nicht von Gott oder von anderen Engeln genötigt wurde, zu tun was er tat. Aber das Puzzle ist immer noch nicht gelöst. Warum sollte ein solches Geschöpf Gott trotzen *wollen*? Auch wenn er einen freien Willen hatte, können wir nicht verstehen, warum er diese Wahl treffen sollte.

Vielleicht ist die beste Lösung die, dass es keine Antwort gibt. Oder, um es genauer zu formulieren: Es gibt keine Antwort, die uns als Menschen einsichtig wäre. Gott hat eine Lösung, und vielleicht wird er uns eines Tages das fehlende Stück des Puzzles geben. Bis dahin können wir einfach nicht wissen, warum Luzifer plötzlich zuließ, dass Unrecht aus seinem Herzen hervorbrach.

Alles was wir wissen ist, dass Luzifer einer Selbsttäuschung unterlag, dass er dachte, er müsse rebellieren, wenn er seinen eigenen Interessen den ersten Platz einräumen wollte. Er konnte nicht begreifen, dass auch vom Eigeninteresse getrieben es immer noch das beste sein würde, Gott zu gehorchen. Um es anderes auszudrücken: Das Beste Gottes für ihn und sein eigenes Bestes für sich selbst wären tatsächlich ein und dasselbe.

Luzifers schlechte Beurteilung der Lage sollte uns eine Warnung sein. Wir dürfen niemals annehmen, dass unser Gehorsam gut für Gott ist, aber nicht das Beste für uns. Wenn uns Gott befiehlt, ihm zu gehorchen, hat er nicht nur seine eigenen Interessen im Sinn, sondern zuallererst auch die unseren. Deshalb können wir niemals weiser sein, als wenn wir uns entschließen, Gottes Willen zu folgen, was auch immer es kosten mag.

Luzifer setzte seinen Willen gegen jede Vernunft und Wahrscheinlichkeit dem Willen Gottes entgegen. Verzehrt von Eifersucht und brennend in dem Verlangen nach Anerkennung tat er um jeden Preis eher das, was er selbst tun wollte als das, was Gott von ihm zu tun erwartete. Welche augenblickliche Befriedigung er auch immer aus seiner Entscheidung gewonnen haben mag, sie wird aufgewogen durch die ewigdauernde Verachtung, die er zu erleiden haben wird. Aber so weit voraus dachte er nicht.

In dem Augenblick, in dem er die Würfel rollte, war er verloren, zur Enttäuschung verdammt. Er hatte seine Zukunft an einem Spielautomaten verspielt, der keinen Gewinn auswarf. Er hatte die Macht und die Absichten Gottes unterschätzt.

Seine Beweggründe

Wir haben bereits gehört, dass Satan seinen eigenen Weg wählte, weil ihn nach Anerkennung dürstete. Auch heute, wenn ich diese Worte niederschreibe, lechzt er immer noch nach dem, was er - wie er jetzt weiß - niemals bekommen kann. Wie der sprichwörtliche Seemann, der Salzwasser trinkt und dann zu seinem Schrecken feststellt, dass er seine brennenden Bedürfnisse nur noch verstärkt hat, so trinkt auch Satan, und erhöht damit seine Frustration und beschleunigt sein Verderben.

Jesaja legt uns eine ähnliche Geschichte vor. Zu Beginn überbringt er eine Warnung an den König von Babylon. Dann beschreibt er wie Hesekiel das Wesen, das hinter dem König steht. Er gibt fünf Ziele an, die sich Luzifer selbst gesetzt hat. Wenn es stimmt, dass - wie die Anhänger des New Age lehren -

der Geist erreichen kann, was er glauben kann, dann ist Luzifer für seine hochfahrenden Ziele zu loben. Alle fünf Feststellungen schmiegen sich um den erhabenen Ausdruck: »Ich will!«

»*Zum Himmel will ich hinaufsteigen, hoch über den Sternen Gottes meinen Thron aufrichten und mich niedersetzen auf den Versammlungsberg im äußersten Norden. Ich will hinaufsteigen auf Wolkenhöhen, dem Höchsten mich gleich machen*« (Jes 14,13-14).

Das sind keine geringen Ansprüche. Diese Schreie fortschreitenden Begehrens sind die Sehnsüchte zynischen Hochmuts.

»*Zum Himmel will ich hinaufsteigen.*« Manchmal sagen wir, dass die Vögel »in den Himmeln« fliegen. Aber jenseits der Atmosphäre gibt es den Sternenhimmel, wo zahllose Sterne ihre Runden ziehen, und es gibt auch einen dritten Himmel, der die Wohnstätte Gottes ist.

Luzifer genoss bereits das Privileg, die Vorhöfe des höchsten Himmels aufzusuchen, um Gott Lobpreis darzubringen. Wenn er nun sagt, er wolle »zum Himmel hinaufsteigen«, dann meint er damit, er würde gern Gottes Platz einnehmen. Wenn er konnte, wollte er Gottes Thron besetzen. Mit der Erde nicht zufrieden, griff er nach einem ständigen Platz im Himmel.

Er wünschte hinaufzusteigen - nicht um zu dienen, sondern um zu herrschen. Er wollte nicht anbeten, sondern gegenübertreten, er wollte nicht gehorchen, sondern aufbegehren. Er machte sich kaum klar, dass dieses Begehren nach dem höchsten Aufstieg schließlich zum tiefsten Abstieg führen würde. Er, der die Herrlichkeiten des Himmels genossen hatte, wird hinabfahren in die Schrecken der Hölle.

»*Hoch über den Sternen Gottes* [will ich] *meinen Thron aufrichten.*« An anderer Stelle erfahren wir, dass die Sterne oft sinnbildlich für Engel stehen (Hi 38,7). Zwar übte Luzifer schon Autorität über sie aus, aber es war eine delegierte Autorität. Er griff nach der unabhängigen Macht. Er wollte angebetet und gefürchtet werden. Er war es überdrüssig, Befehle entgegenzunehmen; jetzt wollte er sie selbst erteilen - nicht nach Gottes Plan, sondern nach seiner Laune.

»[Ich will] *mich niedersetzen auf den Versammlungsberg im äußersten Norden.*« Ein Berg steht häufig für ein Königreich oder für eine Nation (Jes 2,2). Luzifer griff nach der Autorität Gottes, um über ein Reich zu herrschen. Er war besessen von dem Gedanken, einen eigenen Herrschaftsbereich zu haben. Genauer: Er wünschte sich ein Gebiet anzueignen, das ausschließlich Gott gehörte.

»*Ich will hinaufsteigen auf Wolkenhöhen.*« Gottes Herrlichkeit wird sichtbar in einer Wolke (2Mo 16,10). Diese Schechina, die Wolke der Herrlichkeit, repräsentiert das Wesen der Gegenwart Gottes. Luzifer wünscht, über den Wolken zu sein; wenn er es vermöchte, auch über der Herrlichkeit Gottes.

»[Ich will] *dem Höchsten mich gleich machen.*« Endlich offenbart er, was in seinem Herzen ist. Er wünschte zu sein wie Gott. Er sah die Herrlichkeit, die Gott umgab, und die Ehre, die er empfing, und nun wollte er alles für sich selbst. Angebetet zu werden, ist seine verzehrende Leidenschaft. Ich bitte zu beachten, dass sein Begehren sich darauf richtete, Gott *ähnlich* zu sein, nicht ihm unähnlich. Ironischer weise musste ihn dieser hochfahrende Wunsch Gott so unähnlich machen, wie es nur irgend möglich war!

Bis zur Fehlentscheidung Luzifers war das Universum in Harmonie. Jeder von Gott geschaffene Wille war dem göttlichen Willen gehorsam. Gott war der Herrscher, und seine Schöpfung reagierte auf sein Handeln. Von jetzt an aber würden Gottes Anweisungen auf Widerspruch stoßen. Luzifer würde weitere Engel rekrutieren, die an seinem Angriff gegen Gott teilnehmen sollten. Dann würde sich die menschliche Rasse mit diesen Engels-Heerscharen im Aufstand verbinden. Anstatt einem vereinten Plan im Universum würde es jetzt Millionen von Plänen geben, ein jeder erwachsen aus persönlichen Ambitionen. Der Herrschaft Gottes würde von überallher widerstanden werden.

Welch ein riesiges Fehlurteil traf Luzifer! Er rollte die kosmischen Würfel ohne sich darüber im klaren zu sein, dass auf keinem Würfel das Wort *Erfolg* geschrieben steht. In dem Augenblick, in dem der Gedanke an einen Aufstand gegen Gott in seinem Geist aufstieg, war er verloren; er musste versagen.

Hier war ein Wesen, das Gott kannte und doch nicht glaubte, dass Gottes Wege die besten sind. Hier war einer, der nicht damit zufrieden war zu dienen, sondern der vielmehr bedient werden wollte. Aber ach - er dient immer noch!

Warum das Spiel fehlschlug

Ich glaube, dass Luzifer einfach beides falsch eingeschätzt hat, sowohl die Folgen seiner Entscheidung als auch Gottes Reaktion darauf. Er fand sich unvermittelt in einer überaus misslichen Lage, die er nicht vorausgesehen hatte. Er dachte, er habe seine eigene Zukunft unter Kontrolle, aber es wurde schnell deutlich, dass sein Morgen von dem bestimmt wurde, den er so hochmütig verschmäht hatte. Sein erwartetes Durchdringen in die Freiheit wurde zu einem Sturz in die Knechtschaft.

Nun musste Luzifer erfahren, was jedes Geschöpf lernen muss: Wir mögen in der Lage sein, unsere Entscheidungen zu kontrollieren, niemals aber deren Folgen. *Die Sünde zieht unweigerlich das Gesetz der unvorhersehbaren Folgen nach sich.*

Warum war Luzifer dazu verdammt, zu versagen?

Seine Möglichkeiten, Ziele zu verwirklichen, waren eingeschränkt

Was könnte Luzifer zu erreichen gehofft haben, indem er sich gegen Gott empörte? Er wünschte, dem Höchsten ähnlich zu sein, aber war das auch nur annähernd möglich?

Wenn Theologen Gott beschreiben, dann benutzen sie drei Wörter, die alle mit der Vorsilbe »omni-« beginnen, was einfach »all-« bedeutet. Denn dass Gott *omni*praesent ist, bedeutet, er ist all-gegenwärtig; dass er *omni*potent ist, bedeutet, er ist all-mächtig; dass er *omni*scient ist, bedeutet, er ist all-wissend. Diese Eigenschaften sind das Wesen dessen, der Gott ist.

Wie viele dieser Eigenschaften durfte Luzifer zu erlangen hoffen in dem Begehren, zu sein »wie Gott«? Die Antwort lautet natürlich: keine.

Er konnte niemals omniscient sein, das heißt, er würde niemals alle Dinge wissen. Er weiß, dass ein Mann plant, den Präsidenten der Vereinigten Staaten von Amerika zu ermorden, wenn der am 22. November 1963 nach Dallas in Texas kommt.

Aber er weiß nicht, ob es tatsächlich geschehen wird. Der Mann könnte seinen Sinn ändern, das Gewehr könnte versagen oder die Autokolonne könnte im letzten Augenblick einen anderen Weg einschlagen. Gott weiß genau, was geschehen wird, aber Satan wird nur zu einer gewissen Vermutung imstande sein. Obwohl er Pläne kennt, weiß er nicht, wie es am Ende ausgehen wird. Er kann menschliche Entscheidungen beeinflussen, aber er kann sie niemals lenken. Seine liebsten Träume sind immer gefährdet.

Das erklärt, warum das Kennzeichen eines falschen Propheten im Alten Testament darin bestand, dass er manchmal bei seinen Voraussagen irrte. Oftmals lag er richtig, aber manchmal eben falsch. Nur Gott kann die Zukunft unfehlbar kennen. Deshalb würde ein wahrer Prophet Gottes jederzeit hundertprozentig genau voraussagen.

Und wie steht es mit der Allgegenwart? Wird Luzifer jemals imstande sein, das ganze Universum mit seiner Gegenwart zu erfüllen? Wird er überall gleichzeitig sein? Nein, das kann er nicht. Er kann sehr schnell reisen, aber wenn er in Indien ist, kann er nicht in Washington sein. Schlägt er eine Schlacht in Chicago, kann er nicht an einem Gebetstreffen in Korea teilnehmen. Er wird niemals allgegenwärtig sein. Es ist wahr, riesige Mengen von Dämonen sind über die ganze Welt verstreut, um des Teufels Werk zu tun, aber auch all diese gefallenen Engel können zu einer bestimmten Zeit nur an einem bestimmten Platz sein.

Wie ist es mit der Allmacht? Luzifer wird niemals allmächtig sein. Vermutlich steht es nicht einmal in seiner Macht, auch nur ein einziges Molekül zu erschaffen; wieviel weniger könnten aus seiner Hand Sterne, die Sonne und der Mond hervorgehen. Auch kann er nicht das Universum »durch das Wort seiner Macht« in Gang halten. Wenn er versucht Gottes Schöpfertätigkeit nachzuahmen, muss er sich auf das Prinzip der Täuschung zurückziehen. Nein, er wird niemals allmächtig sein.

In welchem Sinne kann er dann »dem Allerhöchsten ähnlich« sein? Nur so: Er dachte, er könnte unabhängig werden. Er wusste, dass seine Handlungen immer nur ein Schatten dessen sein würden, was Gott tun konnte. Aber das Vergnügen, zu wissen, dass er nun ohne Gottes Zustimmung handelte, war ihm das Risiko wert. Er würde von nun an die Befehle erteilen und sie vermutlich nicht entgegennehmen. Wenigstens war das sein Plan.

Die Ironie liegt darin, dass Satans zur Schau gestellte Unabhängigkeit sich in Wirklichkeit zu einer anderen Form der Abhängigkeit vom Willen und von den Zielen Gottes wandelte. Wahrlich, die Entscheidungen, die er treffen würde, waren nicht abhängig von Gottes Führung, aber jede seiner aufrührerischen Handlungen steht unter Gottes sorgfältiger Lenkung und Kontrolle. Freilich, er konnte Gott trotzen. Seine Handlungen aber würden stets durch die Zulassung Gottes eingeschränkt sein. Seine Unabhängigkeit war schwerlich dieses Wortes wert. Wie schon im vorangegangenen Kapitel erwähnt, lehnte er sich dagegen auf, Gottes Diener zu sein, und bis heute ist er es geblieben!

Später in diesem Buch werden wir bei der Untersuchung der Begrenzungen Satans tiefer in die Einzelheiten gehen. Hier genügt es zunächst herauszustellen, dass er Hiob nicht ohne die göttliche Billigung quälen darf. Er kann Saul nicht beunruhigen, außer, er wird von Gott zu Saul gesandt. Und er kann dem Apostel Paulus keinen »Dorn ins Fleisch« stechen, ohne dass Gott sowohl den Zeitpunkt als auch die Schwere der Qual bestimmt. Das klingt ganz und gar nicht nach Unabhängigkeit! In der Tat ist es, wie wir später sehen werden, Sklaverei.

Wenn Milton recht hatte mit seiner Ansicht, dass Luzifer lieber ein König in der Hölle als ein Diener im Himmel sein wollte, dann ist er (Luzifer) einem traurigen Irrtum erlegen. Er musste zu seinem Ärger erkennen, dass er am Ende darin fortfahren würde, Gott zu dienen. Und wie wir noch sehen werden, gibt es in der Hölle keine Könige!

Er, der die Dienstbarkeit hasste, wurde nun ein Diener anderer Art. Seine Dienstbarkeit wurde weniger eine freiwillige, vielmehr eine widerwillige; Dienst aus einem anderen Antrieb und zu einem anderen Ende hin, aber nichtsdestoweniger Dienst. Am Ende wird er immer noch zur Verherrlichung Gottes existicren - soviel oder sowenig wie zu der Zeit, als er mit Gott noch in Harmonie war.

Satan war nun verdammt zu einer unendlich währenden Existenz in Elend und rastloser Leere. Er sieht sich unablässig getrieben, Gott zu verachten und versucht, gegen ihn zu arbeiten. Doch am Ende wird er immer gezwungen sein, Gottes Ziele voranzutreiben. Statt Freude in der Gegenwart Gottes wird es ewige Erniedrigung sein; anstelle der Liebe Gottes Hass und Verdammnis.

Stolz veranlasste Luzifer, seine Vorrechte zu verspielen. Er ging das große Risiko ein zu denken, wenn er schon Gott nicht entthronen konnte, so könnte er doch irgendwo im Universum seinen eigenen Thron aufrichten.

Er hatte Gott unterschätzt und er überschätzte sich selbst.

Seine Fähigkeit, Ereignisse vorauszusehen, war eingeschränkt

Luzifer wusste, dass seine Gesetzlosigkeit gewisse Konsequenzen haben würde, aber er hatte keine Ahnung, wie die aussehen würden. Erinnern wir uns: Bis zu diesem Zeitpunkt hatte es im ganzen Universum kein Beispiel für Rebellion gegeben. Er konnte nicht aus den Fehlern anderer lernen, und nachdem er die Grenze einmal überschritten hatte, war es zu spät, seinen Fehler wieder gut zu machen. Was aber noch wichtiger ist: Er konnte das Kommen Christi zur Erlösung des Menschen nicht voraussehen, noch konnte er seinen eigenen Untergang im Feuersee prophezeien.

Er wusste auch nicht, dass sich nur ein Drittel der Engel entschließen würde, an seiner Rebellion teilzunehmen (Offb 12,4 sagt, der Schwanz des Drachen »zieht den dritten Teil der Sterne des Himmels fort«). Wenn er angenommen hatte, dass alle, die ihm untergeben waren, sich an seinem Versuch beteiligen würden, Unabhängigkeit zu erlangen, dann musste er nun mit der Enttäuschung leben.

Man bedenke: Für jedes Engelwesen, das ihn ehrte, blieben zwei, die Gott die Ehre gaben! Vielleicht war Satan überrascht, wie gut der Himmel auch ohne seine Beaufsichtigung und

Autorität funktionierte. Ganz gleich, wie selbstsicher er seine neugefundene Macht ausübte, er war doch nur teilweise erfolgreich.

Eine Zeitlang konnte er nur über seinen Fehler nachgrübeln. Alles, was er tun konnte, war, darauf zu warten, dass Gott den nächsten Schritt tat.

Seine Möglichkeiten zur Schadensbegrenzung waren eingeschränkt

Obgleich es uns nicht ausdrücklich gesagt wird, habe ich wenig Zweifel, dass Luzifer seine Entscheidung in demselben Augenblick außerordentlich bereute, in dem sie getroffen war. Er war durch eine unbekannte Tür geschritten in der Hoffnung, sie öffne sich zu einer strahlenden neuen Zukunft, und ohne zu wissen, dass sich dahinter ein Abgrund öffnete. Nachdem er nun erstmals die Sünde erfahren hatte, wusste er, dass er in dem größten Glücksspiel seiner Karriere ausgerechnet das kürzeste Hölzchen gezogen hatte. Er hatte das Rad gedreht, ohne sich darüber im klaren zu sein, dass Gott jede Umdrehung beaufsichtigte. Ganz gleich, an welchem Punkt das Rad stehenblieb - er würde immer der Verlierer sein müssen - Verlierer für alle Ewigkeit.

Er lernte schnell, dass es nicht erfreulich ist, ein Gegenreich aufzurichten, nur um zu entdecken, dass es notwendig stürzen muss. So erfreulich Unabhängigkeit auch sein mag - es hilft nicht viel, wenn man unabhängig besiegt, unabhängig gequält und unabhängig zuschanden geworden ist.

Wenn er es doch nur gewusst hätte! Er hatte den falschen Zug bestiegen, und nun verunreinigt, musste er den ganzen Weg bis zur nächsten Station mitfahren. Eine Umkehr war aus verschiedenen Gründen unmöglich.

Zunächst einmal war und ist Satan unfähig zur Reue, denn Reue ist ein Geschenk Gottes, dass er Menschen gegeben hat, in deren Herzen er bereits am Wirken ist. Reue bei Satan würde bedeuten, dass es irgendetwas Gutes in ihm geben könnte, aber eine derartige Tugend kann bei ihm nicht gefunden werden. Er war nun durch und durch schlecht, unerlösbar böse. Und Gott hat entschieden, ihn seinem wohlverdienten Schicksal preiszugeben.

Wie wir gehört haben, fand ein vollkommener Luzifer das Böse in sich selbst, aber jetzt, wo die Verderbnis vollständig war, würde sich in ihm nie wieder das Gute rühren. Als er die kreatürliche Vollkommenheit besaß, war er des Bösen fähig, aber nachdem er einmal vergiftet war, konnte er nie wieder des Guten fähig sein. Die Verderbnis war vollständig, unumkehrbar und umfassend. Nun wurde Sündigen zu einer moralischen Notwendigkeit.

Zweitens, und das ist überaus wichtig, konnte Luzifer, selbst wenn er umgekehrt wäre, nicht erlöst werden, denn für seine Sünden gab es kein Opfer. Christus trug nur die Sünden der Menschen, nicht die der Engel: »Denn er nimmt sich doch wohl nicht der Engel an, sondern der Nachkommenschaft Abrahams nimmt er sich an. Daher musste er in allem den Brüdern gleich werden, damit er barmherzig und ein treuer Hohepriester vor Gott werde, um die Sünden des Volkes zu sühnen« (Hebr 2,16-17).

Ohne jede verfügbare Sühnung war Luzifers feindselige Haltung unwiderruflich und unaufhebbar. Von nun an führte sein Aufenthalt im Universum in einer geraden Linie auf dem Weg in eine Ewigkeit der Schande und Erniedrigung. Für ihn gab es keine zweite Chance.

Luzifer lernte eine wichtige Lektion: Ein Geschöpf kann sich beschmutzen, aber es kann die Verunreinigung nicht in Ordnung bringen. Das Gesetz der unvorhersehbaren Folgen muss die ganze Ewigkeit hindurch gültig bleiben. Nur Gott kann, wenn er das wünscht, die Folgen des Ungehorsams eindämmen oder umkehren.

Sein Verständnis von Gott war eingeschränkt

Gottes hervorstechendste Eigenschaft ist seine Heiligkeit. Luzifer, der zu begehren bekannte, Gott gleich zu sein, entfernte sich tatsächlich so weit von dieser Gott-Ähnlichkeit, wie es nur irgend möglich war.

Wir wissen nicht, wie viel Gott den Engelgeschöpfen geoffenbart hat. Ich meine aber, Luzifer dürfte Gott gut genug gekannt haben um sich klar zu machen, dass er niemals seine Herrlichkeit mit einem anderen teilen wird. Je höher Luzifer aufzusteigen strebte, desto tiefer würde er mit Sicherheit fallen.

Verkannte er Gott? Dachte er, dass Gottes Liebe jede Möglichkeit eines unerbittlichen Gerichts überdecken würde? Wir wissen es natürlich nicht, aber wir wollen im Blick behalten, dass Luzifer nur Gottes vollkommene Liebe gesehen hatte. Der Begriff des Gerichts existierte schlechterdings nicht. Solange es keinen Ungehorsam im Universum gab, war auch kein Bedarf für die Demonstration des Zornes Gottes. Luzifer sah nicht voraus, bis zu welchem Punkt Gott Willens war, die Bewahrung seiner Ehre hintanzustellen.

Luzifer dachte Gott zu kennen, aber es gab noch viel mehr, was er zu lernen hatte. Er hatte einfach auf etwas vertraut, was er nicht verstand, und geglaubt, was er nicht aus sich selbst heraus wissen konnte. Die Zukunft könnte ganz anders sein.

Jetzt, wo er mehr über Gott wusste, war es zu spät.

Sein Verständnis des Unterschieds zwischen Zeit und Ewigkeit war eingeschränkt

Luzifer hätte wissen müssen, dass keine kurze Erhöhung eine Ewigkeit der Erniedrigung aufwiegen kann, kein Augenblick der Anbetung die ewige Verachtung, keine Erregung in der Zeitlichkeit die ewige Qual. Nach einer Stunde in der Hölle wird sich die Erregung, Gott entgegengetreten zu sein, in der ewigen Vergessenheit verlieren.

Das ist eine Lektion für uns. Keine Entscheidung kann als gut erachtet werden, wenn die Ewigkeit sie als schlecht erweist. Mit anderen Worten: Keine Entscheidung in diesem Leben kann jemals gut sein, wenn sie nicht gut ist für die Ewigkeit. Nur ein Wesen, das Zukunft und Vergangenheit kennt, kann vorschreiben, was für uns das Beste ist. Wir urteilen in der Zeit; nur Gott kann die Urteile der Ewigkeit offenbaren.

Von nun an konnte Luzifer kleine Schlachten gewinnen, aber er war gezwungen, den Krieg zu verlieren. Hätte er Gott nur mehr ernstgenommen, er hätte nicht das Vermögen des Allmächtigen unterschätzt, zielsicher zu strafen. Wenn die Größe der Sünde von der Größe des Wesens bestimmt wird, gegen das sie gerichtet ist, dann hatte Luzifer einen riesigen Fehler gemacht.

Die Reaktion Gottes

Wo war Gott, während all dies geschah? Wie immer war er damit beschäftigt, »alles nach dem Rat seines Willens« zu wirken (Eph 1,11). Der Fall seines Geschöpfes überraschte ihn nicht. Tatsächlich hatte der Allmächtige Luzifer erschaffen in dem umfassenden Wissen, dass der sich empören werde. So war Luzifers Fall Teil eines großartigen Plans.

Wenn wir uns fragen, weshalb einige der Engel sich Luzifer anschlossen, andere aber ihre Beziehung zu Gott aufrechterhielten, dann finden wir die Antwort in dem Geheimnis der ewigen Ziele Gottes. Das Neue Testament spricht von jenen Engeln, die nicht mit in den Fall hineingerissen wurden, als von »den auserwählten Engeln« (1Tim 5,21). Sie wurden offensichtlich nach Gottes Erlass vor der Sünde bewahrt. Zweifellos fielen die anderen Engel freiwillig, aber nichtsdestoweniger erfüllten sie einen göttlichen Plan. Der Fall war also die erste von vielen Szenen in einem ausgedehnten Drama.

Gott hatte das in den Äonen der Ewigkeit vorausgewusst. Lange bevor er sich entschloss, die Schöpfung ins Dasein zu rufen, war ihm ein einzelner Engel, Luzifer, und sein zukünftiges Verderben bereits bekannt und - so könnten wir sagen - vorherbestimmt. Gott erfährt niemals etwas Neues. Er braucht nicht zu warten, bis ein Ereignis eintritt, um seine Einzelheiten zu kennen. Er weiß alle Dinge bis ins kleinste im voraus.

Nun hatte Gott verschiedene Möglichkeiten.

Er hätte Luzifer vernichten können, mit roher Gewalt zermalmen. Oder er hätte ihn auf einen anderen Planeten verbannen können. Dort hätten Satan und seine Dämonen im Konzentrationslager in einem finsteren Winkel einer unendlich weit entfernten Galaxis über die Torheit ihres Entschlusses nachgrübeln können. Und dann wiederum hätte ihn Gott unmittelbar in den Feuersee werfen können. Auch das wäre fair und gerecht gewesen.

Gott aber entschloss sich, Luzifer (den wir von nun an Satan nennen) zu gebrauchen, um Wahrheiten bekanntzumachen. Wahrheiten, die auf Dauer verborgen geblieben wären, wenn das Böse nicht in das Universum eingedrungen wäre. Der Vorhang hob sich vor einem Drama, das sich auf der Erde abspielt und in dem Luzifer und Gott, Gerechtigkeit und Gut und Böse, miteinander kämpfen.

Dies sind die Spielregeln:

1. *Satan wird die Herrschaft über die Erde gegeben; Gott erlaubt ihm, seine Lügen zu verbreiten.* Zweiffellos blieb Satan seine Macht und sein Wissen - kennzeichnende Eigenschaften, die er vor seinem Fall besaß - erhalten, nur, dass sie jetzt pervertiert waren. Jahrhunderte später würde Christus von ihm als von dem »Fürsten dieser Welt« sprechen (Joh 12,31; siehe auch 14,30; 16,11). Und als Satan Christus die Reiche dieser Welt anbietet, widerspricht ihm Christus nicht!

Satan wird niemals wieder singen, sondern nur noch heulen.

2. *Gott gibt Satan Zeit um zu sehen, ob er sein eigenes Reich mit Erfolg regieren könnte.* Könnte er das von ihm selbst hervorgerufene Chaos in Ordnung bringen? Könnte er wirklich die Welt regieren, wenn sie ihm gegeben würde?

3. *Gott setzt nicht seine Heiligkeit und Gerechtigkeit aufs Spiel. Vielmehr tritt er Satan auf einem Spielfeld auf gleicher Ebene gegenüber um den moralischen und geistlichen Sieg über seinen Gegner zu erringen.* Der Allmächtige wollte nicht einfach durch seine Macht siegen, sondern durch seine Gerechtigkeit. Die Schlacht sollte nicht einfach offenbaren, wer der Stärkere ist, sondern deutlich machen, wer richtig und gerecht handelt. Beide Seiten suchen sich Mitstreiter, die an ihrer Seite kämpfen.

Satan, der sein eigenes Reich begehrt, wird sich gezwungen sehen zu beweisen, dass er nur teilen kann, aber nicht einen; er kann nicht erbauen, sondern nur zerstören. Er kann zwar rufen: »Es werde Licht!«, aber er wird weiter in Finsternis schaudern und nur das hohle Echo seiner eigenen Stimme hören. Er kann die Wahrheit nicht ertragen, sondern muss sich in die Arme der Lüge werfen. »Satan wird«, so sagt es Francis Thompson, »niemals wieder singen, sondern nur noch heulen.

Obwohl Luzifer überaus intelligent ist, ist er doch nicht weise. Und wir werden geboren mit einem Tropfen seiner Rebellion in unseren Herzen. Wir stehen, wie es aussieht, zwischen ihm und Gott - gefangen im Kreuzfeuer. Unser Schicksal wird davon bestimmt sein, ob wir den Gewinner oder den Verlierer erwählen. Denn wir werden die Ewigkeit mit dem Gott verbringen müssen, den wir lieben und dem wir dienen. Das Drama hat erst begonnen.

3

ES IST EINE SCHLANGE IN UNSEREM GARTEN

Es ist nicht leicht, die Richtung zu wechseln.

Im Jahr 1995 verloren zahlreiche Anleger Geld, das sie bei einer Anlage-Organisation mit dem Namen »Das Neue Zeitalter« investiert hatten. Die Kunden stellten der Organisation Geld zur Verfügung und erwarteten eine hohe Rendite - mancher gedachte, seinen Einsatz zu verdoppeln. Angeblich garantierten anonyme Geldgeber diese Renditen aus reiner Menschenfreundlichkeit. Hinter den Kulissen jedoch gründeten sich die großzügigen Ausschüttungen auf die Anwerbung neuer Investoren. Der für das Projekt Verantwortliche behauptete später, er habe damit aus guten Motiven heraus begonnen, aber dann sei ihm die Sache »aus den Händen geglitten«. Zumindest einige Jahre lang erwartete niemand Schwierigkeiten, denn es gab genug neues Geld, um die Fälligkeiten zu bezahlen und das Projekt in Gang zu halten.

Schon bald aber sah sich der Gründer und Direktor von »Das Neue Zeitalter« genötigt, eine Entscheidung zu treffen. Sollte er einfach Konkurs anmelden und den schmerzlichen Folgen ins Auge blicken? Oder sollte er einfach kopfüber ins Bodenlose springen und weitermachen, das Investment am Laufen halten indem er weiter neues Geld anwarb und den Tag des Gerichts weiter vor sich herschob? Unglücklicherweise entschied er sich für den zweiten Weg. Als man ihn schließlich zurückpfiff, zählten seine Gläubiger nicht nach Dutzenden sondern nach Hunderten, und der Gesamtverlust betrug nicht Tausende, sondern Millionen. Je länger er das Projekt vorantrieb, umso mehr Geld ging verloren und umso mehr Menschen wurden geschädigt.

Geradeso ignoriert Satan alle Alarmglocken. Auch nach seinem Sturz sollte ihm klares Denken deutlich gemacht haben, dass größerer Ungehorsam nur größere Qual nach sich ziehen würde. Obwohl sein Verderben in der Hölle vom Augenblick seines ersten Sündigens an besiegelt war, würde seine Qual am Ende doch erträglicher geworden sein, wenn er sich aus der Schlacht zurückgezogen hätte. Aber in seiner Torheit genoss er die Erregung, heute eine Schlacht zu gewinnen, nur um morgen im Feuersee größere Qualen zu leiden. So haben wir nun das Böse herausgestellt als das, was es wirklich ist: Das Begehren, sich gegen Gott aufzulehnen - auch in der völligen Gewissheit, dass Gott am Ende triumphieren wird.

Satan war weit davon entfernt, zurückzutreten. Er entschloss sich, die Auseinandersetzung zu verschärfen. Es war für Satan allzu erniedrigend offen zuzugeben, dass er geschlagen war. Es schien ihm besser, seinen Aufstand mühsam voranzubringen als vom Streit abzustehen und seine Strafe anzunehmen. Er gab Täuschung für Wirklichkeit aus, nannte seine Niederlagen Triumphe. Und er häufte Schuld auf Schuld, indem er seine aufsässige Herrschaft weiter ausdehnte.

Weitere Engelwesen wurden in Dienst gestellt. Der Gedanke, ein rivalisierendes Königreich zu errichten, das dem Reich der Engel nachempfunden war, in dem er gedient hatte, bot verführerische Aussichten. Seine heimliche Begierde war natürlich, auch weiter Macht über jene auszuüben, die ihm im Himmelreich untergeben gewesen waren. Er, der meinte, Gehorsam gegenüber Gott sei Sklaverei, suchte nun selbst, sich andere zu Sklaven zu machen.

Wie wir schon gesehen haben, folgten ihm andere Engel nach. Sie standen unter seinem Befehl, ehe er fiel, und so entschlossen sie sich, seiner Führung zu folgen und sich an dem wachsenden Aufstand zu beteiligen. Ob nun Gefolgschaftstreue der Beweggrund war, oder ob sie nach eigener Macht und Unabhängigkeit gierten - einige entschlossen sich, in dem großen Spiel mitzumischen. Als Gegenleistung für ihren Aufstand meinten sie, mit der persönlichen Befriedigung belohnt zu werden, ihren eigenen Weg gewählt zu haben und Teil ihres eigenen Reiches geworden zu sein.

Wie viele Engel folgten Satan? Es war ein Drittel der Engelwelt; die Zahl der Aufständischen dürfte Hunderte von Millionen betragen haben. Wir wissen nicht, wie viele Engel erschaffen wurden, aber wir wissen, dass es »Zehntausende mal Zehntausende und Tausende mal Tausende« gibt (Offb 5,11). Welche Zahl von ihnen auch immer sich Luzifer anschloss und ob sie sich darüber im klaren waren oder nicht: Im Augenblick ihrer Sünde wurden sie Teilhaber eines unumkehrbaren Marsches ins Verderben.

Satans nächstes Ziel waren die Menschen. Als er beobachtete, wie Adam und Eva erschaffen wurden, hielt er sie höchst wahrscheinlich für die merkwürdigsten Geschöpfe, die er jemals gesehen hatte. Sie waren nach dem Bild Gottes geschaffen und hatten eine Fähigkeit zur Gemeinschaft mit Gott, die noch nicht einmal die Engel besaßen. Satan wusste von Anfang an, dass er alles tun würde, was möglich war, um sie bei seinem Angriff auf Gott auf seine Seite zu ziehen.

Adam und Eva waren noch auf eine weitere Weise von den Engeln unterschieden. Sie konnten sich durch Zeugung fortpflanzen. Sie konnten sich durch sexuelle Vereinigung vermehren, anstatt einzeln erschaffen zu werden. Ihre Nachkommenschaft war untereinander verbunden durch Bande des Blutes und dadurch, dass sie Mütter, Väter, Brüder, Schwestern und Vettern hatten.

Dieses Zusammengehörigkeitsgefühl hatte weitreichende Folgen für Satan und seine Günstlinge. Als die Engel sündigten, taten sie es individuell jeder für sich. Die Entscheidung des einen Engels beeinflusste nicht direkt die Entscheidung eines anderen. So konnte ein Drittel der Engel-Heerscharen Luzifer folgen und zwei Drittel an ihrer liebenden Beziehung zu Gott festhalten.

Nicht so die Menschen. Wenn Adam und Eva sündigten, würden sie damit nicht nur sich selbst verseuchen, sondern ihre gesamte Nachkommenschaft. Als Haupt der Rasse hatten diese angehenden Eltern die furchteinflößende Verantwortung, eine Entscheidung zu treffen, die den gesamten Verlauf der menschlichen Geschichte zum Guten oder zum Schlechten beeinflussen würde. Kein Wunder, dass Satan ein besonderes Interesse an diesen merkwürdigen Geschöpfen hatte.

Er war dabei und hörte die Anweisungen, die Gott Adam und Eva gab. Er war überrascht über die Großzügigkeit Gottes: »Von jedem Baum des Gartens darfst du essen; aber vom Baum der Erkenntnis des Guten und Bösen, davon darfst du nicht essen; denn an dem Tag, da du davon isst, musst du sterben!« (1Mo 2,16-17). Sie durften von jedem Baum des Gartens essen - mit einer Ausnahme. Eine einzige unter einem Tausend Erlaubnissen!

Satan wartete auf den rechten Augenblick für seinen Schachzug. Er erwog seine Möglichkeiten. Der Zeitpunkt der Versuchung und die anzuwendenden Mittel waren überaus wichtig. Das war eine Gelegenheit, die er nicht verpassen wollte!

Die Strategie der Lüge

Hier bekommen wir einen ersten Einblick in das satanische Denken und beginnen zu erkennen, wie dieser gefallene Engel arbeitet. Wie Christus lehrte, ist er »ein Lügner und der Vater derselben« (Joh 8,44). Nur im Betrügen ist er beständig. Wenn wir seine Unterschrift sehen, sollten wir uns nach arglistigen Täuschungsmanövern umschauen.

Er verbreitet Lügen über sich selbst

Er kommt nicht daher als der Teufel, der Feind Gottes. Er hätte zu Adam und Eva kommen und seine erschreckende Wut und seine bösen Pläne offenbaren können. Aber er hat keine Achtung vor der Wahrheit bei seinem Werben. Er kommt verkleidet und zeigt nicht, wer er wirklich ist. Er verwandelt sich in etwas, das er nicht ist, um andere zu täuschen. Er kommt nicht, um zu erschrecken, sondern um zu besänftigen, zu ermutigen, zu belehren.

Obwohl sich Satan in irgendeinem physischen Leib materialisieren kann, ist er doch nicht fähig, Materie aus dem Nichts zu erschaffen. Aus diesem Grund benutzte er den Körper eines Tieres, das Gott erschaffen hatte. Er entschied sich dafür, eine Schlange als Vehikel der Versuchung zu benutzen, mit der er unsere Ureltern unter seine Kontrolle und Autorität bringen wollte.

Menschen können Sätze bilden, sinnvolle Ideen vermitteln und über abstrakte Gedanken sprechen, wie Gott. Im Gegensatz dazu können sich Tiere nur durch Empfindungen ausdrücken, durch den Gebrauch wahrnehmbarer Signale, die ausgesandt werden, um gewisse Reaktionen hervorzurufen. Wir wissen nicht, wie sich Satan mit der Schlange verständigte. Aber wir können uns vorstellen, dass der Böse diesem Tier deutlich machte, dass nur er, Satan, die Fähigkeit habe, die Schlange mit der Gabe der menschlichen Sprache auszurüsten. Nur Satan konnte die Schlange sprechen lassen.

Sie werden schließlich bekommen, was sie nach seinem Willen bekommen sollen.

Diese Schlange war vermutlich ein wunderschönes Geschöpf; nicht die abscheuliche Kreatur, die auf dem Boden umherkriecht. Weit davon entfernt, sich vor diesem Geschöpf zu fürchten, fand sich Eva von ihm angezogen. Sie meinte natürlich, sie sei einfach von diesem Tier fasziniert und wusste nicht, dass sie von einem unsichtbaren Wesen gefesselt wurde, das ihre Vernichtung suchte.

Satan hat die ganze Geschichte hindurch die gleiche Strategie beibehalten. Er kam nicht zu König David und sagte: »David, ich hasse dich und habe einen gemeinen Plan für dein Leben ... Ich will dich vernichten, dich, deine Familie und dein Reich. Du musst mitmachen und mit Batseba die Ehe brechen, um den ersten der aufgestellten Dominosteine anzustoßen.«

Satan zeigt uns nicht die Konsequenzen der Einnahme von bewusstseinserweiternden Drogen oder von Alkohol. Geschickt verbirgt er die Folgen von Pornographie, Unsittlichkeit und Unehrlichkeit. Auch zeigt er uns nicht das Endstadium jener, die an falschen Überzeugungen über die Bibel, über Christus und über die Erlösung festhalten. *Seine Strategie besteht darin, den Leuten zu geben, was sie wollen, und dabei sicherzustellen, dass sie schließlich bekommen, was sie seinem Willen nach bekommen sollen.*

Für gewöhnlich versucht man nicht, eine Maus zu fangen, ohne ihr eine Falle zu stellen. Eine Mausefalle ist wichtig: Man kann sie stellvertretend dazu benutzen sein Opfer zu fangen, während man selbst aus dem Blickfeld bleibt. Eine Falle kann das Versprechen von Nahrung und Erfüllung beinhalten, während die Konsequenzen verborgen bleiben. Die Mäuse sehen nur den Käse und begreifen nicht den Draht und die kraftvolle Sprungfeder. In ähnlicher Weise will Satan uns über die faszinierenden Vorgänge im Ungewissen halten, die sich in der geistigen Welt ereignen. Er will, dass wir unsere Umstände für gewöhnlich halten und seine Fallen für unverdächtig. Doch hinter der Falle steckt der Fallensteller und hinter der Lüge steckt der Lügner. Paulus warnte:

> »*Ich fürchte aber, dass, wie die Schlange Eva durch ihre List verführte,* [*so*] *vielleicht euer Sinn von der Einfalt Christus gegenüber ab*[*gewandt und*] *verdorben wird. Denn wenn der, welcher kommt, einen anderen Jesus predigt, den wir nicht gepredigt haben, oder ihr einen anderen Geist empfangt, den ihr nicht empfangen habt, oder ein anderes Evangelium, das ihr nicht angenommen habt, so ertragt ihr das* [*recht*] *gut*« (2Kor 11,3-4).

Satan ist besonders daran interessiert, ein anderes Evangelium zu verbreiten, mit einer bequemeren Botschaft und einer falschen Garantie.

Manchmal verwendet er schreiende Lügen, ein andermal vermischt er Irrtum und Wahrheit. Sind wir blind für einen Teil der Wahrheit, dann sind wir offen für die Täuschung. Und niemand ist so blind wie jener, der in dem Glauben getäuscht wurde, dass er nun sehe!

Er verbreitet Lügen über Gott

Das erste Mal, wo Satan seinen Mund öffnet, tut er es, um eine Frage über etwas zu stellen, worüber Gott eine ganze Unterrichtsstunde gehalten hat. Sein erstes Ziel ist es, Adams und Evas Ansicht von Gott zu verdrehen. Er stellt ihnen Gott vor als geizig, gefühllos und bedroht durch die verborgen in der menschlichen Natur angelegten Fähigkeiten. Und so stellt Satan seine Frage: »Hat Gott wirklich gesagt: Von allen Bäumen des Gartens dürft ihr nicht essen?« (1Mo 3,1). Und als Eva erwidert, dass es nur einen Baum gibt, von dem zu essen ihnen verboten ist, und dass sie sterben werden, wenn sie nicht gehorchen, da lautet die Antwort der Schlange: »Keineswegs werdet ihr sterben! Sondern Gott weiß, dass an dem Tag, da ihr davon esst, eure Augen aufgetan werden und ihr sein werdet wie Gott, erkennend Gutes und Böses« (1Mo 3,4-5).

Gott betrügt euch! Er verbirgt den wirklichen Grund dafür, dass er nicht will, dass ihr von dem sogenannten verbotenen Baum esst. Wenn ihr esst, werdet ihr sein wie der Allmächtige selbst. Er fordert Verehrung, nicht weil sie rechtmäßig ihm gebührt, sondern weil er nicht das Beste für die Menschen will! Gott ist sowohl ein Spielverderber als auch ein Lügner.

Vergessen wir nicht: Satan brachte Adam und Eva dazu, sich auf das eine Verbot zu konzentrieren, auf den einen Baum, von dem sie nicht essen durften. Er machte sie blind für die Hunderte exotischer Bäume, die die Spazierwege des üppigen Gartens säumten. Der eine Verbotene wurde benutzt, um die zahllosen Erlaubten wertlos erscheinen zu lassen. Satan wusste: Wenn er Eva dazu bringen konnte, die eine Sache ins Auge zu fassen, die sie nicht haben konnte, dann würde sie das aller Freude berauben, die ihr aus allen Dingen zufließen sollte, die sie besaß.

Wer kommt, um zu betrügen, beschuldigt Gott des Betruges. Wer nicht die Wahrheit sagen kann, beschuldigt Gott der Unwahrhaftigkeit. Satan täuscht über sich selbst, er sucht harmlos zu erscheinen. Dann täuscht er über Gott und lässt ihn als gefährlich erscheinen.

Und so ist es. Auch heute als Gläubige werden wir versucht, die Welt zu betrachten und zu glauben, wir seien hereingelegt worden. Sind es nicht gerade oft Teenager, die bei sich selbst denken: »Wenn ich doch nur kein Christ wäre! Denk doch nur an all die tollen Sachen, die ich dann machen könnte!« Während andere die Freuden der Sünde genießen, müssen wir armseligen Kreaturen, die wir sind, zu Hause bleiben und uns mit den grenzenlosen Wundern der unvergleichlichen Gnade Gottes zufrieden geben. So bemitleiden sich die Söhne des Königs der Könige selbst!

Warum lockt uns so oft die Versuchung? Weil der Gedanke uns reizt, dass Gottes Wege nicht das Beste für uns sind. Wir glauben, dass unser Gehorsam gut für ihn ist, nicht aber für uns. Luther aber hatte recht, als er sagte: »Alle Sünde ist Verachtung Gottes.« Er zeigt, dass niemand absichtlich sündigt, sondern dass er falsch über Gott denkt. Wenn wir Gott wirklich kennten, würden wir uns allezeit für die Rechtschaffenheit entscheiden. Satans Eröffnungszug zielt stets darauf ab uns dahin zu bringen, dass wir über den Allmächtigen falsch denken.

Zurückdenkend wissen wir, dass Gott tatsächlich seine Güte dadurch zeigte, dass er einen Zaun um den Baum errichtete und sagte: »Iss nicht!« Das war Barmherzigkeit und Gnade und ein Beweis dafür, dass Gott sich um Adam und Eva und um ihre Zukunft sorgte. Welche Einschränkungen uns Gott auch immer setzen mag - sie sind zu unserem Besten und nicht zu unserem Schaden.

Er verbreitet Lügen über den Nutzen der Rebellion

Gott widersprechend, sagt die Schlange zu Eva: »Keineswegs werdet ihr sterben! Sondern Gott weiß, dass an dem Tag, da ihr davon esst, eure Augen aufgetan werden und ihr sein werdet wie Gott, erkennend Gutes und Böses« (1Mo 3,4-5). Gott sagt: »Ihr *werdet* sterben«; Satan sagt: »Ihr *werdet keineswegs* sterben.«

Man beachte die widersprüchlichen Ansichten von Gott, die Adam und Eva vorgestellt werden. Einerseits war Gott zu gut, um ihren Tod zu verursachen. Andererseits war er zu böse, um sie ihre Möglichkeiten verwirklichen zu lassen. Und so setzt die Schlange Verwirrung an die Stelle des Verstehens.

»Ihr werdet sein wie Gott, erkennend Gutes und Böses« (1Mo 3,4-5). Das, erinnern wir uns, ist exakt Satans eigener Traum! Er wollte sein wie Gott; er sehnte sich danach, den Allmächtigen abzusetzen und seinen Thron in den Himmeln zu besteigen. Und nun macht er Adam und Eva weis, wenn sie nur ihm gehorchen wollten, dann würden sie an seiner eigenen Wunschvorstellung teilhaben.

Sicherlich wusste der Drache bereits, dass er in seinem Reiz, wie der Höchste zu sein, versagen werde. Seine Umwandlung in ein boshaftes Wesen gab ihm Selbstbewusstsein. Höchstwahrscheinlich machte es ihm seinen Irrtum ebenso schmerzlich bewusst wie die Unmöglichkeit, den Sieg über Gott davonzutragen. Seine Hoffnungen hatten sich zerschlagen, und nun warb er um Adam und Eva, damit sie teilhätten an seinem großen ewigen Fehlschlag. Er hatte gespielt und verloren. Nun wollte er, dass sie die gleichen Würfel warfen wobei er wusste, dass sie mit der gleichen erschreckenden Zahl liegenbleiben würden.

Sie aßen, und Satan erwies sich als Lügner. Sie starben an dem Tag, an dem sie aßen. Ihre Leiber begannen *physisch* zu sterben, ihr Niedergang geschah langsam, war aber unvermeidlich. Sie starben *geistlich*, indem sie von Gott getrennt wurden. Sie würden auch *ewig* sterben, wenn Gott nicht eingriff.

In einer Hinsicht hatte Satan recht: Adam und Eva hatten nun einen Erfahrungswert des Bösen. Sie wussten nun in der Tat zwischen »gut und böse« zu unterscheiden. Ihre Gewissen waren verunreinigt, und sie verspürten hart ihre Entfremdung von Gott. Die Verderbnis hatte den Weg in ihre Seelen gefunden.

Haben die Anhänger der New-Age-Bewegung recht wenn sie sagen, dass der Mensch durch den Sündenfall in Wirklichkeit sogar gewonnen habe? War es tatsächlich ein Sturz *nach oben*? New-Age-Vertreter lehren, dass die Schlange und die Frau die Erlöser seien, weil ihr Handeln die Erleuchtung des Menschen bewirkt habe. Jedenfalls war es die Frucht des Baumes, die ihnen diese besondere Kenntnis gab, die zuvor vor ihnen verborgen gewesen war.

Aber durch Erfahrungswissen über das Böse werden wir nicht wie Gott. Die Kenntnis, die Adam und Eva gewannen, war ein furchtbares Wissen. Francis Schaeffer sagt, es sei wie die Erkenntnis eines Kindes, dessen Mutter sagt: »Geh nicht zu nah ans Feuer!« Das Kind ist ungehorsam; es fällt ins Feuer und verbringt die nächsten drei Tage im Todeskampf. Das Kind hat etwas gelernt - aber was für eine Lehre![1]

Jedesmal, wenn wir sündigen, stimmen wir der ursprünglichen Lüge in Eden zu.

Adam und Eva mussten ein Wissen über Gott und über die Schöpfung haben. Es wurde ihnen alles gegeben, was nötig war, um die Welt zu verwalten - oder sie konnten es lernen. Es war nicht böse, nach Wissen zu streben. Es war vielmehr böse, diese besondere Art des Wissens zu begehren.

DIE WIRKSAME TÄUSCHUNG

Adam und Eva genossen das Vorrecht, in der Kühle des Gartens mit Gott zu wandeln. Dort gab es viele Bäume, von denen sie essen konnten. Hätte es irgendein unbefriedigtes Bedürfnis gegeben, sie hätten es vor den Allmächtigen bringen können, und er würde ihnen höchstwahrscheinlich ihre Herzenswünsche erfüllt haben. Dies war das Paradies Gottes.

Und nun lesen wir: »Und die Frau sah, dass der Baum gut zur Speise und dass er eine Lust für die Augen und dass der Baum begehrenswert war, Einsicht zu geben; und sie nahm von seiner Frucht und aß, und sie gab auch ihrem Mann bei ihr, und er aß« (1Mo 3,6). Adam und Eva waren von einer vollkommenen Umwelt umgeben, und sie sündigten.

In einer Botschaft, die Warren Wiersbe vor der Moody-Gemeinde hielt, zeigte er die Entwicklung auf, die zu Evas Entscheidung führte, der Schlange zu glauben.

Sie *sah* und wurde *neugierig.*
Sie *nahm* und wurde zum *Dieb.*
Sie *aß* und wurde zum *Rebellen.*
Sie *gab* und wurde zur *Verführerin.*

Adam, der bei seiner Frau stand, erhob keinen Einspruch dagegen, dass sie vorsichtig eine Frucht von dem Baum pflückte. Und als sie gegessen hatte, teilte sie mit ihm, und er aß mit ihr. So wurden sie mit der Lüge bekanntgemacht, die von nun an die Welt beherrschen sollte: *Die Lüge, dass das Geschöpf sein kann wie der Schöpfer.* Alle anderen Lügen sind nur eine Erweiterung dieser ersten. Jedesmal, wenn wir sündigen, stimmen wir der ursprünglichen Lüge in Eden zu.

Das Neue Testament sagt, Eva wurde betrogen, nicht aber Adam (1Tim 2,13-14). Sie wurde betrogen, weil sie die Schlange als einen Botschafter Gottes akzeptierte. Sie dachte, die Schlange sei von Gott gesandt, um die ursprüngliche Offenbarung verständlicher zu machen. Sie war bereit, diese »weitergehende Offenbarung« zu akzeptieren, obgleich sie der früheren sogar widersprach - zumindest meinte sie, dass diese letzte Offenbarung die vorhergegangene ablöse.

Wie hätte sie wissen können, dass diese Schlange nicht für Gott sprach? Nicht, indem sie sich selbst befragte, was sie dabei empfand; nicht, indem sie die üppige Frucht analysierte, um zu sehen, ob sie wirklich böse aussah, denn in der Tat erschien sie ihr sehr gut. Noch hätte sie die Stimmverbiegungen der Schlange auswerten brauchen, um zu sehen, ob sie aufrichtig war.

Mancher ist schon durch solch subjektive Empfindungen über die Quelle der Offenbarung betrogen worden. Falsche Propheten können wie Satan selbst in salbungsvollem Ton über Rückversicherung und Hoffnung sprechen. Die einzig vernünftige Zuflucht für Eva wäre gewesen, die Worte Gottes mit den Worten der Schlange zu vergleichen.

Unserem eigenen Denken überlassen erscheint es sinnvoll zu meinen, wenn Gott die Frucht geschaffen hatte und sie gut aussah, dann musste es gut sein, sie zu essen. Menschliches Denken ist begrenzt und kann nicht das ganze Bild erfassen - die Dinge könnten nicht das sein, was sie zu sein scheinen.

Der Baum war kein schlechter Baum, und er trug auch keine schlechte Frucht. Alles, was Gott gemacht hatte, war gut. Es gab eigentlich nichts an diesem Baum, was ihn von den anderen Bäumen unterschied. Gott hätte ebensogut sagen können: »Überquert nicht diesen Fluss«, oder »Besteigt nicht diesen Berg«. Der Baum war einfach eine Prüfung, die erweisen sollte, ob der Mensch der Stimme Gottes oder der Stimme der Schlange gehorchen werde, die für sich in Anspruch nahm, für Gott zu sprechen.

Wenn Eva vor dem Irrtum bewahrt werden sollte, dann hätte sie der Schlange sagen müssen, sie rede Lügen. Es war nicht ihre Verantwortung, *in sich hinein* zu schauen, um zu versuchen, den besten Weg herauszufinden, sondern *aus sich heraus* hin zu einer vorurteilslosen Offenbarung.

Auch heute noch diskutieren Evangelikale, ob die Bibel allein zu unserer Orientierung ausreicht oder ob wir zusätzliche Offenbarungen und Erklärungen benötigen. Manche bestehen darauf, Visionen zu glauben, Prophezeiungen und Träumen, wenn sie nicht ausdrücklich im Widerspruch zu dem stehen, was die Bibel lehrt. Andere sagen, solche subjektiven Offenbarungen seien, auch wenn sie mit der Bibel übereinstimmen, ein fruchtbarer Boden für Täuschungen.

Ein evangelischer Pastor, den seine Frau verlassen hatte, kehrte wenige Monate später mit einer neuen, jüngeren Braut zur Gemeinde zurück. Obgleich viele in der Gemeinschaft glaubten, dass seine Scheidung und Wiederverheiratung ihn für den Dienst disqualifizierten, zählte der Pastor ihnen vor, wie er in der Zeit der Bedrängnis gefastet und gebetet hatte und wie der Herr ihm befohlen habe, zurückzukehren und dieselbe Gemeinde zu leiten. Offensichtlich meinte man im Ältestenrat, wenn man ihn des Amtes enthob, sei man dem, was Gott geoffenbart hatte, ungehorsam. Anstatt den Mann anhand biblischer Qualifikationen zu beurteilen, nahmen sie die subjektive Erfahrung des Predigers als gegeben hin, der seine Ausführungen mit den Worten einleitete: »Ich suchte den Herrn, und er *sprach zu mir*«.

Gesichte von Heiligen, von Maria, von verstorbenen Verwandten mögen nicht in eklatantem Widerspruch zum Wort

Gottes gesehen werden. Wer sie jedoch als Offenbarungen Gottes akzeptiert, der leugnet, dass die Bibel allein als Glaubens- und Lebensregel genügt. Solche Offenbarungen, so sagt man, seien notwendig, um unseren Glauben anzuregen oder ihm Richtung zu geben. Die Geschichte hat jedoch wiederholt bewiesen, dass sie oft nur eine Verkleidung für die Verkehrung des Evangeliums sind und schon viele irregeführt haben. Es ist gar nicht schwer, die Stimme des Teufels mit der Stimme Gottes zu verwechseln: Es genügt, bloße Lippenbekenntnisse über die Letztgültigkeit der Bibel abzulegen, während man gleichzeitig nach zusätzlichen persönlichen Offenbarungen Ausschau hält.

Vergessen wir nicht, dass Satan bei seinem ersten Auftreten auf dem Planeten Erde eine »Offenbarung« überbrachte, die angeblich der vorherigen Offenbarung Gottes gleichgestellt oder sogar ihr übergeordnet war. Satan hört sich gerne reden. Er tut auch gerne so, als habe er eine überaus intime Beziehung zu Gott und wir bräuchten nur auf ihn zu hören, um Antworten auf all unsere Fragen zu bekommen.

Eva wurde getäuscht, Adam aber aß wissentlich. Er wusste, dass diese Botschaft nicht von Gott kam, aber er traf die Entscheidung, gemeinsam mit seiner Frau das Abenteuer zu bestehen und die schmackhafte Frucht zu verzehren. Ist es nicht so, dass verbotene Früchte süßer schmecken? Birgt unabhängiges Handeln nicht eine Erregung, die einfacher Gehorsam nicht bieten kann?

Wie schon zuvor Luzifer, entdeckten Adam und Eva nun, dass nichts mehr so sein würde wie zuvor. Was Adam betrifft, so wurde der Erdboden verflucht, und er musste sein Brot »im Schweiße seines Angesichts« ernten (1Mo 3,19). Eva wurde gesagt: »Ich werde sehr vermehren die Mühsal deiner Schwangerschaft, mit Schmerzen sollst du Kinder gebären! Nach deinem Mann wird dein Verlangen sein, er aber wird über dich herrschen« (1Mo 3,16).

Adam und Eva entdeckten nun, was der Teufel bereits wusste: Die Folgen des Ungehorsams sind zufällig, unvorhersehbar und völlig außerhalb unseres Einflusses. Die Scham, von der sie ergriffen wurden, war nur der Beginn eines Lebens voller

Kummer für sie selbst und für all ihre Nachkommen. Natürlich konnten sie nicht den Verrat, die Gewalttätigkeit und die Grausamkeit voraussehen, die schließlich über die Erde kommen würden. Sie hatten einen Stein ins Rollen gebracht und waren erschrocken über die Entdeckung, dass sie damit eine Lawine ausgelöst hatten.

DAS ZEPTER GING VERLOREN

Adam und Eva getäuscht von einem Tier!

Sie hatten die Autorität, diese Kreatur aus dem Garten zu vertreiben; sie hätten sie vom Angesicht der Erde hinweg verbannen können. Sie hätten die ihnen von Gott verliehene Oberherrschaft ernst nehmen und die Launen des Geschöpfs mit einem klaren Nein beantworten können. Sie hätten, doch sie handelten töricht und folgten seinen Ratschlägen.

So hatte Gott gesagt: »Lasst uns Menschen machen in unserm Bild, uns ähnlich! Sie sollen herrschen über die Fische des Meeres und über die Vögel des Himmels und über das Vieh und über die ganze Erde und über alle kriechenden Tiere, die auf der Erde kriechen« (1Mo 1,26). Der Mensch, im Bilde Gottes geschaffen, hatte die Herrschaft über die Welt, die ihn umgab. Der Mensch sollte seinen Platz einnehmen zwischen Gott und allem, was er geschaffen hatte. Francis Schaeffer hat hervorgehoben, diese Herrschaft sei der Beweis für die sittliche Verantwortung. Adam und Eva sollten nicht annehmen, dass die Dinge im Lot waren, so wie sie waren. Sie sollten vielmehr die Welt nach den Grundsätzen Gottes verwalten.

Vögel, Fische und kriechende Tiere - sie alle waren der Autorität des Menschen unterstellt. Die Schlange, die ungerufen in ihrem Garten erschienen war und nun so mitleidsvoll zu ihnen sprach - dieses Tier stand unter Adams Befehl. Wenn sogar die Vögel und die Fische Adams Kommando unterstanden, dann wäre die Schlange mit größter Sicherheit auf ein einziges Wort von Adams Lippen fortgegangen.

Es ist unglaublich: Adam wurde von einem Geschöpf verführt, das unter ihm stand! Er trat von seiner gottgegebenen

Verantwortung zurück und hörte auf das Wort eines Tieres. Der Mensch, der aufrecht inmitten aller Geschöpfe wandeln konnte, beugte sich dem Ratschlag eines von ihnen.

Adam ließ das Zepter fallen, und Satan hob es auf. Der Mensch - geschaffen, König der Erde zu sein - wurde nun ein Sklave und lag in Ketten.

- Er sät, aber er weiß nicht, ob er ernten wird.
- Er baut, aber er weiß nicht, ob das Werk seiner Hände nicht von Stürmen, Fluten oder Erdbeben zerstört werden wird.
- Er genießt seine sexuelle Freiheit und endet in zerbrochenen Beziehungen, Betrug und Geschlechtskrankheiten.
- Er löst ein medizinisches Rätsel, nur um von einem neuen überrascht zu werden.
- Er schließt Freundschaften und wird doch überwältigt von Eifersucht, Misstrauen und Hass.
- Am Ende ist er ein Sklave des Todes. Es spielt keine Rolle, wie viele Versicherungen er abgeschlossen hat; es spielt keine Rolle, wie gut seine Ärzte sind - am Ende wird der Tod sein Opfer fordern.

Wie der Hund, der in Äsops Fabel seinen Knochen fallen lässt, um dessen Spiegelung im Wasser zu fangen, mussten auch Adam und Eva entdecken, dass sie die Gemeinschaft mit Gott gegen ein Luftschloss eingetauscht hatten. Das Versprechen Satans war nicht nur leer, sondern noch dazu giftig. Aber nun gab es kein Zurück.

In Eden glitt die Krone dem Menschen vom Kopf in den Staub. Satan hob sie auf und krönte sich selbst, aber seine Siegesfreude war getrübt. Barnhouse schrieb:

> »Er ergriff das Schwert der Macht mit beiden Händen, aber er nahm es bei der Klinge und verwundete sich selbst an den scharfen Schneiden so sehr, dass er nun nicht mehr seine Nahrung mit seinen Händen aufheben konnte.

Seither leckte er sie von der Erde auf, und nach Staub schmeckte nun alles, was er jemals probierte.«[2]

Er ging nun mit der Welt um, als ob sie ihm gehörte. Er war erfolgreich gewesen, den Menschen von Gott zu trennen, aber es gab noch mehr zu tun. Er begehrte des Menschen Untertanentreue und Verehrung.

DIE REAKTION GOTTES

Gott war auf diese Stunde vorbereitet, und er hielt sein Versprechen.

Adam und Eva wurden gerichtet

An dem Tag, an dem sie aßen, starben sie. Tod ist sowohl ein Prozess als auch ein krisenhaftes Ereignis. Der Prozess des Todes begann in dem Augenblick, als Adam und Eva die Frucht aßen. Als dieser Prozess abgeschlossen war, endete er in einer Krise. Ihre Seelen wurden vom Körper getrennt.

Aber es geschah noch etwas viel Schlimmeres. Die Seele des Menschen war auch von Gott getrennt. Adam und Eva und ihre Nachkommen verloren ihren Bezugspunkt. Geradeso, wie eine Glühbirne erlischt, wenn man den Stecker aus der Steckdose zieht, so gab es unvermittelt eine Mauer der Scham zwischen ihnen und Gott.

Sie wussten nun - durch ein beunruhigtes, erwecktes Gewissen - zu unterscheiden zwischen Gut und Böse. Die Trennung von Gott trennte sie auch voneinander. Sie bedeckten sich mit Feigenblättern, um sich voreinander und vor Gott zu verstecken. Sie empfanden sogar eine innere Trennung: Die Seele hatte sich von der eigenen Person getrennt. Sie lebten nun als rastlose Kreaturen in einer stürmischen Welt.

Die Schlange wurde gerichtet

»Weil du das getan hast, sollst du verflucht sein unter allem Vieh und unter allen Tieren des Feldes! Auf deinem Bauch sollst du kriechen, und Staub sollst du fressen alle Tage deines Lebens« (1Mo 3,14). Vielleicht ist es nicht ohne symbolische Bedeutung, dass die Schlange - wie man mir sagte - das einzige Tier ist, das nicht rückwärts gehen kann. Nun, da die Entscheidung gefallen war, fand sich die Schlange des Paradieses gebunden, nur noch imstande, sich kopfüber aus einem Fehler in den nächsten zu stürzen.

Gott verheißt, er werde »Feindschaft setzen« zwischen der Schlange und der Frau, und dass der Same der Frau der Schlange den Kopf zertreten werde. Im nächsten Kapitel werden wir diese Verheißung eines kommenden Erlösers näher betrachten. Hier wollen wir uns jetzt nur daran erinnern, dass Gott auf die Katastrophe vorbereitet war, die Adam und Eva hervorgerufen hatten. Obgleich die beiden freiwillig aßen, mussten sie doch tun, was - wie Gott wusste - geschehen werde. Noch besser: Sie taten, was geschehen musste, weil Gott auf dieses Geschehen vorbereitet war.

Gottes ewiger Plan wurde geoffenbart

Wenn man seinen Kopf bis auf sechs Zoll der Tragfläche eines Düsenflugzeugs nähert, kann man nicht mehr erkennen, was man da gerade anschaut. Die Markierungen in dem glänzenden Metall würden kaum künstlerisch wirken, Länge und Breite der Struktur würden dem Betrachter unbekannt bleiben. Was den Zweck betrifft, könnte man nur raten, was dieser kleine Bildausschnitt harter Oberfläche darstellen soll. Wenn man aber seine Perspektive erweitert, kann man den Einzelheiten mehr Sinn entnehmen.

Nur, weil Gott uns einlädt, zurückzutreten und seinen Plan vom Standpunkt der Ewigkeit aus zu betrachten, gewinnt das Geheimnis Satans und des Bösen einen Sinn. Natürlich sehen wir nicht alles, aber es wird uns ein Einblick in die fernste Vergangenheit gewährt. Wir können erkennen, dass Gott schon eine »Blaupause« hatte, bevor irgendetwas geschaffen war. Der Fall Luzifers (und der darauffolgende Fall des Menschen) war bereits in dem großen Entwurf enthalten. Paulus schrieb dem Titus von »dem Glauben der Auserwählten Gottes und nach der Erkenntnis der Wahrheit, die der Gottseligkeit gemäß ist, in der Hoffnung des ewigen Lebens - das Gott, der nicht lügen kann, vor ewigen Zeiten verheißen hat« (Tit 1,1- 2).

Gott gab eine Verheißung »vor ewigen Zeiten«. Das bezieht sich nicht auf die Zeitalter seit Beginn der Schöpfung, sondern auf die Ewigkeit zuvor. Paulus schrieb dem Timotheus, dass Gott »uns errettet und berufen mit heiligem Ruf, nicht nach unseren Werken, sondern nach [seinem] eigenen Vorsatz und der Gnade, die uns in Christus Jesus *vor ewigen Zeiten* gegeben« wurden (2Tim 1,9; Hervorhebung vom Verfasser). Tatsächlich schreibt auch der Autor des Hebräerbriefes, dass wir errettet sind durch »das Blut eines ewigen Bundes« (Hebr 13,20).

Offensichtlich konnte Gottes in den weit entfernten Zeiten der Ewigkeit geschlossener Bund nicht mit Engeln oder Menschen geschlossen werden. Die Übereinkunft wurde zwischen den Angehörigen der Trinität getroffen. Gott der Vater, der seinen Sohn vollkommen liebt, verspricht ihm zum besonderen Ausdruck seiner Liebe als Geschenk eine erlöste Menschheit. Schon so weit zurück war der Fall des Menschen und seine darauffolgende Erlösung nicht nur vorhergesehen, sondern ein Teil des großen Plans. Was Wunder, dass Christus immer wieder von gewissen Menschen sprach als von jenen, »die mir der Vater gegeben hat« (Joh 6,37; 10,29; 17,9). Christus sagte, dass der Vater uns ebenso liebt, wie er den Sohn liebt, und der Sohn war geliebt »vor Grundlegung der Welt« (Joh 17,23-24). Ja, wir waren geliebt lange bevor die Schlange unsere Voreltern mit ihren Lügen verführte.

Johannes sprach von denen, die in der Verfolgung standhaft bleiben, und schrieb: »Und alle, die auf der Erde wohnen, werden ihn anbeten, [jeder,] dessen Name nicht geschrieben ist im Buch des Lebens des geschlachteten Lammes von Grundlegung der Welt an« (Offb 13,8). Das Buch des Lebens wurde nicht geschaffen, weil Gott seine Pläne hätte ändern müssen, als Adam und Eva sündigten. Jene, die eines Tages erlöst würden, *waren bereits* ins Buch des Lebens geschrieben, ehe Eva die wunderbare Frucht in Eden berührte.

Dies ist nicht der Ort für Erklärungsversuche auf all die Fragen, die uns bewegen darüber, was Gott tat und warum er es tat. Wie sehr wir uns auch um die Geheimnisse im Plan Gottes bemühen mögen, wir brauchen nur mit den Worten des Paulus zu frohlocken: »Wie er uns in ihm auserwählt hat vor Grundlegung der Welt, dass wir heilig und tadellos vor ihm seien« (Eph 1,4). Es ist von geringem Nutzen, diesen Text erklären zu wollen, indem man sich zu phantastischen Gedanken darüber hinreißen lässt, wie denn für Gott die vergangene Ewigkeit jetzt gegenwärtig sein kann. Wir sollten uns einfach an der Tatsache erfreuen, dass Gott seine Entscheidung traf und dass er es tat, ehe die Welt geschaffen war.

Es gab keine Krisenstabsitzungen im Himmel, als Adam und Eva sündigten. Es gab keine Notwendigkeit, andere Pläne zu stoppen, keine verzweifelten Versuche, dem Werk des bösen Feindes zu begegnen, keinen Bedarf zum Ersinnen einer Strategie, die nicht schon peinlich genau im Einsatz gewesen wäre. Gottes Plan schließt alles ein. »Denn in ihm ist alles in den Himmeln und auf der Erde geschaffen worden, das Sichtbare und das Unsichtbare, es seien Throne oder Herrschaften oder Gewalten oder Mächte: alles ist durch ihn und für ihn geschaffen« (Kol 1,16).

Die Erschaffung von Himmel und Erde - *durch* ihn und *für* ihn. Sichtbare und unsichtbare Wesen - *durch* ihn und *für* ihn. Herrschaften und Autoritäten - *durch* ihn und *für* ihn. Engel, gut und böse - *durch* ihn und *für* ihn.

Der Fall des Menschen sollte zu größerer Verehrung, größerer Anerkennung und größerer Deutlichkeit der mächtigen Eigenschaften Gottes führen. Die Gnade Gottes und seine Gerechtigkeit und Liebe wurden nun deutlich gemacht. Was Luzifer betrifft, den nunmehrigen Satan, so sollte er zur Verherrlichung Gottes weiter existieren, wie er es schon in den vergangenen Zeitaltern getan hatte. Seine Beweggründe waren jetzt andere, und Gott behandelte ihn nun als Feind und nicht mehr als Freund, aber er sollte bis zum Ende der Verfügung Gottes folgen.

Satan verließ den Garten Eden mit nur zur Hälfte vollbrachten Zielen. Er war erfolgreich darin gewesen, den Menschen von Gott zu trennen. Aber es gab noch viel mehr zu tun. Er war nicht zufrieden mit einem Menschen, der seine eigenen Wege ging; er gierte nach einem Menschen, der der Schlange nachfolgte. Gelöst von Gott, aber gebunden an die Schlange - das war es, was der Böse begehrte.

Um den Menschen von Gott wegzulocken, streute die Schlange den Samen der okkulten Religion aus in der Hoffnung, sich hinter dieser Verkleidung zu verbergen und so Verehrung zu erhalten. Satans größter Wunsch war es, religiöse Erfahrung zu mehren; er hoffte, mit dem Menschen Verbindung zu haben, während dieser glaubte, in Verbindung mit Gott zu stehen.

Die fünf Lügen in Eden bilden den Kern aller okkulten Religion, ob sie nun im antiken Babylon praktiziert wurde oder im modernen Amerika. Wenn die Schlange spricht, hören immer zumindest einige Leute zu.

4

DIE SCHLANGE UND IHRE NEUE RELIGION

Versuchen wir uns für einen kurzen Augenblick in der Gesinnung Satans.

Was wäre, wenn wir die hasserfüllte Leidenschaft hätten, jeden einzelnen Bewohner des Planeten Erde zu betrügen? Was, wenn wir die Fähigkeit besäßen, dem Bewusstsein einiger Menschen Gedanken einzuträufeln, die diese für ihre eigenen halten? Wir verzehren uns in dem Begehren, verehrt zu werden. Aber wir können der menschlichen Rasse nicht unsere böse Natur offenbaren und erwarten, dass sie uns damit akzeptiert. So errichten wir eine Gegenreligion, die dem Menschen sinnvoll erscheint, die wir aber hinter den Kulissen lenken. Es ist unser Ziel, Menschen davon zu überzeugen, dass sie Gott erfahren, während sie in Wirklichkeit Gemeinschaft mit uns haben. Verkleidet verehrt zu werden ist allemal besser, als überhaupt nicht verehrt zu werden.

So kam es, dass im Garten Eden die Wurzeln der okkulten Religion gesetzt wurden. Satan versuchte nicht, die Existenz Gottes zu widerlegen, als er Adam und Eva versuchte. Sein Ziel war nicht, Adam und Eva zu Atheisten zu machen; vielmehr galt seine Überredungskunst dem Zweck, sie zur Verehrung eines anderen Gottes zu verleiten. Kurz gesagt, Satan wetteiferte mit Gott um die Gefolgstreue der Menschen.

DIE FÜNF LÜGEN DES OKKULTISMUS

Der Okkultismus hat viele Formen, aber für gewöhnlich zählt man fünf Richtungen. Ob es sich nun um die Religionen des Ostens handelt oder um das wuchernde New-Age-Denken unserer Tage - alle sind sie Früchte, die aus der in Eden ausgestreuten Saat erblüht sind. An diesem schicksalhaften Tag offenbarte Satan die Lügen, mit denen er versuchen wollte, die Welt zu täuschen.

Man kann sie leicht erkennen.

Die Lüge der Reinkarnation

Gott hatte gesagt, Adam und Eva würden an dem Tag, an dem sie von dem verbotenen Baum äßen, »gewisslich sterben« (1Mo 2,17). Und wie wir schon hervorgehoben haben, geschah es wirklich - obwohl ihre Körper noch weiter funktionierten, hatte der Prozess des Todes begonnen. Sie waren für das Grab bestimmt. Es überraschte nicht: Gott hatte recht.

Um Gottes unmissverständlicher Warnung zu begegnen, dass Adam und Eva sterben müssten, wenn sie von dem Baume äßen, bot Satan eine eigene Verheißung dagegen auf: »Mitnichten werdet ihr sterben« (1Mo 3,4). Das stand im krassen Widerspruch zu dem, was der Allmächtige soeben verkündet hatte.

War die Lüge der Schlange glaubwürdig? Ich meine nicht, und Satan wusste es. Adam und Eva starben, und damit auch alle nachfolgenden Generationen. Die Friedhöfe in aller Welt beweisen, dass Satan log. Wir sind allseits vom Tod umgeben und alle fürchten wir ihn. Auch Atheisten droht dieser Augenblick.

Aber mit ein wenig Einbildungskraft und Betrug hat diese Lüge Eingang bei Millionen Menschen gefunden. Sie ist neu aufgelegt und neu erklärt worden als die Lehre von der Wiederverkörperung, die Lehre von der Reinkarnation. Jawohl, unser gegenwärtiger Leib wird sterben, so geht die Rede, aber wir werden ein neues Leben in einem anderen Leib irgendwo auf der Erde führen. So legt man Runde um Runde zurück und erhält so viele Chancen wie man benötigt, um die absolute

Vollkommenheit zu erlangen. Man nimmt die Weisheit mit, die man in diesem Leben angesammelt hat, und kann im nächsten damit arbeiten. Es gibt kein Gericht, deshalb braucht man den Tod nicht zu fürchten.

Die Reinkarnation lehrt, dass die Seelen nach Art des Spiels »Reise nach Jerusalem« wandern, indem sie sich der verschiedenen Leiber in der Welt bedienen. In diesem Leben ist man eine Person, aber im nächsten Leben ist man eine andere. Mal aufwärts, mal abwärts - der Prozess geht unbarmherzig weiter, so wie wir uns selbst in jedem Zyklus bessern. Ein Paar von New-Age-Anhängern, die sich umarmten und so gemeinsam von der Golden-Gate-Brücke in San Franzisco ins Meer sprangen, hinterließen in ihrem Wagen eine Nachricht. Der Mann hatte geschrieben: »Ich liebe euch alle; ich wünschte, ich könnte bleiben, aber ich muss mich beeilen. Die Spannung bringt mich um.«

Die Reinkarnation gründet sich auf die grausame Lehre vom Karma. Das ist ein unpersönliches, unwiderrufliches Gesetz, nach dem jeder bekommt, was er oder sie verdient. Böses wird im künftigen Leben stets bestraft, Gutes immer belohnt. Das bedeutet, dass die Menschen ihr irdisches Leben mit unterschiedlichem Rang beginnen. Einige Menschen haben durch ihre Sünde alle Vorrechte verwirkt. Andere wurden wegen ihrer guten Werke in eine hohe Stellung hineingeboren und befinden sich auf dem besten Weg zum erlösenden Nirwana. Das beste Beispiel dafür sehen wir im Hinduismus, wo alle Menschen streng in fünf Klassen eingeteilt sind - in vier Kasten und die Ausgestoßenen; jene, die keine Kaste verdienen. Das Grundprinzip ist, dass die Armen dazu da sind, den Reichen zu dienen.

Karma lehrt, dass es keine Ungerechtigkeit in der Welt gibt. Alles, was sich ereignet, geschieht aufgrund des vorangegangenen Guten oder Bösen. Man bedenke die Grausamkeit dieser Lehre. Man stelle sich vor, zu einem missbrauchten Kind zu sagen: »Du bekommst jetzt, was du wegen der Sünden verdienst, die du in einem vorangegangenen Leben begangen hast«!

Seine blendendste Täuschung: Eine gefälschte religiöse Erfahrung.

Die Schauspielerin Shirley MacLane, die die Lehre des New Age populär gemacht hat, sagt voller Vertrauen, dass es keinen Tod gebe. Sie »entdeckte«, dass sie in vorangegangenen Leben eine Prinzessin in Atlantis, ein Inka in Peru und auch ein von Elefanten aufgezogenes Kind gewesen sei.

In dieser Philosophie fürchtet man nicht den Tod, denn so, wie er traditionell begriffen wird, ereignet er sich nicht. Es gibt keinen persönlichen Gott, dem wir Rechenschaft geben müssten. Man kann so bleiben, wie man ist; sein Leben wie gewohnt weiterführen und zum größten Teil glauben, was immer man will. Um Shirley MacLane zu zitieren, es ist, wie einen Film zu drehen: »Man probiert es einfach so oft, bis man es richtig macht.«

Die Lehre von der Reinkarnation dient dazu, die Lüge des Teufels glaubhaft zu machen; es ist eine geschickte Täuschung, aufgerichtet zur allgemeinen Annahme. Der Beweis für Reinkarnation gründet sich aber nicht auf die Wanderung der Seelen, sondern auf die Wanderung der Dämonen. Wer Umgang mit bösen Geistern pflegt, empfängt oft Kenntnis vergangener Zeiten und Örtlichkeiten.

Auf jeden Fall gibt es heute viele, die getäuscht werden und mit dem Teufel einig sind: Wir werden *mitnichten* sterben!

Die Lüge der Esoterik

Nachdem Satan Gottes Wort als Grundlage der Wahrheit fein beiseite gesetzt hatte - was sollte nun als Ersatz dienen? Er versprach Eva, dass ihre »Augen geöffnet« würden (1Mo 3,5). Sie sollte eine Erleuchtung erfahren; deren Folge sollte eine Wahrnehmung der Wirklichkeit um sie her sein, die ihr geheime Einsichten eröffnen würde.

Satans tiefstes Begehren richtet sich nicht darauf, dass sich Männer und Frauen sittenlos verhalten, Lebensführung in der Astrologie suchen oder sich von Kristallen heilen lassen. All dies sind nur Sprungbretter auf dem Weg zu seiner am meisten verblendenden Täuschung: einer gefälschten Gotteserfahrung. Er sucht Menschen in einer Art zu begegnen, dass sie meinen, sie seien in Berührung mit dem wahren Gott. Diese Erfahrung vermeintlicher Erleuchtung ist eine »satanische Verkehrung«.

Die grundlegende Philosophie hierzu ist die Esoterik; der Glaube an eine Umwandlung des Bewusstseins, die uns in die wahre Geistlichkeit einführt. Die New-Age-Literatur ist angefüllt mit Hinweisen auf »Licht« oder »Erleuchtung«. Im heidnischen Griechenland und Rom fußte diese Erleuchtung auf der Vermutung eines geheimen Wissens, das durch das Ausloten der Tiefen der eigenen Seele erlangt werden könne. In Wirklichkeit aber erfordert es die Begegnung mit einem Geistwesen.

Vor vielen Jahren schrieb Marilyn Ferguson in ihrem Buch *The Aquarian Conspiracy*, dass eine unwiderrufliche Umwandlung uns überkommen werde. Es sei kein neues System, sondern ein neues Denken. Die Gesellschaft verändere sich durch einen »erweiterten Begriff menschlichen Vermögens ... eine Umwandlung des persönlichen Bewusstseins«.[1]

Es gibt zwei weitverbreitete Einfallstore, durch die böse Geister diese gefälschte »Wiedergeburts«-Erfahrung vermitteln können. Das eine ist die Transzendentale Meditation, die darauf zielt, jeden bewussten Gedanken aus dem Geist zu verdrängen. Diese Art der Meditation ist dazu bestimmt, die Seele mit der einen umfassenden Bewusstseinskraft des Universums zu vereinen.

Solange ich über irgendeinen Gegenstand nachdenke, empfinde ich mich selbst als eigenständig gegenüber den Dingen dieser Welt, als ein Individuum. Deshalb lehren uns die Okkultisten die Notwendigkeit einer Erfahrung, in der diese Unterscheidung verschwindet, in der wir uns selbst in dem gewaltigen Meer unpersönlicher Energie verlieren. Das normale Denken müsse außer Kraft gesetzt, der Wille der göttlichen Macht des Universums unterstellt werden.

Es ist weitverbreitete New-Age-Lehre, dass wir mit »Meistern der Weisheit« Verbindung haben können, die ihre Einsichten und ihre Kraft mit uns teilen können. Wir können

Gemeinschaft mit »den Mächten« haben und entdecken, dass es überall um uns herum Götter gibt, die uns nur zu gern bei unserem Versuch unterstützen, mit dem Göttlichen vereint zu sein. Diese Wesen helfen uns bei unserer eigenen Umwandlung.

Wir müssen im Auge behalten, dass die Erde von bösen Geistern erfüllt ist, die Luzifer in seiner Rebellion nachfolgten und solchen Interessenten nur zu gern eine religiöse Erfahrung vermitteln. Die Berührung mit solchen Mächten führt zu sogenannter Erleuchtung. Gerade so, wie Satan Adam und Eva eine Umformung ihres Bewusstseins versprach, die sie gottähnlich machen werde.

Das zweite Einfallstor für das Eindringen von Geistern ist die Verwendung bewusstseinserweiternder Drogen. Marilyn Ferguson sagt, die psychedelische Erfahrung sei ein schnellerer Weg zu einer neuen Wahrnehmung der Realität. Annette Hollander berichtet in dem Buch *How to Help Your Child Have a Spiritual Life* über Menschen, die unter Drogeneinfluss mystische Begegnungen hatten.[2]

Viele Leute nehmen irrigerweise an, Dämonen brächten nur böse Gedanken. Sie machen sich nicht klar, dass diese Geister oft auch gute Ratschläge erteilen und mundgerechte Lehre verbreiten können. Als unser Herr sich hier auf der Erde aufhielt, bekannten Dämonen, dass er der Christus sei.

Dämonen sind Lügner, die eine perverse Befriedigung dadurch erlangen, dass sie gutgläubige Menschen täuschen. Wenn die Wahrheit ihren Zielen dient, dann werden sie sie benutzen; wenn Halbwahrheiten gefragt sind, dann sind auch diese in ihrem Magazin vorhanden, aber die Lüge ist ihre liebste Waffe. Ich glaube, dass bestimmte Dämonen einem bestimmten Individuum zugeordnet sind, und weil sie die Lebensgeschichte und die Verhaltensmuster ihres Zielobjekts genau studiert haben, besitzen sie umfangreiche Kenntnis über die Vergangenheit dieser Person. Nachdem dieser Mensch gestorben ist, suchen diese Geister nach Möglichkeiten, mit Verwandten und Freunden in Kontakt zu kommen, die das Gespräch mit ihrem abgeschiedenen Geliebten suchen. Man sucht ein Medium auf, das behauptet, die Toten »aufzurufen« und das Gespräch zu vermitteln.

In Wirklichkeit aber findet die Unterhaltung nicht mit dem Toten statt, sondern mit einem Dämon, der den Toten gut gekannt hat. Daher nennt sie die Bibel auch »Totengeister«.[3]

C.S. Lewis erkannte durch Beobachtung die höchste Form der Täuschung durch Dämonen, die Vervielfältigung religiöser Erfahrungen. Der von ihm erdichtete Dämon *Screwtape*[4] erteilt seinem Kuli *Wormwood*[5] Anweisungen und sagt: »Ich hege große Hoffnung, dass wir mit der Zeit lernen werden, wie wir ihre Wissenschaft so sehr emotionalisieren und mythologisieren können, dass sich praktisch ein Glaube an uns (wenn auch nicht als solcher bezeichnet) einschleichen kann, während der menschliche Verstand gleichzeitig für den Glauben an den Feind [Gott] verschlossen bleibt.«[6]

So kommt es, dass sich die Lüge von Eden durch die Jahrhunderte hindurch hat halten können. Millionen behaupten, dass ihnen »die Augen geöffnet« worden seien, dass sie die Erleuchtung erfahren hätten. Sie nehmen für sich in Anspruch, zu den Eingeweihten zu gehören, die sich gegenseitig verstehen, weil sie zum innersten Kreis gehören.

Aus der Saat von Eden erwuchs bittere Frucht.

Die Lüge des Pantheismus

Der Kern der Täuschung der Schlange liegt in diesen Worten: »Ihr werdet sein wie Gott« (1Mo 3,5). Die Formulierung bedeutet nicht: »Ihr werdet Göttern gleichen«[7], sondern vielmehr: »Ihr werdet sein wie Gott selbst [Elohim] ist«. Zu sein wie Gott ist ein furchteinflößender Gedanke. Der Mensch ist intelligent genug zu wissen, dass er nicht der Schöpfer der Planeten, Sterne oder Bäume ist. Es musste also eine weitere Lüge für den allgemeinen Gebrauch angepasst werden.

Es gab nur einen einzigen Weg, diese Lüge aufrechtzuerhalten - die Vorstellung von Göttlichkeit musste dahingehend erweitert werden, dass sie alles in sich einschloss, was überhaupt existiert. Der Gedanke folgt diesem Schema: »Ja, ich bin Gott, wie auch die Natur .... in der Tat, *alles* ist Gott.«

Pantheismus ist die Vorstellung von Gott, die alle okkulte Religion durchdringt. Die Vorsilbe *pan* bedeutet »alles« und bezieht sich auf die Vorstellung, dass alles, was existiert, Gott ist. Danach gibt es viele verschiedene Ebenen der Existenz, die jeweils den verschiedenen Ebenen von Göttlichkeit entsprechen. Pantheismus stellt man sich am einfachsten unter dem Leitsatz vor: »Gott ist alles und alles ist Gott«.

Für den Pantheisten ist die letzte Realität im Universum geistig; alle Materie ist deshalb nur Schein. Wir müssen die Existenz des materiellen Universums leugnen, um in die Welt des Geistes zu entkommen, die mit dem einzig wahrhaft wirklichen geistigen Universum in Verbindung steht.

Eine der Voraussetzungen des Pantheismus besteht darin, dass der Mensch sein eigener Erlöser ist. Während das Christentum lehrt, dass der Mensch in Sünde fiel und von Christus gerettet werden muss, lehrt der Pantheismus, dass nicht wirklich der Mensch fiel - sondern Gott! Das war so gekommen: Materie und Geist waren einmal in einer Einheit vereinigt; sie waren eine auf Dauer vereinigte Kraft, die Gott genannt wurde. Aber die Materie trennte sich vom Geist, und dieser Bruch muss durch uns geheilt werden. Erlösung bedeutet, dass Materie und Geist durch Meditation wiedervereinigt werden.

Man bedenke die Worte von Nikos Kazantzakis, dem Autor des Buches *The Last Temptation of Christ* (das Buch, nach dem der weltweit umstrittene Film gedreht wurde): »Es ist nicht Gott, der uns retten wird - wir sind es, die Gott retten werden - kämpfend, erschaffend und Materie in Geist verwandelnd.«[8]

»Atonement«, das englische Wort für »Sühnung«, wird umgedeutet und mit der Bedeutung versehen »at-one-ment«, »in einem Geist« mit der ursprünglichen Schöpfung. So bleibt die Möglichkeit einer Errettung gänzlich bei uns selbst. Wir sind es, die Gott erlösen, indem wir unseren gefallenen Gott aus Materie und Geist wieder zusammenbringen.

Pantheismus, das möchte ich hinzufügen, wertet das menschliche Leben ab. Ich könnte sagen, Sie seien Gott, und Sie könnten es als Kompliment auffassen. Eine derartige Aussage ist aber kein Kompliment, wenn dasselbe von Würmern und Disteln gesagt werden kann!

In einer Fensehserie vor einigen Jahren rannte Shirley MacLane über den Strand von Malibu und rief: »Ich bin Gott! Ich bin Gott!« Sie wiederholte damit die Worte vieler, die behaupten, dies sei die wichtigste Offenbarung, die die Menschen auf dieser Welt je bekommen hätten.

Die Göttlichkeit des Menschen ist eine Lüge, die zum Ende dieses Zeitalters weithin geglaubt wird. In der Tat sagt Paulus, dass der Antichrist, wenn er kommt, in Übereinstimmung mit Satan arbeiten wird. Er wird für sich in Anspruch nehmen, Gott zu sein, und die Welt wird ihm glauben, denn »deshalb sendet ihnen Gott eine wirksame Kraft des Irrwahns, dass sie der Lüge glauben« (2Thes 2,11).

Die Massen werden den Antichristen verehren, weil sie glauben, dass er Gott sei. Und wenn wir alle bereits Götter sind, warum sollte man nicht in diesem besonderen Menschen die höchste Manifestation Gottes sehen?

Und so hört man weltweit auf die Lüge von Eden: »Ihr werdet sein wie Gott«.

Die Lüge des Relativismus

»Ihr werdet sein wie Gott, erkennend Gutes und Böses« (1Mo 3,5).

Satan versprach Adam und Eva Erfahrungswissen über »Gutes und Böses«. Mit dieser Erfahrung würde der Mensch - nun sich selbst überlassen - in der Lage sein, selbst gut und böse zu unterscheiden; so deutete es die Schlange an. Wenn der Mensch sein eigener Gott ist, kann er auch seine eigenen Regeln frei aufstellen.

Wir haben schon gesehen, dass die Schlange in dieser Hinsicht ganz richtig argumentierte: Der Ungehorsam gab Adam und Eva ein neues Wissen über das Böse. Sie kannten das Böse nicht nur abstrakt als eine Vorstellung des Geistes, sondern als Prüfung eines ruhelosen Gewissens. Von diesem Augenblick an war ihre sittliche Wahrnehmung umso stärker vernebelt, als sie sich bemühten, ihre Lebensweise mit dem Bild Gottes in Einklang zu bringen, das zwar verunstaltet, aber nicht aus ihrem Gedächtnis und aus ihren Herzen gelöscht worden war.

Das Problem ist natürlich, dass sie in ihrem gefallenen Zustand nie wieder Gut und Böse so erkennen konnten, wie Gott es sah. Sich selbst überlassen, mussten sie ihr eigenes System von Verhaltensmaßregeln errichten - mit dem stückweisen Wissen ihrer eigenen sündhaften Empfindungen und verstümmelten Gewissen. Noch schlimmer: Sie erkannten, dass sie nicht ausführen konnten, was sie als richtig erahnten. Einfach gesagt, sie mussten so zu Relativisten werden; sie mussten alle Hoffnung aufgeben, zu einem System zur Vereinigung von Sittlichkeit und Wahrheit zu finden.

Relativismus ist das Wort, mit dem wir einen weit verbreiteten Glauben bezeichnen: »Was für mich wahr ist, muss nicht unbedingt auch für dich wahr sein.« Dem Philosophen und Erzieher Johannes Dewey schreibt man zu, den Relativismus in Amerika gesellschaftsfähig gemacht zu haben. Er glaubte, dass sich Moral wie Sprache von Kultur zu Kultur unterscheide und dass deshalb kein moralischer Glaube einem anderen übergeordnet sein könne.

In unserer Kultur blüht der Relativismus. In einem Fernsehinterview hörte ich, wie eine Frau zugab, eine Affäre mit dem Ehemann einer anderen zu haben. Sie spürte wohl, dass dies von einigen der anwesenden Zuhörer für falsch gehalten werden könnte und fühlte sich veranlasst, hinzuzufügen: »Natürlich mag das, was ich tue, nicht für jeden richtig sein, aber es ist das beste für mich.«

Östliche Religionen glauben aus verschiedenen Gründen an den Relativismus. Wenn es wahr ist, dass Gott alles ist, dann folgt daraus, dass Gott auch böse ist. Deshalb lehrt der Hinduismus, dass Gut und Böse nur Täuschungen sind und nur so erscheinen, als unterscheide sich das eine vom anderen. Alan Watts, der den Amerikanern den Zen-Buddhismus brachte, erklärt es so: Das Leben ist wie ein Schauspiel, bei dem man gute und böse Menschen auf der Bühne streiten sieht, aber hinter dem Vorhang sind sie die besten Freunde. Hinter den Kulissen gehen Gott und Satan Hand in Hand. Wir zitieren Yen-Men, einen der großen östlichen Lehrer: »Wenn du die einfache Wahrheit suchst, dann beschäftige dich nicht mit Richtig oder

Falsch. Der Konflikt zwischen Richtig und Falsch ist die Krankheit des Geistes.«[9]

Wenn das Böse nicht existiert, dann folgt daraus, dass das Problem des Menschen nicht die Sünde ist, sondern die Unwissenheit. Alles, was wir brauchen, ist Erleuchtung. Das Resultat: Ich brauche mich niemals schuldig zu fühlen, was immer ich auch jemandem angetan habe. Ich brauche weder Betrug, noch Diebstahl, noch persönliche Verletzung zu bereuen. Die Anlehnung an einen allgemeingültigen Verhaltensstandard ist archaisch und überflüssig aus einem einfachen Grund: Ein solcher Standard existiert nicht.

Ob sich der Relativismus nun in westliche Kultur kleidet, oder ob er in den zugegeben irrationalen Sichtweisen des Ostens daherkommt, das Resultat ist das gleiche. Ohne einen allgemeingültigen sittlichen Standard kann auch das abscheulichste Verbrechen gerechtfertigt werden. Außerdem lebt niemand konsequent mit dem Relativismus, den er stützt. Wenn einem Relativisten der Wagen gestohlen oder seine Frau vergewaltigt wird, dann ruft er plötzlich nach einem allgemeingültigen moralischen Standard!

Der Relativismus steht auch im Widerspruch zu dem Gewissen, das immer noch in uns, den gefallenen Wesen, residiert - so unvollkommen es auch sein mag. Wir wissen einfach, dass es Dinge gibt, die immer böse sind, unabhängig von den Umständen oder der Kultur. Unser Problem besteht darin, dass wir, uns selbst überlassen, unseren Glauben nicht vernünftig verteidigen können. So wird jeder Mensch sich selbst ein Gesetz.

Ja, Adam und Eva kamen in den Genuss, zu »erkennen Gutes und Böses«. Aber dieses »Wissen« war ein Fluch und kein Segen. Der Mensch musste viel Energie aufwenden bei dem Versuch, sein Gewissen zu beschwichtigen und mit der Schuld fertig zu werden, dass er einen Standard brach, um dessen Richtigkeit er wusste. Meistens versuchte er, die Grenzlinien auszutilgen und zu tun, was ihm gefiel.

Es gibt noch eine Lüge, die einen großen Teil der Welt regiert.

Die Lüge des Hedonismus

Was trieb Eva, Gott ungehorsam zu sein? Sicher, sie wurde getäuscht, sie dachte, die Schlange erkläre Gottes Anweisungen. Aber sie wurde auch irregeführt, weil die verbotene Frucht sie faszinierte.

»Und die Frau sah, dass der Baum gut zur Speise und dass er eine Lust für die Augen und dass der Baum begehrenswert war, Einsicht zu geben; und sie nahm von seiner Frucht und aß, und sie gab auch ihrem Mann bei ihr, und er aß« (1Mo 3,6).

Evas unmittelbare Eingebung sagte ihr: »Denke nicht, fühle!« Die objektive Wahrheit ist zu kalt, zu rauh; was Gott sagt, ist nicht so wichtig wie das richtige Gefühl. Da die Welt nicht rational begriffen werden kann und da das zur Verfügung stehende Wissen nicht zufriedenstellt, verlegt man sich auf die Gefühle.

So kommt es, dass unsere Welt der Philosophie eines Woody Allen anhängt: »Das Herz begehrt, was es will!« Was man glaubt, ist nicht wichtig; man muss einfach seinem Herzen gehorchen. So verlassen Männer ihre Frauen, um sich einer anderen in die Arme zu werfen; Frauen verlassen ihre Männer, um ihre Träume zu verwirklichen. Da es die »Gelegenheit« nur einmal im Leben gibt, muss man sie »beim Schopfe packen«, wie die Werbung uns glauben machen will. Wen wundert es da, dass ein jeder tut, »was recht ist in seinen Augen«.

Obwohl der Begriff Hedonismus oft mit sexuellem Vergnügen jeder Art in Verbindung gebracht wird, wendet man ihn in unserer Gesellschaft auf ein breiteres Spektrum an. Die Lehre, das Vergnügen oder jemandes Glück sei das höchste Gut, ist schon der Auslöser für viele böse Taten gewesen.

Wir können Humpty Dumpty nicht wieder zusammensetzen.

Einige Philosophen haben versucht, den Hedonismus zu zügeln, indem sie sagten: Handelt auf eine Weise, die nicht nur euer eigenes Glück auf den höchsten Stand bringt, sondern das Glück der größten Zahl. Diese Umdeutung hat aber nur zur Rechtfertigung der ungeheuerlichsten Verbrechen beigetragen. Hitler glaubte, sechs Millionen Juden stünden dem Glück von neunzig Millionen Deutschen im Wege, und nahm diesen Glauben als Verpflichtung, das Glück der größten Zahl sicherzustellen. Was für Lügen!

Gott, die Schlange und wir

Als Satan sah, dass Eva von dem Baum aß und Adam gab, der bei ihr stand, da ermutigte ihn das. Augenblicklich waren alle Befürchtungen vergessen, die er über seinen Entschluss gehegt hatte, sich gegen Gott zu erheben. Er hatte den Menschen erfolgreich von Gott getrennt; nun schien sich der Mensch selbst an Satan zu hängen. Soweit er wusste, würde ihm nun die ganze menschliche Rasse in seinem Aufstand gegen Gott zur Seite stehen. Wenn er auch nicht alle Engel hinter sich wusste, so würden ihm schließlich doch alle Geschöpfe dieser neuen Art folgen, die Menschen genannt wurden. Er war vollkommen überzeugt, dass die Sünde Adams und Evas ihre Nachfahren infizieren werde, und das völlig zu recht.

Als Gott kam, um in der Kühle des Tages im Garten zu lustwandeln, liefen ihm Adam und Eva diesmal nicht entgegen, sondern sie verbargen sich unter dem Laub der Bäume und bedeckten ihre Blöße mit Feigenblättern. Der Schalter war umgelegt worden. Finsternis hatte sich über ihr Gewissen gebreitet, und sie sahen sich außerstande, die Sache in Ordnung zu bringen.

In Philadelphia, so erzählte man mir, hatten Unbekannte ein Graffity auf eine Wand gekritzelt, das lautete: »Humpty Dumpty wurde gestoßen!«[10] Das soll wohl bedeuten, dass an jedem Durcheinander, das wir anrichten, schließlich immer irgendjemand anderer Schuld haben muss! Als Gott Adam fragte, ob er von dem Baum gegessen habe, lehnte Adam es ab, es zuzugeben und beschuldigte seine Frau. Er sagte: »Die Frau, die du mir zur Seite gegeben hast, sie gab mir von dem Baum, und ich aß« (1Mo 3,12). Der Fehler, behauptet Adam, liege bei der willensschwachen Frau, die Gott für ihn geschaffen hat. Man beachte, dass er die Schuld auf sie abwälzt, obgleich nicht die geringste Möglichkeit bestand, dass er die falsche Frau geheiratet haben könnte!

Adam und Eva erfuhren wie auch zuvor Luzifer, dass wir fähig sein mögen, Humpty Dumpty vom Regal zu stoßen, aber wir können ihn nicht wieder zusammensetzen. Nur Gott kann die Schönheit einer ruinierten Schöpfung wiederherstellen. Um im Bild von Humpty Dumpty zu reden: Ein Mensch kann sich zwar entschließen, ein Ei zu zerbrechen, aber keine noch so große Zahl von weiteren Entscheidungen kann es wieder zusammenfügen!

Was Gott betrifft, so ließ er sich nicht hinters Licht führen. Er sprach zu der Schlange das Urteil: »Ich werde Feindschaft setzen zwischen dir und der Frau, zwischen deinem Samen und ihrem Samen; er wird dir den Kopf zermalmen, und du, du wirst ihm die Ferse zermalmen« (1Mo 3,15).

Hier wird zum erstenmal im Alten Testament das Evangelium verkündet. Gott wurde in die Auseinandersetzung verwickelt. Ungeachtet dessen, wie stark der Baum der falschen Religion auch werden sollte - am Ende wird er doch umgehackt. Die Auseinandersetzung würde hart werden, aber am Ende würde Gott doch den Sieg davontragen. Gott würde tun, was Adam und Eva nicht tun konnten. Einige weitere Punkte der Reaktion Gottes auf die nun eingetretene Situation im Garten Eden bedürfen der näheren Betrachtung.

1. *Gott ergreift die Initiative im Kampf.* Er sagt: »Ich werde«. Luzifer hatte gesagt: »Ich will«, und nun sagte Gott: »Ich werde«. Zwei Willen stritten in dem Versuch, die Welt zu beherrschen. Noch ehe der Mensch Gott suchen konnte, um bei ihm Hilfe zu finden, wurde sie schon von Gott zugesagt. Wenn es ein Durcheinander gab, das aufgeräumt werden musste - Gott würde es tun. Er würde das zerbrochene Ei wieder zusammensetzen.

2. *Ein Mittler würde die Schlange zertreten.* War es die Frau gewesen, die von der Schlange betrogen wurde, so war es nun auch die Frau, deren Same die böse Kreatur zertreten musste. Sie würde ein männliches Kind haben, das den entscheidenden Schlag führen sollte. Von ihrem Samen sagt Gott: »Er wird dir den Kopf zermalmen« (1Mo 3,15).

3. *Dieser Sieg würde durch Leiden verwirklicht werden.* Es sollte eine Befreiung für die Menschheit geben, aber es konnte keine einfache Befreiung sein. Ergebnis dieser »Feindschaft« würden gegenseitige Verletzungen sein. Der Same der Frau würde den Kopf der Schlange zertreten; im Gegenzug aber würde die Schlange nur in der Lage sein, die Ferse des Erlösers zu zwicken (Vers 15). Der Unterschied wäre wie der zwischen einem K.O.-Schlag und einem Klaps aufs Handgelenk.

Satan hatte dieses göttliche Eingreifen nicht vorausahnen können. Er wusste nicht, dass Gott die Initiative ergreifen und die Menschen mit sich selbst versöhnen würde. Er ahnte nicht, dass dies sein eigenes Verderben, sein Absturz sein würde. Die Auseinandersetzung, die er zu kontrollieren gedachte, wurde seiner Hand entrissen. *Die Schlacht würde nicht länger zwischen der Schlange und dem Menschen geschlagen werden, sondern - verhängnisvoller - zwischen der Schlange und Gott.*

Je größer die Lügen, umso härter die Strafe. Die Schlange wird nicht nur für ihre erste rebellische Tat zur Verantwortung gezogen werden, sondern für jeden einzelnen Ungehorsam, der daraus hervorgegangen ist. Sie verliert unweigerlich, wann immer sie auch gewinnt. Es spielt keine Rolle, wieviel Verwüstung sie jetzt anrichtet: Gott steht die ganze Ewigkeit zur Verfügung, all das geradezurücken. Und er wird es tun.

Die Farbe war über die Leinwand verspritzt, aber Gott beabsichtigte, das Unglück zu benutzen, um sein eigenes Bild zu schaffen. Die Schlange sah nur das Heute; das Morgen war vor ihren Augen verborgen. Gott sah das Bild ganz anders: Dies war einfach die Erfüllung der vor langer Zeit gegebenen Verheißung ewigen Lebens.

Die Schlange wusste nicht, dass es eines Tages einen Menschen mit Namen Johannes Newton geben sollte, der so verdorben war, dass er seine Freunde herausforderte, nach irgendeiner Sünde zu suchen, die er noch nicht begangen hätte. Dennoch wurde er schließlich von Gott erlöst und schrieb das bekannte Lied:

»Amazing Grace! how sweet the sound,
That saved a wretch like me!
I once was lost, but now am found,
Was blind, but now I see.

When we've been there ten thousand years,
Bright shining as the sun,
We've no less days to sing God's praise
Than when the first begun.«

»Erstaunliche Gnade! Wie süß der Klang,
Der rettet einen Lumpen wie mich!
Einstmals verloren ward nun ich gefunden,
War blind, doch nun sehe ich.

Wenn zehntausend Jahr' gewesen wir dort
Hell strahlend als wie die Sonnen,
So singen wir nicht weniger Tag' zum Lobe
des Herrn als seit einst wir begonnen.«

Obgleich sie Gottes Verheißung hörte, gab die Schlange nicht zu, dass sie geschlagen war. Obwohl ihr gesagt worden war, dass sie zertreten werden sollte, entschloss sie sich, das Spiel bis zum bitteren Ende weiterzuspielen, ungeachtet dessen, dass eines Tages die Wetten noch höher stehen und ihr unausweichlicher Fall noch tiefer sein würde.

Sie wollte zurückschlagen in der vergeblichen Hoffnung, dass Gottes Plan doch noch vereitelt werden könnte. In der Tat gab es Momente, in denen es so aussah, als könnte sie noch gewinnen. So setzte sie Wunschdenken vor Wirklichkeit. Besser vergeblich hoffen, als überhaupt nichts zu hoffen.

Und nun begann der Konflikt zu eskalieren.

5

DIE SCHLANGE SCHLÄGT ZURÜCK

Es gibt eine vielleicht nicht ganz ernstgemeinte Geschichte über eine Bauplanungsgesellschaft, die zahlreiche Bauunternehmer aufforderte, Angebote für die Errichtung eines größeren Gebäudekomplexes abzugeben. Alle hatten die gleiche Chance; der Unternehmer, der das niedrigste Angebot abgab, sollte den Zuschlag erhalten. Überflüssig zu sagen, dass die Angebote verschlossen eingereicht werden mussten.

Am letzten Tag der Angebotsfrist ging ein Bauunternehmer mit seiner Bewerbung in das Büro des Präsidenten der ausschreibenden Gesellschaft. Zu seinem Erstaunen war niemand in dem Büro. Da er sich allein sah, warf er einen schnellen Blick auf den riesigen Mahagoni-Schreibtisch.

Überrascht sah er das Angebot seines Hauptkonkurrenten offen auf dem Tisch liegen. Unserem Besucher stellte sich nur ein Problem: Genau auf der wichtigsten Zahl in dem Dokument stand eine Sprudelkanne. Wenn er in Erfahrung bringen konnte, welcher Betrag sich darunter verbarg, dann konnte er sein eigenes Angebot anpassen, geringfügig darunter bleiben, und der Auftrag, viele Millionen Dollar wert, wäre sein.

Der Unternehmer schritt nervös durch den Raum; er wusste nur zu gut, was auf dem Spiel stand. Er fasste ins Auge, die Kanne nur eine Sekunde lang hochzuheben um die Zahl zu lesen, und sie dann wieder an ihren Platz zu stellen. Er berührte das Gefäß, sah sich aber außerstande, sein Vorhaben auszuführen.

Er schaute sich noch einmal im Raum um. Überzeugt, dass ihn niemand sah, hob er die Kanne schnell hoch. Er wollte einen Blick auf die Zahl werfen und das Gefäß sofort zurückstellen. Aber als er die Kanne vom Tisch hob, ergossen sich zu seinem großen Ärger hunderte schwarzer Tintentropfen über Tisch und Boden.

Dieser Unternehmer lernte aus erster Hand das Gesetz unerwarteter Konsequenzen kennen. Er meinte, die Folgen seiner Unehrlichkeit lenken zu können und musste erfahren, dass in das Gebäude seiner Versuchung unvorhergesehene Ereignisse eingebaut waren. Eine einzige Handlung hatte Auswirkungen, die er nicht hatte voraussehen können. Die Sprudelkanne war nicht das, was sie zu sein schien.

Adam und Eva waren Gott wenn schon nicht schuldlos, so doch zumindest naiv ungehorsam gewesen. Sie waren sich nicht darüber im klaren, dass sie ein geistliches wie moralisches Erdbeben in Bewegung setzten, das ins ganze Universum hinaus ausstrahlen würde. Sie hatten - wie schon Luzifer vor ihnen - die moralischen und geistlichen Nachbeben nicht bedacht, die ihr einzelner Akt des Ungehorsams verursachen musste. Es muss sie überrascht haben, dass ein einziges kleines Übel eine endlose Kette größerer hervorrief.

Wir hatten schon gesehen, dass die Engel individuell erschaffen und persönlich gefallen waren; sie haben weder Mutter noch Vater. Es bereitet keine Schwierigkeiten zu glauben, dass nur ein Drittel von ihnen stürzte und dass die anderen zwei Drittel Jahwe treu blieben. Im Fall des Menschen aber war die ganze Rasse Nachkommenschaft von Adam und Eva; so rissen sie all ihre Nachkommen mit sich in ihren Sturz, als sie sündigten. Von da an war jedes menschliche Wesen vom Sündenvirus infiziert.

Als Satan erfuhr, dass er vom »Samen der Frau« zertreten werde, von jemand also, der durch den Prozess der Geburt ins Leben treten würde, versuchte er dessen Vorfahren zu erkennen und zu bekämpfen. Er versuchte jeden zu töten, der so aussah, als könne er der verheißene Erlöser sein. Nun setzte er die Vernichtung des königlichen Erbgutes als seine höchste Priorität. Die Geschichte dieses Konflikts bestimmt den größten Teil des Alten Testaments.

Die Schlange schlägt mit ihrem tödlichen Gift zu, wo immer sie kann. Obwohl sie um ihr sicheres Verderben weiß, kämpft sie, als hätte sie noch eine Siegeschance. Der einfache Gedanke an einen Sieg muss sie befriedigen. Sie muss sich mit dem Gedanken zufriedengeben, dass sie den Samen der Frau in die Ferse zwicken werde. Wenn sie feiert, tut sie es immer zu früh.

Zeit verstrich und wiederum gestattete Gott Satan zu tun, was nach einem entscheidenden Schlag gegen Gottes Plan aussah, bis dieser schließlich entdeckte, dass er überlistet worden war. Es spielt keine Rolle, wie hart der Wettkampf zu sein scheint: Gott hat immer den letzten Zug auf dem Schachbrett.

Die Schlange wird eine Reihe von Schlägen gegen Gott und sein Volk führen, aber Gott hält die Trumpfkarte in seiner Hand.

Der Schlag gegen die Familie: Zerteile sie

Adam und Eva hatten einen erstgeborenen Sohn, der ihrem Leben Hoffnung gab. Sie nannten ihn Kain, das bedeutet »Erworben«. Sie konnten kaum ahnen, dass dieses Geschenk Gottes all ihre Träume zunichte machen würde. Sie waren zwar die ersten Eltern, die vom Weg eines Kindes enttäuscht waren, aber nicht die letzten. Durch die ganze Geschichte hindurch sahen sich viele Eltern mit der Herausforderung konfrontiert, einen »Kain« großzuziehen!

Kain schien ein zufriedenes Kind zu sein, bis sein Bruder Abel geboren wurde. Da entstand ein Bruderzwist; eine Rivalität, an deren Ende ein Mord stand. Sie stritten sich über wahre und falsche Religion. Gott nahm Abels Opfer an, das aus den Herden genommen war, und verwarf Kains Opfer, das aus Früchten des Ackerbodens bestand. Vielleicht lag der Unterschied in der Eigenart des Opfers. Ein Blutopfer wurde angenommen, ein Opfer aus der Frucht vom Ackerboden hingegen nicht. Wenn es so ist, dann mussten Kain und Abel von

Gott ausdrückliche Anweisungen darüber erhalten haben, welche Art des Opfers er forderte. Vielleicht war es so, aber wir wissen es nicht mit Sicherheit.

Vielleicht trifft eine andere Erklärung zu, dass nämlich die Opfergabe nicht wichtig war; vielmehr machte der Glaube, in dem geopfert wurde, den Unterschied. In Hebräer 11,4 lesen wir: »Durch Glauben brachte Abel Gott ein besseres Opfer dar als Kain, durch welchen [Glauben] er das Zeugnis erhielt, dass er gerecht war, indem Gott Zeugnis gab zu seinen Gaben; und durch diesen [Glauben] redet er noch, obgleich er gestorben ist.« Ob es nun die geopferte Gabe war oder einfach nur die Einstellung, in der geopfert wurde - wir wissen, dass Kain dachte, er könne zu seinen eigenen Bedingungen und auf seinem eigenen Weg zu Gott kommen, ohne eine Veränderung seines Herzens.

Dieser willensstarke Erstgeborene verübelte es seinem Bruder. Er fühlte den bitteren Stachel der Verwerfung, das Empfinden, nicht soviel wert zu sein wie sein jüngerer Bruder. Hätte er zu unserer Zeit gelebt, dann würde ein Psychiater bei ihm einen Minderwertigkeitskomplex diagnostiziert haben, der durch eine Hebung des Selbstwertgefühls geheilt würde. Er bräuchte sich nur selbst anzunehmen, sich selbst so zu lieben, wie er war. Jedenfalls hatte er einen angeborenen Wert; er war gerade so wertvoll wie sein Bruder.

War er es noch?

Heutzutage ist Beratung zu einem weitverbreiteten Beruf geworden. Wir alle meinen, dass die Menschen guten Rat benötigen, verabreicht mit großen Dosen Liebe und bedingungsloser Selbstannahme. Gott aber sprach mit Kain nicht über solche Dinge. Er sagte ihm einfach, dass er Gottes Anerkennung nur durch eine Veränderung seines Herzens gewinnen könne: »Warum bist du zornig, und warum hat sich dein Gesicht gesenkt? Ist es nicht [so], wenn du recht tust, erhebt es sich? Wenn du aber nicht recht tust, lagert die Sünde vor der Tür. Und nach dir wird ihr Verlangen sein, du aber sollst über sie herrschen« (1Mo 4,6-7). Wenn Kain Gott gefallen wollte, indem er recht tat, war alles in Ordnung. Wenn aber nicht, dann hockte die Sünde wie eine grausame Bestie vor der Tür, bereit, sich auf ihn zu stürzen. *Entweder würde er die Sünde beherrschen, oder aber die Sünde ihn.*

Gott würde einige aus dem Zugriff des Satans heraus erretten.

Die göttliche Beratung machte Kain nicht klug. Er machte die ihm verordneten Hausaufgaben nicht. Er entschied sich dafür, seine Eifersucht lieber zu nähren, als sie zuzugeben und Gnade zu finden. Anstatt umzukehren und die Angelegenheit in die Hand Gottes zu legen, bewegte sein böses Herz einen finsteren Plan, dem offenbaren Ungleichgewicht ein Ende zu machen. Er konnte seine Rachegelüste stillen, indem er seinen Bruder umbrachte. War der erst aus dem Weg, dann konnte er die Selbstzufriedenheit erreichen, die er sich ersehnte und den Begierden treu bleiben, die er hegte.

Seine Eifersucht flammte auf und verwandelte sich in Zorn. Kain griff Abel an und zum erstenmal in der Geschichte tränkte menschliches Blut den Erdboden. War das etwa ein normaler Geschwisterkonflikt, der nur schlecht ausging? Jawohl, und noch weitaus mehr. Satan schürte Kains Wut. Wir lesen, dass Kain Abel erschlug, weil er »aus dem Bösen war« (1Jo 3,10-12). Kain hatte sich einem unsichtbaren Feind geöffnet. Oh ja, er war verantwortlich für das, was er getan hatte, denn er - nicht Satan - beging die grausige Tat. Aber als Satan Kains Eifersucht ermutigte zu gären, da verband er sich mit Kain zur Ausführung des ersten kaltblütigen Mordes.

Satans Wut war verständlich, aber nicht vernünftig. Nachdem Adam und Eva von der verbotenen Frucht gegessen hatten, dachte er, dass nun die ganze menschliche Rasse auf seiner Seite wäre. Es machte ihn sehr zornig zu entdecken, dass Gott einige unter seinem Zugriff hinweg erretten würde. Um diesen Zorn zu besänftigen, musste er gerechte Menschen wie Abel bekämpfen und jedem frommen menschlichen Wesen mit einer solchen Behandlung drohen.

Beinahe gewiss betrachtete Satan Abel als »den Samen« der »Frau« (1Mo 3,15). Er meinte die von Gott im Garten Eden getroffene Voraussage vor seinen Augen erfüllt zu sehen. Er hatte gedacht, er habe diese Weissagung auf den Kopf gestellt. Mit Abel, der in seinem eigenen Blut auf dem Erdboden lag, glaubte Satan, nun seinerseits das Haupt von Gottes Erlöser zertreten zu haben. Vielleicht hatte er ja den Spieß umdrehen können und den zerschmetternden Schlag geführt. In Satans Verstand schwirrte die Schlagzeile umher: »Satan überlistet Gott«.

War das wirklich so? Gott gab Adam und Eva jetzt einen weiteren Sohn, dessen Name Seth lautete; das heißt »Ersatz«. Nun begriff Satan: Ganz gleich, wieviel Morde er auch anstiftete, ganz gleich, wieviele Nachkommen er auch vernichtete - immer wieder würden andere aufstehen und deren Platz einnehmen. Es würde schwieriger werden, als er erwartet hatte, die Pläne Gottes zu vereiteln.

Die Uneinigkeit in der ersten Familie spiegelte die Gespaltenheit der ganzen menschlichen Rasse wider. Es würde immer Kampf geben zwischen den Gerechten und den Ungerechten. Kain war der erste, aber nicht der letzte Anhänger einer falschen Religion. Jahrhunderte später beschrieb einer der Schreiber des Neuen Testaments überhebliche Religionslehrer als solche, die »alles lästern, was sie nicht kennen; alles, was sie aber von Natur aus wie die unvernünftigen Tiere verstehen, darin verderben sie sich. Wehe ihnen! Denn sie sind den Weg Kains gegangen und haben sich für Lohn dem Irrtum Bileams völlig hingegeben, und in dem Widerspruch Korahs sind sie umgekommen« (Jud 10-11).

Der »Weg Kains« ist der Weg überheblicher, falscher Religion. Kain war der Prototyp jener, die Annahme zu ihren eigenen Bedingungen suchen, nicht zu den Bedingungen Gottes. Ein Mensch, den wir heute unterwegs antreffen oder ein Nachbar, der Tür an Tür mit uns lebt und glaubt, dass wir uns unseren eigenen Weg zu Gott aussuchen können, kann seine geistliche Abstammungslinie bis hin zu Kain zurückverfolgen.

Was geschah, als Gott Kain mit seiner Sünde konfrontierte? Wie schon sein Vater Adam versuchte er, die Schande von sich abzuwälzen; er stellte ausweichende Fragen und schützte Unwissenheit vor. Der Herr fragte ihn: »Wo ist dein Bruder Abel?« (1Mo 4,9), worauf Kain erwiderte: »Ich weiß nicht. Bin ich meines Bruders Hüter?« Natürlich lügt Kain. In ihm gibt es keine Wahrheit.

Gott erlegt Kain einen Fluch auf: »Und nun, verflucht seist du von dem Ackerboden hinweg, der seinen Mund aufgerissen hat, das Blut deines Bruders von deiner Hand zu empfangen« (1Mo 4,11). Kain beschwerte sich, dass seine Strafe allzu schwer sei und in keinem Verhältnis zu dem Verbrechen stehe, das er begangen hatte. So machte Gott ein Zeichen an Kain, das jedermann verbot, ihn zu töten, und er war zu einem Leben rastlosen Umherziehens verurteilt. Er zog aus, um eine gottlose Gesellschaft aufzurichten und ließ sich nieder im Lande Nod (»Heimatlosigkeit«) östlich von Eden (1Mo 4,16).

Die Süße der Rache war die Leiden nicht wert, die er später erfahren musste. Er erwählte seinen eigenen Weg, und er meinte, dass es das Beste für ihn sei, wenn er sich selbst an die erste Stelle setzte. Er begriff die Lektion nicht, an die wir uns alle erinnern sollten: *Der Wille Gottes ist etwas, das jeder von uns erwählen würde, wenn uns alle Einzelheiten bekannt wären.*

Kain heiratete eine Schwester oder Cousine und zeugte mit ihr ein Kind, Henoch, nach dem er eine Stadt benannte. Diese Kultur trat zum größten Teil in die Fußstapfen ihres Begründers. Kain zeugt Nachkommen, die ihm an Hochmut ähneln. Nichtsdestoweniger blühte diese Gesellschaft, die Gott aufgegeben hatte. Sie machte Musik, stellte Waffen und landwirtschaftliche Geräte her, errichtete Städte und Kulturen. Und mit dem Wachsen der Klugheit wuchs gleichzeitig die Bosheit.

Der erste Angriff der Schlange richtete sich gegen eine Familie und war ein Versuch, einen rechtschaffenen Mann zu töten. Der Angriff war Ausdruck eines religiösen Konflikts zwischen zwei Brüdern, von denen der eine nicht zusehen konnte, wie es dem anderen gutging. Hinter den menschlichen Triebkräften stand der Kampf zwischen Gott und Satan, zwischen dem Samen der Frau und dem Samen der Schlange.

Heutzutage hat Satan den Versuch aufgegeben, den Samen der Frau zu vernichten, denn Christus ist bereits gekommen. Aber er greift weiterhin unsere Familien an. Das ist seine vorrangige Absicht »es Gott heimzuzahlen«.

Gott hatte die Familie entworfen, um den Glauben von einer Generation an die nächste weiterzugeben. Väter sollen ihre Kinder über Gott belehren; diese Kinder sollen wiederum ihre Kinder unterrichten. Unsere heutige Zeit ist gekennzeichnet von nicht funktionierenden Familien, Missbrauch, Sittenlosigkeit und Süchten - das alles ist ein Teil des Plans der Schlange, das Zeugnis Gottes in der Welt zu zerstören.

Das Gift der Schlange sprüht über unsere Häuser hinaus in unsere Gemeinden, Büros und Fabriken. Es überspült Gesellschaft und Regierung. Dieses Gift hat manchen Krieg verursacht und Millionen Verluste gefordert. Die Geschichte der menschlichen Rasse ist die Aufzeichnung einer vorwärts stolpernden, gefallenen Menschheit, die dem Weg Kains den Vorzug vor dem Weg Abels gegeben hat.

Was ist mit den Nachkommen Seths, dem Ersatz für Abel? Sie begannen, den Namen des Herrn anzurufen. Aus Seth werden Noah und Abraham hervorgehen; Menschen, die Gott suchen und seinen Segen empfangen. Schließlich wird der Same der Frau aufstehen.

Der erste Vergeltungsschlag der Schlange hatte sein Ziel gefunden. Obwohl es so scheinen mag, als ob Gott Abstand hielte, lief seine Tagesordnung in Wirklichkeit planmäßig ab. Sehr zum Schrecken der Schlange war eine Nachkommenschaft bewahrt worden und schließlich riefen einige Menschen den Namen des Herrn an.

Obwohl Mitglieder der menschlichen Rasse getötet würden, bewies Gott, dass er andere erwecken konnte, die die Verheißung weitertrugen. Am Ende würde sich zeigen, dass die Siege der Schlange illusorisch waren.

Der Schlag gegen die Gesellschaft: Verderbe sie

Da die Schlange die verheißene Nachkommenschaft nicht töten konnte, zielte ihre nächste Strategie darauf, sie zu verderben. Als die Menschen sich auf der Erde zu vermehren begannen, vermehrte sich auch seine Bosheit. Sie war schließlich so groß, dass »alles Sinnen der Gedanken seines Herzens nur böse [war] den ganzen Tag« (1Mo 6,5).

Um Genesis 6 hat es Auseinandersetzungen gegeben, und das aus gutem Grund. Wir lesen: »Und es geschah, als die Menschen begannen, sich zu vermehren auf der Fläche des Erdbodens, und ihnen Töchter geboren wurden, da sahen die Söhne Gottes die Töchter der Menschen, wie schön sie waren, und sie nahmen sich von ihnen allen zu Frauen, welche sie wollten« (1Mo 6,1-2). »Söhne Gottes« vermischen sich mit »Töchtern der Menschen«?

Dieser Ausdruck »Söhne Gottes« ist auf zweierlei Art interpretiert worden. Einige denken, er beziehe sich einfach auf die fromme Linie Seths, wohingegen die »Töchter der Menschen« die Kanaaniter gewesen seien, Nachfahren Kains. Mit anderen Worten: Der Ausdruck solle die Vermischung einer gerechten Rasse mit einer ungerechten andeuten. Das aber passt nicht zu Ausdrucksweise und Textzusammenhang.

Andere meinen, dass diese »Söhne Gottes« Dämonen waren, die mit den Frauen auf dieser Erde Unzucht trieben. Wir wissen von bestätigten Berichten über gefallene Engel, die menschliche Gestalt annahmen und sexuellen Verkehr hatten, aber es ist unwahrscheinlich, dass eine solche Vereinigung Schwangerschaft hervorrufen könnte. Gefallene Engel können zwar, soweit wir wissen, menschliche Gestalt annehmen, aber sie können kein Leben zeugen.

Wir verstehen diese Textstelle besser, wenn wir in dem Ausdruck »Söhne Gottes« eine Beschreibung mächtiger Führer sehen, die von gefallenen Engeln kontrolliert wurden (oder besessen waren). Diese bösen Geister hatten ihren himmlischen

Aufenthaltsort verlassen und bewohnten die Leiber menschlicher Krieger, Mächtige der Erde. Diese mächtigen Führer waren nicht göttlich, noch waren sie Nachkommen von Göttern (wie in heidnischen Religionen oft geglaubt wird).

Stattdessen waren diese »Helden, berühmte Männer«, gewöhnliche menschliche Wesen, die ihre übermenschlichen Kräfte aus ihrer dämonischen Besessenheit erhielten. Sie lebten ein Leben wahlloser Sexualität und Gewalttätigkeit. Sie heirateten so viele Frauen, wie sie wollten und trieben alle Arten sexueller Perversion. Die Kinder aus diesen Verbindungen waren keine Gottkönige, sondern Menschen von Fleisch und Blut, die schließlich in der Flut zugrunde gingen.

Gott sah diesem Treiben zu: »Der HERR sah, dass die Bosheit des Menschen auf der Erde groß war und alles Sinnen der Gedanken seines Herzens nur böse den ganzen Tag« (1Mo 6,5). Es reute Gott, die Menschen gemacht zu haben. Das heißt, Gott war traurig über ihre Bosheit und entschloss sich, der Rasse tatsächlich einen Neubeginn zu gewähren. Eine Flut sollte alle Bewohner der Erde hinwegraffen.

Höchstwahrscheinlich lebten nun die Hoffnungen der Schlange wieder auf. Wenn die ganze Menschheit ertrunken war, dann war auch der Same der Frau ausgetilgt. Was die Schlange nicht vollbringen konnte, tat Gott nun anscheinend selbst. Der Allmächtige würde eine Flut senden, und eine ganze Zivilisation würde ausradiert werden.

Doch wieder riss Gott den Sieg aus den Fängen der Niederlage: »Noah aber fand Gunst in den Augen des Herrn« (1Mo 6,8). Eine Familie sollte bewahrt werden; durch sie sollte gleichwohl der Same der Frau in die Welt kommen. Die Schlange fand zwar große Befriedigung bei dem Gedanken an den unzeitigen Tod der Gottlosen, aber sie würde doch noch mehr zu tun bekommen.

Soweit es diese bösen Geister betrifft, die die Leiber der antiken Herrscher bewohnten, wurden sie von Gott in ein düsteres Verlies gesperrt, und ich glaube, dass sie nicht länger die Erde durchwandern konnten. Petrus schrieb: »Wenn Gott Engel, die gesündigt hatten, nicht verschonte, sondern sie in finstere

Höhlen des Abgrundes hinabgestürzt und zur Aufbewahrung für das Gericht überliefert hat; und [wenn] er die alte Welt nicht verschonte, sondern [nur] Noah, den Prediger der Gerechtigkeit« (2Petr 2,4-5). Es gibt eine Gruppe von Engeln, die schon gerichtet sind und nur bisher noch nicht in den Feuersee geworfen wurden.

Diese Geister wurden gerade in den Tagen Noahs eingesperrt; sie hatten Teil an der moralischen und geistlichen Befleckung der antiken Gesellschaft. Es war eine Gesellschaft, die - menschlich gesprochen - Gott ermüdete. Seine Reaktion bestand in einem durchgreifenden Gericht: »Ich will den Menschen, den ich geschaffen habe, von der Fläche des Erdbodens auslöschen, vom Menschen bis zum Vieh, bis zu den kriechenden Tieren und bis zu den Vögeln des Himmels; denn es reut mich, dass ich sie gemacht habe« (1Mo 6,7).

Töte sie oder verderbe sie! Das ist die Strategie des Teufels durch die ganze Weltgeschichte hindurch. Unmoral, sexuelle Perversion, Pornographie, Kindesmissbrauch - unsere eigene Gesellschaft trägt den Stempel dieser Verderbnis.

Die sexuelle Beziehung ist ein Geschenk Gottes, dessen sich ausschließlich Eheleute erfreuen sollen. Sie stellt die befriedigendste Art des Umgangs von Menschen miteinander dar und ist ein Bild für die Liebe Christi zu seiner Gemeinde.

Sexuelle Beziehungen außerhalb der Ehe versprechen göttliche Freuden, bringen am Ende aber teuflischen Lohn. Satan weiß das, auch wenn unsere Gesellschaft es nicht weiß. Deshalb zielt die sexuelle Versuchung nicht nur auf unsere verwundbarste Stelle, sondern beinhaltet auch das Potential für den größten Kummer.

Die Sexgöttin stellt sich in Filmen, in der Musikszene und in Talkshows zur Schau. Sie verheißt Toleranz als den Weg zum Glück; sie versichert uns, dass die negativen Folgen die Aufnahme des Köders verbotener Intimitäten wohl wert seien. Sie will die Seele liebkosen, dann betrügt sie die Seele für immer. Hier die Worte Christi:

> »*Wie die Tage Noahs* [*waren*], *so wird auch die Ankunft des Sohnes des Menschen sein. Denn wie sie in den Tagen vor der Flut waren: sie aßen und tranken, sie heirateten und ver-*

heirateten, bis zu dem Tag, da Noah in die Arche ging, und sie es nicht erkannten, bis die Flut kam und alle wegraffte, so wird auch die Ankunft des Sohnes des Menschen sein« (Mt 24,37-39).

Der Erfolg der Verheißungen Gottes war abhängig von der kleinen Familie in der Arche. Wäre diese Arche auf den Grund der kalten Wasser gesunken, die Verheißung Gottes wäre mit ihr ertrunken; menschlich gesprochen: Christus wäre nicht in Bethlehem geboren worden. Er wäre nicht am Kreuz gestorben, um die Menschheit zu erlösen, und auch Adam und Eva würden für immer mit Satan in der Hölle gelitten haben.

Aber die Arche sank nicht. Genau gesagt: Sie *konnte nicht* sinken, denn Gott hatte vorausgesagt, dass der Same der Frau der Schlange den Kopf zertreten werde. Die Verheißung Gottes, die in der Arche über die Wasser schwebte, war sicher. Gott hatte gesprochen. Und wenn er verspricht, sollte er es dann nicht auch tun?

Die Schlange hatte ihren entscheidenden Schlag ausgeführt, aber immer knapp am Ziel vorbei. Gott war ihr stets einen Schritt voraus, aufbauend, planend und listenreich. Gott bewies, dass es unerheblich war, wie sündig die Rasse wurde - er kann sie immer bewahren, wenn er das will.

DER SCHLAG GEGEN DIE KÖNIGLICHEN NACHKOMMEN: TÖTE SIE

Obwohl Noah und seine Familie die Flut überlebten, wandten sich ihre Nachkommen bald von dem Herrn ab und folgten ihren eigenen Begierden. Anstatt sich über die Erde auszubreiten, wie Gott befohlen hatte, blieben viele Menschen in Sinear und errichteten einen Turm, dessen Spitze »in den Himmel reichen« sollte (1Mo 11,4). Voller Missvergnügen verwirrte Gott ihre Sprache, so dass einer den anderen nicht mehr verstehen konnte. Deshalb nannte man den Ort Babel. Er wurde zum Ursprung okkulter, babylonischer Götzenverehrung.

Die Verderbnis war so weitverbreitet, dass wir von keinem wissen, der nach dem Turmbau zu Babel seinen Weg mit Gott ging.

Sicherlich frohlockte Satan bei dem Gedanken an eine Rasse, die so heruntergekommen war, dass aus ihr sicher kein Nachkomme aufstehen konnte, ihn zu vernichten. Wieder einmal schien der Sieg der Schlange vollkommen und weltweit. Man stelle sich eine Welt vor, in der nicht eine einzige rechtschaffene Person existiert!

Die Verheißung Gottes war in Joaschs Versteck mitverborgen.

Aber Gott hatte andere Pläne. In seiner königlichen Souveränität erwählte er einen Mann aus den Götzendienern, Vater des Volkes zu werden, aus dem der Erlöser kommen sollte. Gott bewies, dass auch jene Verehrer des Allmächtigen werden konnten, die nicht von rechtschaffener Abstammung waren, wenn Gott wünschte, direkt in ihr Leben hineinzuwirken. Wenn Gott es wollte, konnte er einfach Menschen *erwählen*, ihm zu folgen!

»Und der Herr sprach zu Abram...«

Mit diesen Worten in Genesis 12 beginnt ein ganz neues Kapitel in der Geschichte der Erlösung. Satan - ganz Ohr, wenn Gott sich äußert - erkannte allmählich, dass der Nachkomme, der ihn vernichten sollte, aus Abraham, Isaak, Jakob, dem Stamm Juda und der Familie Davids kommen werde.

Man beachte, wie weit wir gekommen sind. Gott bewies, dass er - wenn er es wünscht - die Rasse *vermehren* kann, um seine Verheißung zu erfüllen; er bewies, dass er - wenn er will - die Nachkommenschaft *bewahren* kann; und er bewies, dass er - wenn er will - einfach den Samen *erwählen*, Rechtschaffenheit aus Ungerechtigkeit hervorbringen kann. Diese und weitere Möglichkeiten stehen ihm jederzeit offen.

Bevor Christus geboren wurde, unternahm Satan einen weiteren ernsthaften Versuch, die Möglichkeit eines künftigen Erlösers zunichte zu machen. Durch die Verheißung Gottes an David wusste Satan, dass der Same der Frau aus Davids Abstammungslinie kommen musste. Es war dieser Nachkomme, den die Schlange zu vernichten suchte.

Eine böse Frau mit Namen Atalja versuchte, die königliche Nachkommenschaft in einem unbarmherzigen Kampf um die persönliche Macht auszutilgen (2Kö 11,1). Atalja war die Tochter von Ahab und Isebel und die Gattin des Königs Joram von Juda, der von Gott wegen seines Ungehorsams gerichtet worden war. Sie setzte ihre grausige Familiengeschichte fort.

Gerade Ataljas Söhne waren von den heidnischen Philistern und Arabern getötet worden (2Chr 21,16-17), und nun sah sie die Möglichkeit greifbar vor sich, den Thron selbst zu besteigen. So machte sie sich daran, all ihre Enkelsöhne zu töten. Das geschah in völliger Missachtung von Gottes Befehl, dass die Nachkommen Davids für immer über Juda herrschen sollten.

Aber Gottes Verheißung wurde nicht umgestoßen. Eine Tante verbarg einen der siebzig Enkel, so dass er dem Zorn dieser bösen Frau entkam. Während der junge Joasch in einer geheimen Kammer verborgen war, war Gottes Verheißung mit ihm dort eingeschlossen! Er musste am Leben bleiben, damit sich erfüllen konnte, was Gott David versprochen hatte. Als seine böse Großmutter starb, wurde Joasch zum König gemacht und die Abstammungslinie setzte sich fort.

Diese namenlose Tante dachte zweifellos mit keinem Gedanken daran, dass sie eine so entscheidende Rolle in der Geschichte der Erlösung spielte. Sie verbarg den Knaben wohl nur als Reaktion auf eine Tragödie. Doch menschlich gesprochen waren Wille und Verheißung Gottes im Gleichgewicht. Die Integrität Gottes hüllte sich in das Leben eines erschreckten Kindes, dass höchstwahrscheinlich gar nicht wusste, wie wichtig es eigentlich war. Und wiederum schmeckte Satan Sieg, doch in seinem Munde verwandelte er sich in Gift.

SATAN HANDELT; GOTT KANN ABWARTEN

Natürlich ist die Schlacht nie bedrängender, als Gott es zu sein scheinen zulässt. Er hält die Trumpfkarten immer bei sich. Langsam werden gewisse Prinzipien von Satans Handeln deutlich.

1. *Satans Strategie richtet sich zuallererst gegen Gottes Volk.* Die Völker und Religionen, die bereits in seiner Gefolgschaft stehen, stellen keine Bedrohung für ihn dar. Er pirscht sich an uns heran und sucht die zu verschlingen, die an Christus geglaubt haben. Er weiß, dass er sich einst denen unterwerfen muss, die Gott erwählt hat, und deshalb betrachtet er Gottes Volk als seinen Feind Nummer Eins.

Im Alten Testament war Israel sein Feind - das Volk, aus dem der Same kommen sollte. Er wird tatsächlich auch in der Zukunft wieder versuchen, das Volk Israel vom Erdboden zu vertilgen, damit Gott nicht seine bisher noch unerfüllten Verheißungen einlösen kann (Offb 12). Doch davon später mehr.

In diesem Zeitalter ist die Gemeinde der Feind, und er wendet dieselbe Taktik an. Während der ersten drei Jahrhunderte unserer Zeitrechnung versuchte er, die christliche Gemeinde in zehn Verfolgungswellen auszurotten, die von dem durch Vielgötterei bestimmten römischen Kaisertum ausgingen. Aber das Blut der Märtyrer wurde zum Samen der Gemeinde. Es spielte keine Rolle, wie viele Christen er tötete - es rückten zahllose nach, die ihren Platz einnahmen.

Satans Wahnvorstellungen nähren den Anschein des Sieges.

Nach der Zeit Kaiser Konstantins hielt Satan inne, die Gemeinde zu töten, und suchte sie stattdessen zu verderben. Nachdem das Christentum nun als offizielle Staatsreligion im römischen Weltreich Kirche geworden war, wurde jedermann christianisiert, und Menschenmassen wurden Teil dieser Kirche. Viele Menschen, die aus dem Heidentum kamen, behielten ihre religiösen Praktiken bei, und eine politisch korrumpierte Kirche schloss sie in ihre Arme. Wenn die wahren Jünger Christi versuchten, sich aus der offiziellen, etablierten Kirche auszuklinken, wurden sie wieder verfolgt. Viele der »Ketzer«, die auf dem Scheiterhaufen verbrannt wurden, gehörten zu den innigsten Christen, die es auf dem Planeten Erde gegeben hat. Durch

Verwirrung der Lehre und durch sittlichen Niedergang setzt Satan bis heute seine unbarmherzige Verfolgung des Volkes Gottes fort. Er will unser Engagement für Christus durch weltliche Einflüsse vergiften. Er will uns zum Stolpern bringen, damit wir die Liebe zu Gott verlieren und die Wirksamkeit unseres christlichen Zeugnisses gegenüber der Welt nachlässt. Er will uns auseinanderdividieren, verwässern und vernichten.

Er wird den zu blenden versuchen, der dem Evangelium lauscht; er wird versuchen, den zu täuschen, der bereits Christ ist. Seine Methode besteht darin, uns zu überzeugen, dass Gott nicht gut ist, damit wir uns gegen ihn wenden. Er kommt, um Gottes Segnungen wegzunehmen und uns unsere eigenen Wege besser erscheinen zu lassen als die des Allmächtigen. Je geistlicher der Mann oder die Frau, desto hartnäckiger die Angriffe. In einem Gläubigen den Glauben zu zerstören, bedeutet ihm mehr als die stillschweigende Verehrung seiner vielen offenbaren Anhänger, die sich mit ihrem Wandel im Reich der Finsternis zufriedengeben.

2. *Alle Siege Satans sind Täuschung*. Der antike König Pyrrhus gewann eine Schlacht gegen Rom, in der seine Armee so große Verluste erlitt, dass er dazu verbürgt anmerkte: »Wenn wir noch eine Schlacht wie diese gewinnen, sind wir vernichtet.«

Oh ja, Satan gewinnt einige mächtige Schlachten. Gott gesteht ihm das Vorrecht zu, seine Kinder zeitweise zu überwinden und Zwietracht unter ihnen zu säen, Verderbnis und - jawohl - sogar Tod. Behalten wir aber im Sinn, dass er verliert, wann immer er gewinnt, und dass sich damit seine künftige Strafe im Feuersee nur verstärkt.

Der Anschein des Sieges nährt Satans Wahnvorstellungen. Abel war tot, aber für ihn kam Seth. Die Erde war verdorben, aber da kam Noah. Die Völker wandten sich dem Heidentum zu, aber da kam Abraham. Fast alle königlichen Nachkommen waren ermordet worden, aber Joasch saß sicher in einer geheimen Kammer. Die Knaben von Bethlehem wurden abgeschlachtet, aber Christus entkam nach Ägypten. *Satan ist, wenn er den Sieg greifbar vor sich sieht, genauso weit davon entfernt, wie er es ist, wenn er sich einst im Feuersee krümmt.*

Seine letzte Erniedrigung und ewige Qual ist genauso unvermeidlich wie die jener Geister im Tartarus, die scheinbar nichts anderes zu tun haben, als über das Schicksal nachzudenken, das unausweichlich ihrer harrt. Sie siegen nicht mehr und planen auch nicht mehr, gegen Gott zu kämpfen. Das Wissen um ihr sicheres Verderben lässt die Schlange des Paradieses erbeben. Das Gift, mit dem sie andere infiziert, kommt auf ihr eigenes Haupt zurück.

3. *Unser Sieg ist wirklich.* Unser Sieg ist echt aus einem Grund: Wir stehen mit Christus in seinem Triumph. Christus lädt uns ein, teilzuhaben, wenn der Kopf der Schlange zertreten wird. Wir sind Sieger, weil Christus Sieger ist.

Wenn wir doch nur eine geringe Vorstellung von der geistigen Welt hätten! Als die Syrer gegen Elisa zogen, um ihn zu töten, da tröstete der Prophet den schreckerstarrten Diener, der bei ihm war. Die Heiden hatten eine gewaltige Armee mit Pferden und Wagen gesandt und Dotan eingeschlossen, wo sich Elisa aufhielt. Seinen Begleiter ermutigte er mit den Worten: »Fürchte dich nicht! Denn zahlreicher sind die, die bei uns sind, als die, die bei ihnen sind« (2Kö 6,16). Dann betete er, und »da öffnete der HERR die Augen des Dieners, und er sah. Und siehe, der Berg war voll von feurigen Pferden und Kriegswagen um Elisa herum« (Vers 17)

Eine Geschichte erzählt von einem Künstler, der das Bild eines jungen Mannes malte: Der spielte mit dem Teufel Schach. Der Verlierer der Partie sollte der Diener des Gewinners werden. Auf dem Bild kündigte der Teufel »Schachmatt« in drei Zügen an. Die erbleichende Miene des Jünglings spiegelte den Schrecken wider, der ihn ergriff, als er diese unheilverkündenden Worte über seine sichere Niederlage vernahm.

Als der Schachexperte Paul Morphey das Bild betrachtete, untersuchte er alle Positionen der verschiedenen Spielfiguren. Plötzlich rief er aus: »Junger Mann, es gibt einen rettenden Zug!«

Der Maler hatte eine mögliche Zugkombination übersehen; das Spiel war gar nicht »Schachmatt«. Christus kam auf die Erde um uns mitzuteilen, dass es nur so *aussieht*, als habe uns Satan schon in den Klauen.

Wenn Satan sein Schlechtestes tut, so tut Gott sein Bestes. In Übereinstimmung mit einem Plan, der in den Beratungen der Ewigkeit ausgearbeitet wurde, kam Christus auf die Erde, um gegen die Schlange zu kämpfen. Und der Sohn Gottes erklärte ihr das »Schachmatt«.

Und kein weiterer Zug ist Satan mehr möglich.

6

DIE SCHLANGE IST ZERTRETEN

Es gab ein Handgemenge, als die Schlange den vernichtenden Schlag erhielt; mit gefletschten Zähnen zischte sie ihren Gegner an. Als die widerliche Bestie keuchend am Boden lag, versuchte sie weiterzukämpfen, aber sie konnte nur die Ferse des Fußes zwicken, der auf ihren Kopf trat. Als der wahnsinnige Kampf vorüber war, lag der Kopf der Schlange zerschmettert, in den Schmutz des harten Erdbodens getreten, aber der Leib zuckte vor Schmerz. Während ihr Gift auf dem Boden ausgegossen lag, kehrte der Sieger im Triumph zum Himmel zurück.

Endlich war Christus gekommen. Jahrhunderte zuvor hatte Gott zu der Schlange gesagt: »Und ich werde Feindschaft setzen zwischen dir und der Frau, zwischen deinem Samen und ihrem Samen; er wird dir den Kopf zermalmen, und du, du wirst ihm die Ferse zermalmen« (1Mo 3,15). Gott hatte sein Wort gehalten.

Als Christus in Bethlehem geboren wurde, richtete Satan sein erstes Augenmerk darauf, ihn zu töten. Der gottlose König Herodes versuchte, die teuflische Tat auszuführen. Aber Joseph und Maria brachten das Kind nach Ägypten, und der böse Plan wurde vereitelt.

Als Satan Christus nicht töten konnte, nahm er sich vor, ihn zu verderben. Aber in der Wüste bewies Christus, dass er sich der satanischen Versuchung nicht beugen würde. Was er auch versuchte - Satan konnte Christus nicht überreden, eine Abkürzung zu benutzen, um rechtmäßiger Herrscher der Welt zu werden. Nicht einmal Petrus war imstande, Christus zu drängen, das Leben einem Tod in Jerusalem vorzuziehen. »Geh weg hinter mich, Satan!«, befahl ihm Christus (Mk 8,33).

Sobald Satan sah, dass Christus sich nach Jerusalem wandte, stellte er alle Versuche ein, das Kreuz abzuwenden; er entschloss sich, eine Schlüsselrolle in dem bevorstehenden Drama zu spielen. Der Grund für den Wechsel der Taktik ist nicht schwer zu erkennen. Wenn Christus ans Kreuz ging, dann wollte die Schlange das befriedigende Wissen, dass sie Teil daran hatte. Christus wenn auch nur kurze Zeit hilflos zwischen Himmel und Erde hängen zu sehen, war eine Versuchung, der Satan in seiner sadistischen Freude nicht widerstehen konnte. Ja, er wusste: sein Gericht würde schwerer werden; ja, er wusste, dass das Kreuz seine schließliche Niederlage bedeutete. Aber das war morgen. Heute wollte er Menschen das Begehren eingeben, den Christus Gottes zu töten. Da war es ganz ohne Bedeutung für ihn, wie illusorisch dieser »Sieg« sein würde.

Das Kreuz - der Konflikt

Woher wissen wir, dass das Kreuz eine Zeit der Auseinandersetzung mit Satan war? Zunächst einmal fuhr Satan selbst in Judas hinein, um Christus zu verraten (Joh 13,27). Wir lesen zwar im Neuen Testament verschiedentlich von dämonischer Besessenheit, aber als der Konflikt in die entscheidende Phase tritt, eilt Satan selbst herbei, um die schmutzige Arbeit zu tun. Hier durfte kein Fehler gemacht werden: Christus musste den politischen Autoritäten seiner Zeit überliefert werden. Judas sollte das menschliche Werkzeug zum Vollbringen dieser satanischen Tat sein.

Kann Gott uns mit sich selbst versöhnen und dennoch seine Heiligkeit bewahren?

Sodann räumte Christus ein, dass dies die Stunde des Bösen war, während der die Macht der Finsternis die Freiheit haben werde, ihr Werk zu tun. Nachdem Judas ihn verraten hatte, befahl Christus seinen Jüngern, keine Vergeltung zu üben. Dann wandte er sich an die Hohepriester und ihre Schergen und sagte: »Seid ihr ausgezogen wie gegen einen Räuber, mit Schwertern und Stöcken? Als ich täglich bei euch im Tempel war, habt ihr die Hände nicht gegen mich ausgestreckt; aber dies ist eure Stunde und die Macht der Finsternis« (Lk 22,52-53).

»Für den Moment gewinnt ihr!«

Christus war bereit, Fuß an Fuß mit seinem Feind zu gehen, gleichsam als wolle er sagen: »Oh ja, du magst mich erniedrigen. Oh ja, du wirst mich nackt gekreuzigt sehen. Oh ja, du wirst deine hämische Freude über meine scheinbare Schwäche nicht verhehlen.« Einen kurzen Augenblick lang sah sich die Schlange ermutigt. Aber der Teufel freute sich zu früh. Wenn die Zeit Satan gehört, so gehört die Ewigkeit doch Gott.

Drittes sah Christus selbst im Kreuz den entscheidenden Sieg. »Jetzt ist das Gericht dieser Welt; jetzt wird der Fürst dieser Welt hinausgeworfen werden. Und ich, wenn ich von der Erde erhöht bin, werde alle zu mir ziehen« (Joh 12,31-32). Auch in seiner »Schwäche« führte Christus den wirkungsvollen entscheiden Hieb gegen Satan in dessen eigener Domäne. Der Herr dieser Welt wurde in der Welt besiegt, die zu beherrschen er beansprucht.

Wir haben oft gehört, dass Satan am Kreuz gerichtet wurde. Wir wissen, dass er bei dieser entscheidenden Schlacht ausgetrieben wurde, dem zentralen Punkt der Weltgeschichte. Gleichwohl wissen wir aber auch, dass Gott ihm gestattet hat, in dieser Welt auch weiterhin außerordentliche Macht auszuüben.

Was bedeutet es zu sagen, das Kreuz habe den Kopf der Schlange zerschmettert? Und wie wurden wir in Christi Sieg mit hineingenommen?

DAS KREUZ - DIE WETTKÄMPFER

Unglaublich, aber das Kreuz ist über uns. Es muss die Frage gestellt werden, ob Gott uns mit sich selbst versöhnen und dennoch seine Heiligkeit bewahren kann. Kurz, die Sache ist die: Kann einer von uns das Recht haben, für immer zu Gott zu gehören - ungeachtet der Tatsache, dass wir alle zu einer Rasse gehören, die sich Satan angeschlossen hat? Oder: Wie können unheilige Menschen Söhne und Töchter eines heiligen Gottes werden?

Es gibt eine Szene im Alten Testament, die genau dieses Dilemma aufzeigt. Der Hohepriester Josua (kein Verwandter des früheren jüdischen Heerführers Josua) wird gezeigt, wie er in »schmutzigen Gewändern« vor dem Herrn steht. Zweifellos fühlte er sich innerlich genauso befleckt, wie er es äußerlich zu sein schien. Auch rechtschaffene Menschen fühlen sich sündig in der Gegenwart Gottes.

Dann - als ob Josuas selbstauferlegte Scham noch nicht genug wäre - lesen wir: »Der Satan stand zu seiner Rechten, um ihn anzuklagen« (Sach 3,1-7). Das ist das allerletzte, was man brauchen kann, wenn man von der eigenen Schuld und dem eigenen Versagen überwältigt ist - den Teufel an der eigenen Seite, der einem ins Ohr flüstert, wie schlecht man wirklich ist! Er, der gottloser ist, als wir es jemals sein könnten, ist stets eilfertig bereit, unsere Gottlosigkeit zu richten!

Aber diese Geschichte zeichnet ein genaues Bild unserer misslichen Lage. Auch wir sind »schmutzig« - ein starkes Wort, aber passend, wenn wir in Gottes Gegenwart stehen. Und Satan verklagt uns, er besteht darauf, dass wir kein Recht haben, zu Gott zu gehören. Wir können dankbar sein, dass Gott ein Heilmittel bereithält für die moralische Entfernung, die zwischen uns und ihm besteht. Er sagt zu uns, was er auch zu dem sündigen Josua sagte: »Sieh, ich habe deine Schuld von dir weggenommen und bekleide dich mit Feierkleidern« (Sach 3,4).

Man stelle sich eine Gerichtsverhandlung vor. Gott ist der Richter, Satan der Ankläger, und wir stehen dort anstelle Josuas. Es erhebt sich die Frage: Was kann getan werden, um uns erbärmlichen Sündern zu helfen, wenn wir in Gottes Gegenwart stehen? Wenn es etwas zu tun gibt, muss Gott es tun. Wenn er uns nicht freispricht, und uns - um im Bild zu bleiben - nicht diese Gewänder der Gerechtigkeit gibt, werden wir verworfen sein. Schließlich hat Satan einen Anklagepunkt, der nicht zu übersehen ist: Wir sind Sünder, die es nicht verdienen, von Gott geliebt und angenommen zu sein.

Man beachte, dass der Konflikt zwischen Gott und Satan immer um uns geführt wird. Wir sind die Trophäen. Sind wir Gläubige in Christus, so weiß Satan, dass er unsere Seelen nicht bekommen kann, aber er wird versuchen, unsere Gemeinschaft mit Gott zu zerstören. Satan wird alles tun, was er vermag, um Gottes Pläne und sein Gericht in Zweifel zu ziehen. Gott aber wird stets die Schlacht um derer willen gewinnen, die ihm gehören.

Und wie er diese Schlacht für uns gewann, ist der Gegenstand dieses Kapitels. Uns »Festgewänder« zu geben, damit wir uns nicht länger im Aktionsbereich Satans aufhalten müssen, setzte einen genialen Plan voraus. Und Satan, unser Verkläger, der redet, wenn er schweigen sollte, wurde zum Schweigen gebracht.

Das Kreuz - der Gerichtssaal

Oh, wie ich mir wünschte, man hätte mit einer Videokamera das Drama festhalten können, das sich in der geistigen Welt ereignete, als Christus am Kreuz starb! Da wurde eine kosmische Schlacht geschlagen. Der Teufel war dort, Gott war dort, Christus war dort - und auch wir. Dazu lese man die Worte des Paulus und behalte im Sinn, dass wir die Einzelheiten gleich erläutern werden.

»*Und euch, die ihr tot wart in den Vergehungen und in der Unbeschnittenheit eures Fleisches, hat er mitlebendiggemacht mit ihm, indem er uns alle Vergehungen vergeben hat; er hat den Schuldschein gegen uns gelöscht,* [*den*] *in Satzungen* [*bestehenden*], *der gegen uns war, und ihn auch aus* [*unserer*] *Mitte fortgeschafft, indem er ihn ans Kreuz nagelte; er hat die Gewalten und die Mächte völlig entwaffnet und sie öffentlich zur Schau gestellt. In ihm hat er den Triumph über sie gehalten*« (Kol 2,13-15).

Um diese Textpassage zu entwirren, müssen wir uns wieder in einen Gerichtssaal begeben, die Schlüsselfiguren beschreiben, die Sachlage festlegen und das Ergebnis dokumentieren. Dabei müssen wir die ganze Zeit im Gedächtnis behalten, dass es unsere Ewigkeit ist, die auf dem Spiel steht. Vergessen wir nicht: Es geht um uns.

Die Anklage

Wir sind Sünder, sowohl von Natur wie auch durch unsere Wahl. Wir alle kennen die Unruhe eines schlagenden Gewissens. Aber die Sünden, derer wir uns erinnern, sind nur ein kleiner Teil unserer ganzen Schuld vor Gott. Paulus will, dass wir die ganze Schwere der gegen uns gerichteten Beschuldigungen empfinden oder uns zumindest darüber klar werden, wie weitreichend sie wirklich sind.

Er beschreibt das Gesetz Gottes, das wir gebrochen haben, als »den Schuldschein gegen uns ... [den] in Satzungen [bestehenden], der gegen uns war« (Kol 2,14). Ob wir es wissen oder nicht - Gottes Gebote haben Forderungen an uns. Wir sind nicht berechtigt, unsere eigenen Gesetze aufzurichten, aus dem einfachen Grund, dass Gott bereits Gesetze aufgestellt hat. Diese Gesetzte aber waren für uns »feindselig«, durch sie sind wir verurteilt. So mussten diese Verordnungen außer Kraft gesetzt werden, ehe unsere Gemeinschaft mit Gott möglich wurde.

Ehe man zur Zeit des Paulus vor Gericht oder vor einen Richter geführt wurde, befragte man die Angeklagten in einer Anhörung, um zu sehen, ob es genug Beweise gab, die eine gerichtliche Untersuchung rechtfertigten (heute sind wir anspruchsvoller und nennen das Verfahren eine Sachverständigen-Kommission). Man erinnere sich: Als Christus verklagt wurde, befragte ihn Pilatus um zu sehen, ob er eine Anhörung verdiene. Als er erkannte, dass die Beschuldigungen falsch waren, sagte er zu den Volksmengen: »Ich habe an diesem Menschen keine Schuld gefunden, worin ihr ihn anklagt« (Lk 23,14). Nichtsdestotrotz führte seine Feigheit Pilatus dazu, sich den Schreien des Pöbels zu fügen.

Was uns betrifft, so muss Gott uns nicht erst Fragen stellen, um zu prüfen, ob es Anhaltspunkte für unsere Schuld oder für unsere Unschuld gibt. Er kennt das Ausmaß unserer Schuld viel besser als wir selbst. Deshalb sagt Paulus, dass in der Gegenwart des Gesetzes Gottes »jeder Mund verstopft werde und die ganze Welt dem Gericht Gottes verfallen sei« (Röm 3,19). So verharren wir in schamvollem Schweigen. Kein Wort kommt von unseren Lippen.

Der Teufel, unser Verkläger, ist nicht ganz so beherrscht. Er spricht, und er hat viel zu sagen. Ich glaube, er hat heute immer noch Zugang zum Himmel und ist verärgert, wenn wir heil und rein auf dieser Erde stehen und uns der Gemeinschaft Gottes erfreuen. Er mahnt Gott an sein Versprechen: »Die Seele, die sündigt, sie soll sterben« (Hes 18,4). Als Ankläger nähert er sich Gott ganz einfach mit einer Liste unserer Sünden, er ist bewaffnet mit Gründen, weshalb wir aus der göttlichen Gegenwart verbannt werden sollten. Vergessen wir nie, dass seine Anklage gerecht ist. Gott selbst hat gesagt: »Der Lohn der Sünde ist der Tod« (Röm 6,23). Dieses Mal spricht Satan ausnahmsweise die Wahrheit.

Natürlich kann Satan Gott nichts erzählen, was der Allmächtige nicht schon weiß. Tatsächlich weiß Gott mehr über uns, als Satan jemals begreifen könnte. Die Frage ist nicht, ob wir gesündigt haben oder nicht. Es geht nicht darum, ob wir wirklich so schlecht sind, wie Satan uns machen möchte. Vielmehr ist zu entscheiden, was um unserer misslichen Lage willen zu tun ist.

Satan sagt: »Du musst ihn verdammen!«

Gott sagt: »Ich will ihn retten!«

Vielleicht sollten wir innehalten um uns daran zu erinnern, dass die gegen uns gerichteten Anklagen nicht nur genau sind, sondern auch umfassend. Im Gericht Gottes müssen wir nicht gestohlen haben um als Diebe, nicht die Ehe gebrochen haben um als Ehebrecher, nicht einen Gott geschnitzt haben um als Götzendiener dazustehen. Dazu brauchten wir nur zu phantasieren, zu wünschen, diese Dinge zu tun. Und was noch ärger ist: Wir sündigen nicht nur, sondern wir sind eigentlich Sünder, das heißt, wir befinden uns in einem Dauerzustand der Sünde. Nichts bleibt verborgen.

Da überrascht es nicht, dass Satan behauptet, dass wir den Himmel verunreinigen werden wenn man uns erlaubt, hineinzukommen. Gott, so sagt er, könnte der Kollaboration mit unreinen Menschen angeklagt werden. Sowohl das Ansehen als auch die Glaubwürdigkeit Gottes würden in Frage gestellt. Schließlich sei es der Allmächtige selbst gewesen, der seine Heiligkeit herausgestellt und gewarnt habe, dass die Sünde den Tod bringe.

Satans Anklage gegen uns folgt einer von zwei Linien. Objektiv verklagt er uns vor Gott, indem er argumentiert, dass wir zu sündig seien, um freigesprochen zu werden. Subjektiv raubt er uns die Ruhe des Gewissens mit dem Versuch, uns so schuldig fühlen zu lassen, dass wir schüchtern vor der Gnade Gottes zurückweichen. Er, der uns in die Sünde lockt, dreht den Spieß um und verurteilt uns dafür, dass wir seinem Angebot gefolgt sind. Und wenn das nicht hilft, dann ändert er sofort seine Taktik und lässt uns so gut über uns selbst denken dass wir glauben, wir bräuchten Gottes Gnade überhaupt nicht.

Satans einziges Ziel ist es, uns von der Gemeinschaft mit Gott fernzuhalten. Er will, dass wir für uns bleiben, wie er für sich selbst allein ist. Allein, auf uns selbst gestellt, mit ihm an unserer Seite!

Die Bestrafung

Satan fordert, vielleicht nicht ganz unbegründet, für uns dasselbe Gericht, das auch er bekommt. Jedenfalls sind wir genauso von der Sünde verdorben und sind ebensolche Rebellen. Wenn die Größe der Sünde bestimmt wird von der Größe dessen, gegen den sie gerichtet ist, dann sind wir in der Tat höchst schuldig. Lassen wir uns gemeinsam mit der Schlange richten, denn wir haben einen Tropfen des Schlangengiftes in uns.

Satan wusste, dass er darauf zählen konnte: Gott würde an seinem Standard für Gerechtigkeit unabänderlich festhalten. Er, der als erster Repräsentant des Allmächtigen gedient hatte, war überzeugt, dass die Menschheit in die Hölle verworfen war, wenn sein Meister nicht an seinen Standards rüttelte. Oh ja, der Böse wusste, dass Gott liebte. Er wusste aber auch, dass Gottes Liebe niemals seine Gerechtigkeit außer Kraft setzen oder gar ausstreichen konnte. Es konnte keine Ausnahmen geben; auch nicht für Menschen, die in ihrem Leben das Beste gaben, dessen sie fähig waren.

Satan meinte, es wäre unfair, dass Menschen ewig gerettet werden konnten, während er selbst doch ewig verdammt war. Satans Begründung, die sehr vernünftig erscheint, lautet, dass jedes Wesen für seine eigene Sünde bezahlen sollte - das sei gerecht. Das jedenfalls ist es, was Satan tun muss. Sünde ist Sünde. Und Gott ist Gott.

Der geniale Plan, den Satan nicht voraussehen konnte, besteht darin, dass im Fall der Menschheit ein Mensch für andere Menschen sterben musste. Im Besonderen: Ein bestimmter Mensch musste sterben für eine Gruppe bestimmter Menschen. So hielt Gott sein Versprechen: »Die Seele, die sündigt, sie soll sterben« (Hes 18,4) - nur, dass ein anderer das Sterben übernehmen würde. Der Tod blieb der Lohn der Sünde, aber ein anderer würde für uns sterben.

Liberale Theologen haben oft die biblische Lehre in Zweifel gezogen, dass Christus für Sünder starb. Sie sagten, es sei unmoralisch, wenn Gott eine unschuldige Person um einer schuldigen willen bestrafe. Die Antwort lautet aber: Christus war nicht unschuldig - er wurde für uns zur Sünde gemacht: »Den, der Sünde nicht kannte, hat er für uns zur Sünde gemacht, damit wir Gottes Gerechtigkeit würden in ihm« (2Kor 5,21). Christus wurde zum Sünder erklärt, obgleich er niemals gesündigt hatte, und wir wurden zu Heiligen erklärt, obwohl wir ganz bestimmt »unheilig« sind.

Oh ja, Christus wurde als Sünder betrachtet. Er wurde rechtsgültig all unserer Sünden schuldig, von der Lüge bis zum Völkermord. Er wurde unvorstellbarer Verbrechen für schuldig betrachtet. Weil seine Schuld und Strafe *wirklich* war, haben wir einen *wirklichen* Retter-Heiland, der uns aus unseren doch sehr *wirklichen* Sünden erretten kann.

Wann wurde Christus für uns »zur Sünde gemacht«? Nicht im Garten von Gethsemane, obwohl Christus dort in tiefer Agonie und in tiefstem Kummer litt. Nicht, als ihm die Dornenkrone aufs Haupt gesetzt wurde und ihm das Blut von der Stirn herab über das Gesicht rann und vom Kinn auf die Brust tropfte. Die Umwandlung fand statt, als Christus am Kreuz hing. Als er sein Blut vergoss und wirklich starb, waren wir erlöst.

Wir dürfen nicht diesen Kommentar im Buch Deuteronomium übersehen: »Und wenn bei einem Mann eine Sünde geschieht, [auf die] das Todesurteil [steht], und er wird getötet und du hängst ihn an ein Holz, dann darf seine Leiche nicht über Nacht an dem Holz bleiben, sondern du sollst ihn unbedingt am selben Tag begraben. Denn ein Gehenkter ist ein Fluch Gottes. So sollst du dein Land nicht unrein machen, das der HERR, dein Gott, dir als Erbteil gibt« (5Mo 21,22-23). Christus musste hängen, am Kreuz gekreuzigt, ehe Gott ihn um unseretwillen zum Fluch erklären konnte. In dem Augenblick, in dem er dort aufgehangen wurde, zog er den Zorn Gottes auf sich. Paulus brachte es auf den Punkt: »Christus hat uns losgekauft von dem Fluch des Gesetzes, indem er ein Fluch für uns geworden ist - denn es steht geschrieben: Verflucht ist jeder, der am Holz hängt« (Gal 3,13).

Nur, wenn die Nägel durch seine Hände getrieben wurden; nur, wenn das Kreuz mit seinem daranhängenden Leib aufgerichtet wurde; nur, wenn er dort seinen letzten Atemzug tat, konnte Gottes Zorn, der Sünde aufbewahrt, zur Wirkung kommen. Gott, der Vater, konnte nicht auf einen schauen, der so durch und durch verflucht war. Diese Absonderung, dieser gegen seinen geliebten Sohn gerichtete Zorn waren die Ursache des schmerzerfüllten Ausrufs: »Mein Gott, mein Gott, warum hast du mich verlassen?« (Mt 27,46). So kamen wir zu unserem Retter.

Betrachten wir diesen Vorgang in der Vorstellung des Paulus. Er sagt, die Verordnungen, die gegen uns gerichtet waren, seien »an das Kreuz genagelt« worden (Kol 2,14). Wenn in jenen Tagen ein Verbrecher ans Kreuz gehangen wurde, dann musste sein Verbrechen öffentlich bekanntgemacht werden. Die Liste der Übertretungen wurde auf ein Plakat geschrieben und über dem sterbenden Mann angenagelt. Erinnern wir uns, dass Pilatus eine Schrift über dem Haupt Christi anbringen ließ, auf der die Anklage stand: »Jesus, der Nazoräer, der König der Juden« (Joh 19,19). Er schrieb es in drei Sprachen: Hebräisch, Griechisch und Lateinisch (Vers 20). Er wollte, dass jedermann das Verbrechen sah, das begangen zu haben Christus angeklagt worden war.

Es ist natürlich wahr, dass Christus der König der Juden war. Darin stimmten die Worte des Pilatus und das Wort Gottes überein. Es muss jedenfalls nicht betont werden, dass dies wohl kaum Strafe verdiente. Es war kein Verbrechen, die Wahrheit zu sagen. Oh ja, Christus war der König der Juden, aber das war es nicht, wofür er starb.

Hoch oben über Pilatus' Worten stand eine kosmische Bekanntmachung, auf der unsere Sünden aufgelistet waren. Obgleich ich damals noch nicht geboren war, enthielt diese Bekanntmachung auch die Sünden, die ich - zweitausend Jahre später - begehen würde. Die Liste enthielt alles, was Satan über uns gesagt hatte, sowie alle anderen, geheimen Sünden, die Gott aber natürlich bekannt waren. Nur der Allmächtige weiß, wie lang die Liste der Anklagen war. Nur er kennt das Ausmaß unserer Sünde und die Strenge der darauf stehenden Strafe.

So sah Gott Christus nicht für seine eigenen Vergehen sterben, noch war Christus das Opfer von Umständen, die etwa außer Kontrolle geraten wären. Er wurde überliefert »nach dem bestimmten Ratschluss und nach Vorkenntnis Gottes«, um Sünder zu erlösen (Apg 2,23). »Doch er war durchbohrt um unserer Vergehen willen, zerschlagen um unserer Sünden willen. Die Strafe lag auf ihm zu unserm Frieden, und durch seine Striemen ist uns Heilung geworden ... Doch dem HERRN gefiel es, ihn zu zerschlagen. Er hat ihn leiden lassen« (Jes 53,5.10).

Die Strafe war gerecht. Und die Strafe wurde vollständig bezahlt.

Der Freispruch

Gott hat uns *Vergebung* zugesprochen!

Indem die Anklagen gegen uns aus dem Weg geräumt wurden, wahrte Gott seine Heiligkeit und konnte uns doch freisprechen. Wie Paulus sagt, hat »er uns alle unsere Übertretungen vergeben« (Kol 2,13).

Gott machte kein Geheimnis aus Christi Erfolg. Im antiken Rom gab es eine Siegesparade, wenn die Soldaten siegreich aus der Schlacht heimkehrten. Die Sieger schleppten bei ihrem

Marsch durch die Stadt nicht nur ihre Kriegsgefangenen in Ketten hinter sich her; sie zeigten auch die Schätze, die sie in der Schlacht erobert hatten. Die Römer freuten sich überschäumend über ihren Sieg und zogen über die Haupt-Prachtstraße in die Stadt ein. Ebenso war Satans Niederlage ein öffentliches Ereignis, nicht für uns, sondern für die ganze geistige Welt. Wieder zitieren wir Paulus: »Er hat die Gewalten und die Mächte völlig entwaffnet und sie öffentlich zur Schau gestellt. In ihm hat er den Triumph über sie gehalten« (Kol 2,15).

So wurde Satan öffentlich entwaffnet. Im Griechischen bedeutet das mit *entwaffnet* übersetzte Wort »von Waffen entblößt«. Christus entblößte ihn der beharrlichen Vermessenheit, weiter gegen ihn kämpfen und dabei erfolgreich sein zu können. Satan wurde seines Stolzes beraubt und auch seines vermeintlichen Rechts, uns als Untertanen seines Reiches zu behalten. Während unsere Lippen angesichts der Anklagen Satans verschlossen blieben, so ist nun sein Mund verschlossen angesichts unseres Freispruchs.

Der Sieg Christi bedeutet aber nicht, dass Satan nun nicht mehr gegen uns kämpfen könnte. Man muss sich das so vorstellen. Gott nahm König Saul seinen Königstitel, obwohl er immer noch zehn Jahre lang dem König David nachstellen konnte. Obwohl die Mächte, die gegen uns kämpfen, ihre Autorität verloren haben, kämpfen sie weiter. Sie ziehen es vor, in der Lüge zu leben anstatt der Erniedrigung der Niederlage ins Auge zu blicken.

In dem Buch *Satan Cast Out* sagt Frederic S. Leahy, nur aus unserem menschlichen Blickwinkel gebe es eine Zeitspanne zwischen dem Sieg Christi über Satan und der letzten Verfügung über den besiegten Feind. Er erinnert daran, dass sich Blitz und Donner gleichzeitig ereignen, dass wir aber das Licht des Blitzes sehen, ehe wir den Donner rumpeln hören. Leahy schreibt:

> »In der objektiven Realität sind sie praktisch Eins, aber von unserem Standpunkt aus gibt es dank der Tatsache, dass sich Licht schneller fortbewegt als Schall, gewöhnlich einen Zeitunterschied zwischen dem Sehen des Blitzes und dem Hören des Donners. Für Gott sind Sieg und Gericht gleichzeitig im Kreuz.«[1]

Wir können sagen, dass wir den Blitz gesehen haben, aber wir haben noch nicht das Schmettern des Donners vernommen. Für Gott existiert kein derartiger Unterschied. Für ihn sind Gericht und Urteil bereits vollstreckt. »*Jetzt* wird der Fürst dieser Welt hinausgeworfen werden« (Joh 12,31; Hervorhebung vom Autor). Und wiederum: »Der Fürst dieser Welt *ist gerichtet*« (Joh 16,11; Hervorhebung vom Autor).

Die Besonderheiten von Christi Sieg

Wie aber besiegte Christus Satan am Kreuz?

Christus versöhnte Sünder für immer mit Gott

Christus tilgte unsere Schuld so vollständig und richtig, dass wir, die wir an Christus glauben, Gott keine Gerechtigkeit mehr schuldig bleiben. Da die Strafe für die Sünde nicht Leben war, sondern Tod, musste Christus sterben, und indem er das tat, versöhnte er uns für immer mit Gott.

Denken wir noch einmal über den Ausdruck nach: »Er [hat] uns alle unsere Übertretungen vergeben« (Kol 2,13). Wie viele unserer Sünden waren Zukunft, als Christus vor zweitausend Jahren starb? Offensichtlich alle, da ja noch keiner von uns geboren war. Gott nahm unsere Sünden vorweg und schloss sie in den Tod Christi mit ein. Christus starb nicht nur für die Sünden der Heiligen des Alten Testaments, sondern auch für die jener, die in der Zukunft Heilige werden würden. Im Liede singen wir: »Ich war ihm im Sinn, als er starb«.

Gehen wir einen logischen Schritt vorwärts. Was ist mit den Sünden, die wir morgen und in den darauffolgenden Tagen noch begehen? Die Antwort lautet natürlich, dass jenen, die an Christus glauben, auch diese Sünden bereits vergeben sind. Es muss so sein, denn wenn wir Christus aufgenommen hätten und es wären uns da nur unsere vergangenen Sünden vergeben gewesen, dann könnten wir uns niemals unseres künftigen Heils sicher sein. Der Grund, aus dem wir wissen, dass wir nach unserem Tod in den Himmel eingehen, ist, dass uns Gott unsere Sünden vergeben hat - vergangene, gegenwärtige und zukünftige.

Selbstverständlich müssen wir immer noch unsere Sünden bekennen - nicht, damit unser Status als Söhne erhalten bleibt, sondern damit wir in der Gemeinschaft mit unserem Vater bleiben. All unsere Sünden sind rechtswirksam hinweggenommen. Wir dürfen uns unseres Heils sicher sein, weil wir - vollständig und für immer - freigesprochen wurden.

Der Schreiber des Hebräerbriefes sagt es so: »Dieser aber hat ein Schlachtopfer für Sünden dargebracht und sich für immer gesetzt zur Rechten Gottes ... Denn mit einem Opfer hat er die, die geheiligt werden, für immer vollkommen gemacht« (Hebr 10,12.14).

Ein Hoherpriester, *ein* Opfer, *eine* Rechtfertigung, durch die wir gerecht gemacht worden sind. Wie er es schon bei Josua, dem Hohenpriester, getan hatte, gibt uns Gott Kleider zum Anziehen, die unsere Sünden bedecken:

Christi Blut und Gerechtigkeit,
Das ist mein Schmuck und Ehrenkleid;
Damit will ich vor Gott bestehen,
Wenn ich zum Himmel werd' eingehen.[2]

Über jenen, die Christus nicht als ihren Stellvertreter annehmen, schwebt nach wie vor Satans ursprüngliche Anklage. Aber die, die glauben, sind aus Satans Reich herausgenommen und versetzt worden in das Reich Christi.

Christus brachte Satan zum Schweigen

Satans Mund wurde verschlossen. Seine gezischten Anklagen verstummten. Der Richter der ganzen Erde hatte uns für gerecht erklärt - wer war Satan, etwas anderes zu behaupten? Kann der gescheiterte Gott dem Herrn des Himmels und der Erde widersprechen? Um die Menschen frei zu machen, musste Christus ihren Ankläger besiegen. Er, der versuchte, Männer und Frauen in Knechtschaft zu halten, musste bloßgestellt, seine Macht musste vernichtet, seine Gefangenen mussten befreit werden.

In biblischer Zeit wurde die Anklageschrift, auf der die Verbrechen eines Mannes an der Tür seiner Gefängniszelle bekanntgemacht wurden, dem Delinquenten zurückgegeben, wenn er seine Strafe abgegolten hatte. Wenn man ihm erlaubte, sie mit nach Hause zu nehmen, dann war sie keine Anklage mehr, sondern eine Bescheinigung! Man hatte das Wort *tetelestai* quer darübergeschrieben: »Völlig beglichen«.

Wenn ihn ein Nachbar fragte, ob er rechtmäßig frei war, konnte er ihm das Dokument zeigen. Die Rechtsschuld war abgegolten. Es gab nichts mehr zu begleichen. Bezeichnenderweise war das letzte Wort Christi am Kreuz *tetelestai*, was in unseren Übersetzungen mit »Es ist vollbracht!« wiedergegeben wird (Joh 19,30). Unsere Schuld war »völlig beglichen«.

Jesus hat alles bezahlt,
Alles verdank' ich ihm;
Meine Sünde war wie ein blutroter See,
Er hat mich gewaschen weiß wie Schnee.[3]

Würde Gott immer noch eine Schuldbegleichung von uns fordern, nachdem Christus bereits für unsere Schuld bezahlt hat, dann würde man Ungerechtigkeit bei Gott finden. Unsere Schuld ist so völlig beglichen worden, dass niemals eine weitere Zahlung nötig wird. Deshalb können wir sagen: »Also [gibt es] jetzt keine Verdammnis für die, welche in Christus Jesus sind« (Röm 8,1).

Kürzlich schrieb mir eine Frau und klagte über ihre schlechte Ehe. Sie schloss mit dem Satz: »Ich habe es aufgegeben, Gott gefallen zu wollen. Wenn ich meinem Vater und meinem Ehemann nicht genüge, dann werde ich ihm niemals genügen.«

Was hätten Sie ihr geantwortet? Ich schrieb zurück: »Ich habe gute Nachricht für Sie: Sie brauchen nicht zu versuchen, Gott zu gefallen! Gott ist schon zufriedener über Christus, als er jemals mit Ihnen oder mit mir zufrieden sein könnte - auch wenn wir einige gute Tage hintereinander hätten! Vertrauen Sie auf Christus, und Gott wird mit Ihnen ebenso zufrieden sein, wie er sich über seinen gesegneten Sohn freut, den er so sehr liebt.«

Natürlich muss das mit der ebenso wahren Herausforderung der Heiligen Schrift in Übereinstimmung gebracht werden, dass wir danach eifern sollten, Gott zu gefallen (2Kor 5,9; 2Tim 2,4). Aber wir können ihm nicht gefallen ehe wir wissen, dass er schon mit uns zufrieden ist. Nur wenn wir wissen, dass wir seine geliebten Kinder sind in dem, »an dem er sein Wohlgefallen gefunden hat«, haben wir Frieden und sind imstande, ein Leben in dem Wunsch nach dem alltäglichen Gefallen Gottes zu führen.

An besonders schwierigen Tagen habe ich schon gebetet: »Oh Gott, schau heute bitte überhaupt nicht nach mir; blicke nur auf deinen Sohn und sieh mich vollkommen in ihm.« Ich weiß, dass Gott auch von mir erwartet, im täglichen Leben seinem Sohn ähnlich zu werden, aber ich werde Gott niemals so zufriedenstellen, wie Christus es tat. Deshalb bin ich froh, in seinem um meinetwillen vollbrachten Werk ruhen zu dürfen.

Oft erhalte ich Briefe von Menschen die glauben, sie hätten die »unvergebbare Sünde« begangen. Nun, natürlich gibt es eine »unvergebbare Sünde«. Es ist die Sünde des Unglaubens; die Verhärtung des Herzens, die oft bei solchen gefunden wird, die die frohe Botschaft des Evangeliums gehört haben und doch entschlossen sind, sie zu verwerfen.

Aber kein Christ kann die »unvergebbare Sünde« begehen. Denen, die ihre Hoffnung auf Christus geworfen haben, sind ihre Sünden vergeben. Christus hat all unsere Übertretungen annulliert. Er kannte uns, lange bevor wir geboren wurden; er kannte all das Böse, das wir tun würden und er hat alles bedeckt.

Wenn Satan uns verklagt, müssen wir ihm unsere Annullierungs-Bescheinigung zeigen und laut vorlesen: »Völlig beglichen!« Wir müssen ihm sagen: »Hinweg mit dir! Denn es steht geschrieben: ›Wer wird gegen Gottes Auserwählte Anklage erheben? Gott ist es, der rechtfertigt. Wer ist, der verdamme? Christus Jesus ist es, der gestorben, ja noch mehr, der auferweckt, der auch zur Rechten Gottes ist, der sich auch für uns verwendet‹« (Röm 8,33-34).

Christus, unser Anwalt, hat unsere Sache vertreten, und Gott hat sein Plädoyer angenommen. Und wenn Gott spricht, dann lauscht das Universum.

Christus bewies, dass er die Macht des Lebens hat

Satan kann nur töten; er kann nicht lebendig machen.

Damit Gott seine völlige Vorherrschaft unter Beweis stellen konnte, musste er Christus aus den Toten auferwecken, so dass es nie mehr ein Streitgespräch darüber geben würde, wer nun Herr und König war. Aus diesem Grund ist die Auferstehung Christi ein notwendiger Teil der Botschaft des Evangeliums (1Kor 15,3-5). Der Tod - in sich selbst die Folge der Sünde - war furchtbar, aber Christus unterwarf ihn für uns. »Weil nun die Kinder Blutes und Fleisches teilhaftig sind, hat auch er in gleicher Weise daran Anteil gehabt, um durch den Tod den zunichte zu machen, der die Macht des Todes hat, das ist den Teufel, und um alle die zu befreien, die durch Todesfurcht das ganze Leben hindurch der Knechtschaft unterworfen waren« (Hebr 2,14-15).

Natürlich hatte Satan niemals die Macht zu bestimmen, wann ein Mensch sterben werde. Solche Dinge sind dem auferstandenen Christus zu eigen, der die Ehre errang, die Schlüssel des Todes und des Hades zu besitzen. Satan hält allerdings die Tyrannei des Todes über unseren Häuptern, und bei den Nichtwiedergeborenen schlägt der Tod die Tür der Möglichkeit, an Christus zu glauben, endgültig zu.

Ein Schmetterling wurde beobachtet, wie er in großer Furcht hinter einer Fensterscheibe im Inneren eines Zimmers hin- und herflatterte. Er wurde von einem Spatz verfolgt, der in dem Eifer, ihn zu verschlingen, unablässig nach dem fliegenden Insekt pickte. Was der Falter nicht sehen konnte war die Glasscheibe, die ihn von dem Sperling trennte. Er machte sich nicht klar, dass er direkt neben dem Vogel ebenso sicher war, als wäre er zum Südpol geflohen. Gerade so kommt der unsichtbare Christus, um uns vor der Macht Satans zu beschützen. Die Schlange kann zischen und spotten, aber sie kann uns nicht verschlingen. Wir haben einen anderen König und wir dienen in einem anderen Reich.

Christus kam, um uns die Lebensangst und die Furcht des Todes zu nehmen. Seine Auferstehung beweist, dass er stärker war als das Grab. Und als er in den Himmel auffuhr, da öffnete er dessen Tore für alle, die an ihn glauben.

Christus öffnete die Tore des Himmels

Nicht alle Schriftgelehrten stimmen mir darin zu, aber ich glaube, dass die in alttestamentlicher Zeit im Glauben Verstorbenen in den Hades gingen, und dass sie nicht vor der

Himmelfahrt Christi in den Himmel aufgenommen wurden. Paulus schrieb, dass Christus bei seiner Himmelfahrt »Gefangene gefangen geführt und den Menschen Gaben gegeben« hat (Eph 4,8). Vielleicht bedeutet das, dass jene, die sich in der Abteilung der Gerechten im Hades befanden, zu dieser Zeit in den Himmel aufgenommen wurden.

Ungeachtet dessen können wir sicher sein: Der Tod Christi öffnete den Himmel für jene, die Gottes Kinder sind. Dem Dieb am Kreuz konnte er sagen: »Heute wirst du mit mir im Paradiese sein« (Lk 23,43). Es gibt jetzt einen direkten Weg in den Himmel, den der aufgetan hat, der selbst dort eingetreten ist. Der Tod ist nicht länger unser Feind, sondern ein Freund, der uns zu Gott bringt.

Als man ein kleines Mädchen fragte, warum es sich nicht fürchte, über den Friedhof zu gehen, da erhielt man die Antwort: »Weil mein Zuhause auf der anderen Seite ist.« Wenn eine Biene ihr Opfer einmal gestochen hat, kann sie nicht ein zweitesmal stechen. Sie kann es nur belästigen und erschrecken, aber ihr Stachel ist ausgerissen. Christus nahm dem Tod seinen Stachel und versichert uns, dass »ausheimisch vom Leib ... einheimisch beim Herrn« ist (2Kor 5,8).

Als Stephanus gesteinigt wurde, konnte er Christus bereits seine Ankunft erwarten sehen. Der Sohn Gottes stand wirklich bereit, sein vertrauensvolles Kind daheim zu empfangen. Die Tore des Himmels erwarten alle, die glauben.

Christus hat uns über die Engel erhoben

Würden Sie ihren Platz mit dem Engel Gabriel tauschen? Denken Sie nach, ehe Sie antworten. Wir mögen versucht sein, ein Wesen zu beneiden, dem solche Schönheit und Macht gegeben sind. Wir könnten sogar meinen, er stehe eine Stufe höher als wir. Wahrlich, wir können der Kraft und Schönheit eines Engels niemals nahekommen. Wir können uns nicht einmal vorstellen, wie es wäre, durch das Universum zu fliegen und Aufträge Gottes auszuführen.

Wir werden höher geehrt sein, als er jemals geehrt worden ist.

Und doch werden wir über den Engeln stehen. Kein Engel kann jemals ein Bruder Christi genannt werden. Daraus folgt, dass kein Engel jemals ein »Miterbe Christi« sein kann. Für eine kurze Zeit wurde Christus geringer als die Engel, denn kein Engel ist jemals gestorben. Für eine kurze Zeit sind wir niedriger als die Engel, aber auch das wird sich ändern (Hebr 2,5-13).

Wieder einmal müssen wir zurückkehren zu Gottes ewigem Blickwinkel. Gott hat uns aus der Grube gezogen, um in einem Palast zu wohnen, »damit jetzt {nach dem Kreuz} den Gewalten und Mächten in der Himmelswelt durch die Gemeinde die mannigfaltige Weisheit Gottes kundgetan werde« (Eph 3,10). Einfach gesagt, Gott wollte seine Gnade zur Geltung bringen. So nahm er Sünder, sie so tief gefallen waren, und erhob sie so hoch!

> Wir werden die Welt richten;
> Wir werden die Engel richten;
> Wir werden Erben Gottes und Miterben Christi sein.

Kein Wunder, dass Satan wütend ist. Die Tatsache, dass wir höher geehrt sein werden, als er es vor seinem Fall war, ist mehr, als seine neidvolle Natur ertragen kann. Man bedenke, was er schon alles aufgeben musste. Er konnte kein Prophet mehr sein, der für Gott sprach. Er konnte kein Priester mehr sein, der die Anbetung Gottes leitete. Er konnte kein Gesandter mehr sein, der Gottes Botschaften überbrachte. Er, der sein wollte wie Gott, war am Ende Gott am unähnlichsten. Kurz, alles war verloren und nichts gewonnen.

Heute ist jede Rettung für ihn unmöglich. Es ist ihm gestattet, bis zu seinem letzten Gericht umherzuwandeln. Das Ende im Feuersee ist nur aufgeschoben. Das Urteil ist bereits verkündet. Wir haben den Blitz gesehen. Der Donner ist unterwegs.

Meine Frau und ich haben die Wartburg in Deutschland besucht, wo sich Martin Luther zehn Monate lang verborgen hielt. Dort litt er in einer kleinen Kammer, vielleicht nicht größer als fünfzehn Quadratfuß[5], schmerzgeplagt durch die häufigen Angriffe Satans. Nach der Tradition warf er in dieser Kammer mit seinem Tintenfass nach dem Teufel. Vielleicht wirft sein Kommentar in den *Tischreden* ein anderes Licht auf den Vorfall, wenn er schreibt: »Ich bekämpfe den Teufel mit Tinte.« Damit könnte er gemeint haben, er bekämpfe den Teufel durch die Übersetzung des Neuen Testaments ins Deutsche.

Wir dürfen ganz sicher sein, dass der Teufel zahlreiche Attacken gegen ihn ritt. Doch die Wehrhaftigkeit und Sicherheit der Wartburg und anderer Festungen inspirierten ihn, sein berühmtes Lied zu schreiben: »Ein feste Burg ist unser Gott«. Eine der Strophen lautet:

> Und wenn die Welt voll Teufel wär,
> Und wollt uns gar verschlingen,
> So fürchten wir uns nicht so sehr,
> Es muss uns doch gelingen.
> Der Fürst dieser Welt -
> Wie sauer er sich stellt;
> Tut er uns doch nicht';
> Das macht, er ist gericht',
> Ein Wörtlein kann ihn fällen.

Und wie lautet dieses »kleine Wort«? Es ist das Acht-Buchstaben-Wort *Christus*. Christus, recht verstanden, kann ihn fällen.

Das Kreuz beweist es.

Wenn wir uns fragen, warum Satan nicht bereits in den Abgrund gestürzt worden ist, dann muss die Antwort lauten, dass Gott ihn benutzt, um den göttlichen Plan zu vollenden. Wie wir im nächsten Kapitel sehen werden, ist die Schlange nach wie vor Gottes Diener. Sie diente ihm vor dem Fall und sie dient ihm jetzt immer noch. Satan hat jetzt andere Beweggründe, und die Umstände sind weit ungünstiger, als sie es einmal waren, aber er ist nichtsdestoweniger ein Diener.

Und damit heben wir den Vorhang vor dem nächsten Kapitel in unserem Drama.

7

DIE SCHLANGE - GOTTES DIENER

Wieviel Macht Satan wohl haben mag?

Wir könnten der Ansicht sein, dass auf diese Frage keine präzise Antwort gegeben werden kann, weil wir nicht genau wissen, was unser Feind tun kann und was nicht. Jedenfalls sprechen wir hier über ein Wesen, das wir niemals gesehen haben und dessen Kräfte in Bereichen jenseits unserer Erfahrung wirken. Und doch - wenn wir die Sache aus einem anderen Blickwinkel heraus betrachten, dann kann die Frage exakt beantwortet werden: Der Teufel hat genau so viel Macht, wie ihm Gott zugesteht, und nicht ein Fitzelchen mehr!

Manchmal denke ich, dass der Teufel sehr die neue Aufmerksamkeit genießt, die ihm seit etwa zwanzig Jahren verstärkt entgegengebracht wird. In jeder beliebigen Buchhandlung - ganz gleich, ob christlich oder weltlich - werden wir ganze Regale voller Bücher über ihn finden. Doch, doch, ich meine, dass biblische Lehre über den Teufel absolut notwendig ist; jedenfalls hat die Heilige Schrift viel über ihn zu sagen. Ich will nur auf folgendes hinaus: In einem Großteil der Literatur wird seine Fähigkeit, Macht auszuüben, ungeheuer überschätzt.

Sicher, viele von uns können sich gut daran erinnern, wie die Kirche in den entgegengesetzten Irrtum verfallen ist. Satan wurde nicht ernstgenommen. Man kannte ihn als unseren Feind, aber die meisten Christen glaubten nicht, dass sie jemals direkt von ihm beeinflusst werden könnten. Man konnte nur schwer einen Seelsorger finden, der darauf kommen würde, dass ein persönliches Problem tatsächlich in »dämonischen Einflüssen« wurzeln könnte. Sogar eindeutige Anzeichen dämonischer Besessenheit wurden unter einem anderen Etikett diagnostiziert.

Einige Lehrer, die schließlich begriffen, dass wir alle auf die eine oder andere Weise von Satan oder einem seiner Abgesandten beeinflusst werden, machten Dämonenaustreibung zum wichtigsten Werkzeug, hartnäckige Unarten zu brechen oder mit einer schmerzlichen Vergangenheit umzugehen. Im günstigsten Fall erachtete man Satan als Ursache beinahe jeden Problems, im schlechtesten hielt man ihn für so gut wie allmächtig. Solcher Rat führte, anstatt den Glauben zu befruchten, in hilflosen Pessimismus. Oh ja, Gott wird am Ende siegen. Aber in dieser Welt, so sagt man uns, hat Satan das freie Verfügungsrecht, zu tun was immer er will. Obgleich uns die meisten darin zustimmen, dass Gott am Ende der Tage siegen wird, leben und reden einige Menschen, als gebe es ein Kopf-an-Kopf-Rennen. Nun, das wird es nicht!

Ich sollte es noch einmal betonen: Der Teufel ist in seiner Rebellion ebensoviel Gottes Diener, wie er es in den Tagen seines größten Gehorsams war. Auch heute kann er nichts tun ohne Gottes ausdrückliche Erlaubnis. Er kann weder verführen, noch nötigen oder dämonisieren; er kann nicht einen einzigen Plan zur Ausführung bringen ohne Zustimmung und Billigung Gottes. Wir können nicht oft genug Luther zitieren: Der Teufel ist Gottes Teufel!

Er ist nicht jener Teufel, über den wir haben erzählen hören.

Satan hat verschiedene Rollen zu spielen, die von Gottes Ratschluss und Zielen abhängig sind. Er ist in den Dienst gezwungen, in der Welt Gottes Willen zu tun; er muss das Gebot des Allmächtigen ausführen. Wir müssen im Sinn behalten, dass er furchtbare Kräfte hat; das Wissen aber, dass er diese nur unter Gottes Anweisung und zu seinem Gefallen anwenden kann, gibt uns Hoffnung. Satan hat einfach nicht die Freiheit, seine Zerstörungswut an Menschen auszulassen, wie er will.

Wenn Gott es gewollt hätte, dann hätte er den gefallenen Diener auf einen anderen Planeten verbannen oder ihn direkt in den Feuersee werfen können. Eine dieser Entscheidungen wäre ebenso richtig und gerecht gewesen wie irgendeine andere, die Gott getroffen hätte. Aber Gott ließ Satan aus einem bestimmten Grund in dieser Welt: Satan musste seine Rolle in dem Drama des Planeten Erde spielen, und er wird sie nach Gottes Regeln ausführen und nicht nach seinen eigenen.

Warum ist es wichtig, das zu wissen? Damit Gott zu Recht als König der Könige, als Gott, als Herr des Himmels und der Erde verehrt wird. Gott schuf Luzifer, ehe er der Teufel wurde. Es war Gott, der die Schlange verfluchte. Es war Gott, der ihre unabänderliche Niederlage und Erniedrigung voraussagte. Es war Gott, der dem Teufel gestattete, gegen Christus zu kämpfen. Und es wird Gott sein, der die Auseinandersetzung bis zum Ende unter Kontrolle haben wird. Gott ist nicht von seiner Verantwortung zurückgetreten, die er für seine ganze Schöpfung hat - auch für den Teil von ihr, der sich dummerweise entschieden hat, gegen ihn aufzustehen.

Erinnern wir uns auch der Einschränkungen Satans, damit wir im Glauben gegen ihn kämpfen können. Je sicherer wir in dem Wissen sind, dass der Teufel nicht selbstbestimmt ist (das heißt: nicht fähig, unabhängig zu handeln), desto größer der Glaube, der in unseren Herzen aufgeht, so dass wir ihn besiegen können. Er ist nicht jener Teufel, über den wir in der jüngsten Fernseh-Talkshow haben erzählen hören, oder von dem wir im neuesten Buch gelesen haben.

Sehen wir uns einmal an, wie die Schlage auf verschiedene Weise Gott dient.

Gott benutzt Satan, um die Unbekehrten zu richten

Nun, da wir wissen, dass der Satan durch die Kraft Gottes in seiner Handlungsfreiheit eingeschränkt ist, könnten wir zu der Ansicht gelangen, dass Gott seine Rolle auf relativ wenige Schlachten auf der Erde begrenzen sollte: Eine gelegentlich ausbrechende Unruhe hier, ein plötzlicher Angriff dort. Viele Menschen sind bestürzt, wenn sie entdecken, dass es Satan erlaubt ist, weltweit geistliche Blindheit im Bewusstsein jener hervorzurufen, die die gute Nachricht des Evangeliums nicht annehmen wollen. Interessanterweise schrieb Paulus, dass unser Evangelium denen, die umkommen, verschleiert sei, »bei denen der Gott dieser Welt den Sinn verblendet hat, damit sie den Lichtglanz des Evangeliums von der Herrlichkeit des Christus, der Gottes Bild ist, nicht sehen« (2Kor 4,4).

Wen das nicht davon überzeugt, dass es Satan erlaubt ist, die Fähigkeit der Nichterlösten zum Hören des Evangeliums zu ersticken, der bedenke die Worte Christi. Er sagte, das Wort Gottes sei wie ein Same, ausgesät auf verschiedene Böden. Einer dieser Böden ist so hart, dass der Same überhaupt nicht eindringen kann. Dies ist die Erklärung Christi: »Die an dem Weg aber sind die, bei denen das Wort gesät wird und, wenn sie es hören, sogleich der Satan kommt und das Wort wegnimmt, das in sie hineingesät worden ist« (Mk 4,15). Er kann also einzelne Gedanken aus unserem Bewusstsein herausnehmen!

Welches Ziel verfolgt Gott mit diesem Werk des Feindes? Es soll sicherstellen, dass jeder von uns einem Gott von irgendeiner Art dient. Wenn wir nicht durch Christus mit dem wahren Gott vereinigt sind, dann werden wir von dem falschen Gott, Satan, verblendet. Wir müssen im Licht wandeln oder von der Finsternis überwältigt werden. Jene, die ihr Herz verhärten, werden es doppelt verhärtet finden.

Diese Blindheit ist dem Willen und den Zielen Gottes unterworfen. Bei denen die glauben überwältigt Gott die Blindheit mit dem Licht des Evangeliums, und der Teufel kann nichts dagegen tun. Tausend Teufel können eine Seele nicht davon abhalten, an Christus zu glauben, wenn Gott entschieden hat, ihr das Geschenk des Lebens zu gewähren. Diese Kraft war die Vorstellung, die die Phantasie Charles Wesleys beflügelte, wenn er schrieb:

> Mein eingesperrter Geist lag lang' voll Qual
> In meines Wesens Sündennacht fest eingehüllt;
> Dein Aug' versprühte schnellen Blickes Strahl -

Ich wachte auf, die finstre Zelle lichterfüllt.
Die Ketten fielen ab, das Herz - befreit nun - hüpfte mir;
Erhoben jetzt, ging ich hinaus, entfesselt folgt' ich Dir.

Wie können wir unsere Aufgabe erfüllen, Menschen zu helfen, dass sie »das Licht sehen«? Die Antwort lautet: Teilen wir die gute Nachricht des Evangeliums mit ihnen. Paulus sagt, diese Botschaft sei »Gottes Kraft zum Heil allen, die glauben« (Röm 1,16). Wir müssen auf den Heiligen Geist vertrauen, dass er vollbringt, was wir nicht tun können. Christus hat uns versichert, dass die, die ihm der Vater gegeben hat, wirklich zu ihm kommen und angenommen werden (Joh 6,37).

Dass Satan ein gewisses Maß an Macht über das Bewusstsein der Unbekehrten gegeben ist, sollte uns nicht entmutigen, ihnen das Evangelium zu erklären. Es spielt keine Rolle, wie blind oder geistlich tot ein beliebiges Individuum sein mag; wir vertrauen auf Gottes Fähigkeit, sein oder ihr Herz zu öffnen. Ob das Evangelium nun angenommen wird oder nicht, es wird von Gott immer auf irgendeine Weise gebraucht.

Paulus verwendete die Vorstellung vom antiken römischen Triumphzug, als er schrieb, dass wir gleichsam im Triumph marschierten, und dass der Wohlgeruch unseres Sieges die Herzen jener erfreue, die Gott gehören, dass er aber ein Fluch sei denen, die verloren sind. »Denn wir sind ein Wohlgeruch Christi für Gott unter denen, die errettet werden, und unter denen, die verlorengehen; den einen ein Geruch vom Tod zum Tode, den anderen aber ein Geruch vom Leben zum Leben. Und wer ist dazu tüchtig?« (2Kor 2,15- 16).

Bei oberflächlicher Betrachtung könnten wir annehmen, dass die Satan gewährte Macht im Leben der Unbekehrten seinen eigenen Zielen dient. Was könnte ihn schließlich mehr erfreuen, als Menschen blind zu machen für das Licht Gottes? Wir haben es aber schon erfahren: Wenn die Schlange ihre eigenen Ziele verfolgt, dann dient sie in Wirklichkeit den Zielen Gottes. Gott hat seinen Plan, der fertig ausgearbeitet ist, und ein Teil dieses Planes schließt das Gericht und das damit verbundene Schicksal der Unbekehrten mit ein. Wir wollen es im Vertrauen annehmen, dass Satan Gott nichts vorschreiben kann, dass Gott ihm jedoch allezeit gebietet.

Gottes Werkzeug des Gerichts im Leben der Unbekehrten zu sein, heißt, Gott zu dienen. Und wenn wir bedenken, dass Satan selbst für das, was er tut, gerichtet sein wird, obgleich er es unter Gottes Zulassung tut, dann werden wir wieder daran erinnert, dass Satan auch dann verliert, wenn er zu siegen scheint.

Gott benutzt Satan, um die Gehorsamen zu veredeln

Manchmal wählt Gott den Schauplatz unseres Kampfes mit Satan aus. Begehrt Satan Hiob zu versuchen, um den Glauben dieses Mannes Gottes in Verruf zu bringen? Er muss zu Gott kommen und um Erlaubnis bitten. Tatsächlich ist es Gott, der bei einer Art Einsatzbesprechung mit Satan Hiobs Frömmigkeit zur Diskussion stellt. »Hast du acht gehabt auf meinen Knecht Hiob?«, fragt Gott. »Denn es gibt keinen wie ihn auf Erden - ein Mann, so rechtschaffen und redlich, der Gott fürchtet und das Böse meidet« (Hi 1,8).

Nach einer ausgedehnten Diskussion über Hiobs mögliche Motive zum Gehorsam gibt Gott Satan die Erlaubnis, Hiob zu quälen, aber nur innerhalb festgelegter Grenzen. »Siehe, alles, was er hat, ist in deiner Hand. Nur gegen ihn [selbst] strecke deine Hand nicht aus« (Vers 12). Wir staunen über die Macht Satans. Er verursacht Blitze, um Hiobs Diener zu töten; bösartige Heere erheben sich, um andere Diener und die Tiere zu töten, und zu guter Letzt lässt er einen Sturm entstehen, der das Haus zerstört, in dem Hiobs Kinder zu Tisch sitzen, und alle zehn werden getötet!

Hiob bewahrt, wie wir wissen, seine Rechtschaffenheit. »Da stand Hiob auf und zerriss sein Obergewand und schor sein Haupt; und er fiel auf die Erde und betete an ... Der HERR hat gegeben, und der HERR hat genommen, der Name des HERRN sei gepriesen« (Vers 20-21). Hiob besteht die Prüfung, aber es sollte ärger kommen. Nun reklamiert Satan bei Gott, Hiob habe seinen Glauben bewahren können, weil er nicht persönlich angerührt worden sei. »Haut für Haut! Alles, was der Mensch hat, gibt er für sein Leben. Strecke jedoch nur einmal deine Hand aus und taste sein Gebein und sein Fleisch an, ob er dir nicht ins Angesicht flucht« (Hi 2,4-5).

Man bedenke wohl: Satan erhält nun größere Macht über Hiob, aber nur, weil Gott es so will. Der Allmächtige gibt Satan die Erlaubnis, Hiob vom Scheitel bis zur Sohle mit schmerzhaften Geschwüren zu schlagen. Wir sollten Satans Macht niemals unterschätzen. Wir dürfen aber sicher sein, dass diese Macht, ganz gleich, wie furchtbar sie auch sein mag, nur unter der Hand Gottes ausgeübt werden kann.

Kam Hiobs Prüfung von Gott oder vom Teufel? Die Antwort lautet natürlich, dass die unmittelbare Ursache Satan war, die letzte Ursache jedoch Gott. So kam es, dass Hiobs Familienmitglieder kamen und »bekundeten ihm ihre Teilnahme und trösteten ihn wegen all des Unglücks, das der *HERR* über ihn gebracht hatte« (Hi 42,11; Hervorhebung vom Autor). Da Satan Gottes Kinder nur mit Billigung des Allmächtigen anrühren kann, kam Hiobs Prüfung letztlich von der Hand seines Vaters im Himmel.

Wenn wir uns vor Satans Macht fürchten, zu verstümmeln, zu zerstören und sogar zu töten, dann dürfen wir nicht vergessen, dass er solches niemals aus sich selbst heraus beschließt - oder besser: wenn er beschließt, es zu tun, muss er Gottes Erlaubnis einholen, ehe er es ausführen kann. Der Teufel mag »der Gott dieser Welt« sein, aber er kann nur durch den Willen Gottes herrschen. Luther hatte recht, als er sagte, die Macht des Teufels sei »so groß wie die Welt, so weit wie die Welt, und sie erstreckt sich vom Himmel herab bis in die Hölle«, und dann hinzufügte: »Aber der böse Geist hat nicht ein Haarbreit mehr Macht über uns, als Gottes Güte zulässt.«

Manchmal wählt Satan den Schauplatz unserer Kämpfe mit ihm. Als Satan bei Petrus eine Schwäche entdeckte, die er ausnutzen wollte, war er zu Christus gekommen und hatte um Erlaubnis gebeten. »Simon, Simon! Siehe, der Satan hat euer begehrt, euch zu sichten wie den Weizen. Ich aber habe für dich gebetet, dass dein Glaube nicht aufhöre; und wenn du einst umgekehrt bist, so stärke deine Brüder« (Lk 22,31-32). Satan hatte einen unheimlichen Plan mit Petrus, aber er musste ihn zuerst von Christus begutachten lassen. Er konnte sich Petrus nicht ohne göttliche Zustimmung nähern. Tatsächlich lautet der Grundgedanke der Textstelle: »Satan hat um dich gebeten«. Da fleht er bei Christus um eine Möglichkeit, einen von des Meisters Jüngern anzurühren. Satan blies Petrus all seine Winde entgegen; die Spreu wurde fortgenommen und nur der Weizen blieb übrig.

Kürzlich ließ sich ein christliches Ehepaar von mir beraten. Die beiden fürchteten, dass eine böse Bekannte, die sie zu vernichten suche, einen Fluch über ihre Ehe gebracht habe. Ich wies darauf hin, dass wenn es so wäre, Satan zu Gott gekommen wäre, um seine Erlaubnis einzuholen, dass er sie berühren dürfe. Fluch oder nicht, das Leben der Christen ist nicht in der Hand Satans, sondern in der Hand des Herrn. Satan ist gelähmt, unfähig uns anzurühren, wenn Gott nicht seinen Befehl dazu gibt.

Satan wünscht, davon bin ich überzeugt, dass wir anders über ihn denken. Er will uns glauben machen, dass er uneingeschränkte Macht hat. Wenn wir so denken, dann sind wir ihm schutzlos ausgesetzt und furchterfüllt, dass der Feind unsere Seele verkaufen könnte, während Gott gerade nicht hinsieht. Zumindest könnten wir auf den Gedanken kommen, Gott habe Satan unbeaufsichtigt unkontrollierte, uneingeschränkte Macht gegeben.

Eine Frau in unserer Versammlung, Opfer okkulten beziehungsweise sexuellen Missbrauchs, ist nun Christin, herausgerettet aus einem Leben voller furchtbarer Erinnerungen an die Schrecken ihrer Kindheit. Sie fürchtete einen Fluch, der ihr auferlegt worden war; einen Eid, dass sie im Alter von sechsundvierzig Jahren sterben müsse - dem Alter, in dem ihr satanistischer Vater gestorben war. Als ihr dämmerte, dass Satan nicht unabhängig von Gott handeln konnte, als sie begriff, dass er sie nicht quälen konnte, ohne dass Gott es wollte, wurde ihr furchtsames Herz ruhig. Auch, wenn Gott Satan die Erlaubnis gibt, sie mit sechsundvierzig Jahren niederzuwerfen, wird sie nicht nach dem Willen Satans sterben, sondern gemäß dem Willen Gottes. Aber während ich dies schreibe, hat sie das Alter von sechsundvierzig Jahren erreicht und ist überzeugt, dass ihr Leben über die ihr angedrohte Todeslinie hinaus andauern wird.

Was glauben wir wohl, wer Satan ist, wenn wir meinen, dass er und nicht Gott unseren Todestag bestimmt? Stellen wir eindeutig klar: Unser Leben ist nicht in Satans Hand, sondern in der Hand Gottes. Satan kann nicht getrennt von der göttlichen Vorsehung handeln. Der Tod braucht uns nicht zu schrecken. Christus und nicht der Teufel sagte: »Fürchte dich nicht! Ich bin der Erste und der Letzte und der Lebendige, und ich war tot, und siehe, ich bin lebendig in alle Ewigkeit und habe die Schlüssel des Todes und des Hades« (Offb 1,17-18).

Ich habe Christen kennengelernt, die durch Okkultismus (und daher Götzendienst) in ihrer Abstammungslinie in ihrem christlichen Leben gelähmt waren. Manche von ihnen meinen, sie müssten den Rest ihres Lebens unter einer Wolke verbringen; ein Fluch werde sie bis zum Tod verfolgen. Ein Christ erzählte mir, dass seine Kinder und Enkel ohne den vollen Segen Gottes leben müssten, weil es in seiner Familie zurück in die dritte und vierte Generation keine Christen gegeben habe. Sein Text war, wie man sich denken kann, der längeren Version der zehn Gebote entnommen:

> »*Du sollst dich vor ihnen nicht niederwerfen und ihnen nicht dienen. Denn ich, der HERR, dein Gott, bin ein eifersüchtiger Gott, der die Schuld der Väter heimsucht an den Kindern, an der dritten und vierten [Generation] von denen, die mich hassen, der aber Gnade erweist an Tausenden [von Generationen] von denen, die mich lieben und meine Gebote halten*« (2Mo 20,5-6).

Bis zu welchem Ausmaß werden die Ungerechtigkeiten der Väter »heimgesucht an den Kindern«? Es mag wohl familiäre Geister geben, die sich in verschiedenen familiären Abstammungslinien anreichern und die Schwächen der Nachkommen abgöttischer Eltern ausnutzen. Solch ein Fluch kann nur Macht über uns haben wenn wir meinen, wir müssten ihm unterworfen sein.

Nach meiner Beobachtung ist es sehr schwer, ein klares Muster dämonischer Auftritte auf der Grundlage von Familiengeschichte zu entwickeln. In der Textstelle aus Exodus liegt der Fluch nur auf denen, die Gott hassen. Sie bezieht sich möglicherweise tatsächlich nur auf jene Kinder, die Gott hassen. Darüber hinaus verspricht Gott Segnungen für die Tausende, die ihn fürchten.

Ungeachtet der Familiengeschichte sind Gläubige niemals unter einem Fluch, weil Christus unseren Fluch getragen hat. Der Wandel vom Reich der Finsternis zum Reich des Lichts war vollständig. Satan will uns mit seiner Kontrolle, mit seinen Flüchen und mit seinen »unausweichlichen Schicksalen« ängstigen. Aber wie ehedem Pilatus hat er keine Macht über uns ausgenommen die, die ihm von oben gegeben ist.

Heute kann ich einen Fluch lösen, indem ich bejahe, dass mein Leben allein Christus gehört. Man glaube ja nicht der Lüge, Satan könne noch Anrechte haben, wenn man um den hohen Preis des Blutes Christi freigekauft worden ist. Die Kämpfe, die man hatte, nehme man aus der Hand Gottes zur eigenen Veredlung und schließlichen Segnung. Wir sind »errettet aus der Macht der Finsternis und versetzt in das Reich des Sohnes seiner Liebe« (Kol 1,13). Die Lügen des Teufels zurückzuweisen, indem wir zu dem stehen, was wir in Christus geworden sind, ist Teil unserer geistlichen Entwicklung.

Martin Luther hatte eine Dienerin, die in Verzweiflung lebte, denn »sie hatte ihre Seele dem Teufel verkauft«. Luther antwortete ihr mit der Frage: »Was wäre, wenn du einen Kaufvertrag schreiben würdest, in dem du dich einverstanden erklärst, eines meiner Kinder in die Sklaverei zu verkaufen? Könnte diese Vereinbarung irgendeinen Wert haben?«

»Nein, natürlich nicht. Ich habe kein Recht, ein Kind zu verkaufen, das mir nicht gehört.«

Worauf Luther tatsächlich erwiderte: »Und du bist jetzt ein Kind Gottes. Da deine Seele ihm gehört, kann sie nicht einem anderen gegeben werden.« Sein Gedanke war natürlich, dass man nicht einfach irgend jemandes Kind verkaufen kann. Die zum Reich Christi gehören, können nicht durch eine

Vereinbarung mit einem fremden König gebunden werden, der keine Rechte an ihnen hat.

Satan wird alles tun was ihm möglich ist, seinen Zugriff gewaltig erscheinen zu lassen. Man muss aber bedenken, dass man nicht allein im Kampf steht. Das Volk Gottes steht uns darin bei. Und mit uns sind auch die Verheißungen Gottes. »Was sollen wir nun dazu sagen? Ist Gott für uns, wer mag gegen uns sein?« (Röm 8,31). Denken wir daran: Satan wird alle Macht in Anspruch nehmen, die unser Unglaube in seine Hand legt.

Als Eltern sind wir alle mit unseren Kindern schon im Zoo gewesen. Als wir am Löwenkäfig vorübergegangen sind, fürchteten sich die Kinder, aber wir fürchteten uns nicht. Das war so, weil Kinder gewöhnlich nach dem Löwen schauen, die Eltern aber nach den Käfigstangen.

Satan ist ein brüllender Löwe und sucht, wen er verschlingen könnte (1Petr 5,8). Scheinbar brüllt er, um uns zu erschrecken, er schleicht sich an uns heran und intrigiert gegen uns. Aber wie der Löwe im Zoo ist er nur frei innerhalb der Abgrenzungen seines Käfigs. Er wandelt nur dort umher, wo Gott es zulässt. Das bedeutet nicht, dass er schon im Abgrund gebunden wäre. Wie wir später noch sehen werden, ist dies ein zukünftiges Ereignis, bei dem seine irdische Aktivität völlig zum Stillstand gebracht wird. Ich meine einfach, dass Gott auch jetzt den Weg absteckt und sagt: »Bis hierher und nicht weiter.« Er muss hinter den Gitterstäben bleiben, die Gott eingerichtet hat.

Gott benutzt Satan, um die Ungehorsamen zu erziehen

Manchmal bestimmen wir selbst das Schlachtfeld. Unter den Schriftgelehrten geht die Diskussion darüber, ob König Saul als ein alttestamentlicher Gläubiger oder als ein Ungläubiger einzustufen sei. Es gibt gute Gründe für beide Ansichten. Nur Gott weiß es ganz sicher.

Ich für mein Teil meine, es gibt ausreichend Grund anzunehmen, dass er wirklich ein Gläubiger war. Ich vermute, dass Saul eines Tages mit uns im Himmel sein wird. Ungeachtet seines ruinierten Lebenslaufes lesen wir, dass der Geist des Herrn mächtig über ihn kam und dass er in einen anderen Menschen verwandelt wurde (1Sam 10,6). Er hatte Augenblicke der Größe, der Demut und der Beherrschung.

Als aber David in sein Leben trat, fraß ihn die Eifersucht auf. Was Saul wirklich reizte, war der Vorfall mit Goliath. Nicht nur, dass David sich traute zu tun, was zu versuchen Saul sich allzusehr fürchtete - Das Volk liebte auch noch diesen jungen Mann, der seine Schleuder so geschickt zu gebrauchen wusste. Besonders die Frauen lobten ihn geradezu überschwenglich: »Saul hat seine Tausende erschlagen und David seine Zehntausende« (1Sam 18,7).

Man erinnere sich des Grundes, warum David überhaupt auf den Plan trat: Es war Saul bereits mitgeteilt worden, dass seine Tage als König gezählt seien. Er hatte ein erklärtes Gebot Gottes übertreten, und so wurde er seines Titels zugunsten dieses jungen Mannes entblößt, den die Schrift einen »Mann nach dem Herzen Gottes« nennt. Saul konnte diese öffentliche Demütigung einfach nicht akzeptieren.

Er ließ seiner Feindschaft ungehindert freien Lauf. »Sie haben David Zehntausende gegeben, und mir haben sie [nur] die Tausende gegeben; es [fehlt] ihm nur noch das Königtum« (1Sam 18,8). ›Gib ihm aus Ehrlichkeit die ihm zustehende Stellung, wenn schon nicht aus Demut!‹ Der Vergleich traf ihn tief.

Und nun die Überraschung! Wir lesen: Und es geschah am folgenden Tag, dass ein böser Geist von Gott über Saul kam, und er geriet im Innern des Hauses in Raserei. David aber spielte [die Zither] mit seiner Hand, wie [er] täglich [zu tun pflegte], und Saul hatte einen Speer in seiner Hand« (Vers 10). Und Saul schleudert den Speer nach David, aber der entkommt.

Ein »böser Geist von Gott«?

Wir mögen meinen, dass der Text lauten müsste: »Ein böser Geist von Satan kam mächtig über Saul.« Aber nein, dieser Dämon kam von Gott. Ein Bote Satans wurde der Bote Gottes.

Hier steht ein Prinzip vor uns, mit dem man rechnen kann: Gott erzieht seine ungehorsamen Kinder stets, indem er sie der

Kontrolle ihrer Feinde übergibt (5Mo 28,47-48). Dieser Dämon war gesandt worden, um den König mit seiner eigenen Eifersucht zu quälen. Wen wundert es, dass Saul mehr und mehr dem Verfolgungswahn verfiel, dass er ohne besonderen Grund nach David schlug? Und obwohl Davids Demut später Ursache dafür war, dass Saul voller Reue zu Gott schrie, so erwies sich doch, dass es nur halbherzig geschah. Saul starb als gebrochener, zorniger Mann. Er kannte nicht die Freude der Vergebung Gottes und der Wiederherstellung durch ihn.

Der Dämon wurde von Gott benutzt, den rebellischen König zu erziehen. Wenn sich Saul entschließt, eifersüchtig zu sein, dann lasst dieses Laster ihn verzehren. Wenn er sich nicht mit ganzem Herzen Gott zuwenden will, dann lasst ihn mit ganzem Herzen der Sünde dienen. Wenn er meint, dass sein Weg besser sei, als Gott ergeben zu sein, dann lasst ihn erfahren, was es bedeutet, dem Bösen unterworfen zu sein. Lasst ihn in die Verzweiflung getrieben werden, damit sie ihn zurücktreibt in die Arme Gottes.

Lasst ihn die Lügen des Teufels erfahren.

Vielleicht verstehen wir jetzt die interessante Geschichte von Ahab und seinen »Lügenpropheten«. Als er diese vierhundert Männer fragte, ob er heraufziehen und die Stadt Ramot-Gilead schlagen solle, da erhielt er von ihnen die Antwort, die er hören wollte: Ja, er konnte angreifen und würde Erfolg haben. Als Micha, der wahre Prophet gefragt wurde, gab er zunächst die gleiche Antwort und reflektierte so den Wunsch des gottlosen Königs. Der König aber wusste, dass Micha ein Spiel mit ihm spielte und befahl ihm schließlich, die Wahrheit zu sagen.

Da gab Micha eine ehrliche Weissagung: Israel werde zerstreut werden wie Schafe, wenn Ahab versuche, gegen die Syrer zu kämpfen. Was die vierhundert falschen Propheten betraf, so gab Micha dieses Wort des Herrn weiter: Gott saß auf seinem Thron und fragte nach Freiwilligen, die Ahab verlocken sollten, hinaufzuziehen und dann bei Ramot-Gilead zu fallen. Verschiedene

Geister gaben verschiedene Antworten, aber ein Geist erbot sich, ein Lügengeist im Mund von Ahabs Propheten zu sein. Und Gott beauftragte ihn: »Du sollst ihn betören und wirst es auch können. Geh aus und mache es so« (1Kö 22,22).

Und Micha fuhr fort: »Und nun, siehe, der HERR hat einen Lügengeist in den Mund all dieser deiner Propheten gegeben, denn der HERR hat Unheil über dich geredet« (Vers 23). Ahab kannte die Wahrheit, und doch ging er verkleidet in die Schlacht und meinte, so die Weissagung Gottes überlisten zu können. Aber ein Krieger schoss seinen Bogen aufs Geratewohl ab; der Pfeil traf genau zwischen die Schuppen von Ahabs Panzer, und er starb.

So hatte der Herr einen Lügengeist in den Mund der falschen Propheten gelegt. Die Aufgabe wurde dem bösen Geist übertragen, der sich freiwillig dazu gemeldet hatte. Calvin sagte bei der Auslegung dieses Textabschnitts, Gott halte Satan im Zaume, und so sei der Böse »gezwungen, ihm Dienste zu leisten, wann immer Gott ihn dazu treibt«. Wenn Gott einen Dämon zu benutzen wünscht, um einem bösen König eine Lüge zu erzählen, dann wird einer zur Stelle sein, der es tun will. Und wenn der Allmächtige mehr fordert, dann wird er das auch bekommen.

Man könnte nun sagen, dies seien Beispiele aus dem Alten Testament, aber was sei denn nun mit dem Neuen? Jawohl, wenn wir aufsässig sind, dann wählen wir auch heute das Schlachtfeld, und der Herr könnte Satan dazu benutzen, uns zu erziehen. Als Paulus die Gemeinde für die sorglose Haltung tadelte, die sie in ihren Zusammenkünften der Sünde gegenüber einnahm, da sagte er ihnen, dass sie ein schlechtes Zeugnis für Christus seien. Der unsittliche Mann sollte von der Gemeinschaft ausgeschlossen werden, weil »ein wenig Sauerteig den ganzen Teig durchsäuert« (1Kor 5,6).

Paulus sagte den Korinthern: »Ich ... habe ... das Urteil gefällt ... einen solchen im Namen unseres Herrn Jesus dem Satan zu überliefern zum Verderben des Fleisches, damit der Geist errettet werde am Tage des Herrn« (Vers 3-5). Er ist ein Gläubiger, der dem Teufel übergeben wurde! Ein Mensch im Reich des Lichts wurde abhängig gemacht von der Finsternis.

Und wiederum besteht die Rolle Satans darin, das Werkzeug der Erziehung Gottes zu sein. Wenn der Mensch sich nicht der Wahrheit Gottes fügen will, dann lasst ihn die Lügen des Teufels erfahren. Wenn er wünscht, zu leben wie die Heiden, dann lasst ihn vom Gott der Heiden getrieben werden. Auf jeden Fall wird Satan tun, was auch immer Gott getan haben will. Nicht mehr und nicht weniger.

Als Hymenäus und Alexander »Schiffbruch erlitten« im Glauben, da reagierte Paulus dergestalt, dass er sie »dem Satan übergeben habe, damit sie zurechtgewiesen werden, nicht zu lästern« (1Tim 1,20). Er hoffte, die Strenge der Erziehung werde sie zur Besinnung bringen.

Ich bin sicher, wir alle haben schon das ehrliche Bekenntnis eines Christen gehört, der in Unsittlichkeit gelebt hat. Ich selbst habe mit mehr als einem solcher gesprochen, der mir von der Qual, den Vernünfteleien, der Schuld, der Leere und - oh ja - dem Getriebensein durch Satan berichtete. Gott will, dass uns so elend wird, dass der Schmerz der Umkehr und Wiederherstellung leichter zu ertragen ist als die Qual der Heimlichkeit und der fortgesetzten Rebellion.

Wir erinnern uns der Worte Davids, ehe er umkehrte: »Denn Tag und Nacht lastete auf mir deine Hand; verwandelt wurde mein Saft in Sommergluten« (Ps 32,4). Das sind die Worte eines Mannes, der die Pein der Erziehung Gottes kennengelernt hat.

Luther hebt hervor, dass der Teufel Gottes Werkzeug sei, wie eine Hacke, die benutzt wird, den Garten Gottes zu kultivieren. Obgleich sich die Hacke daran erfreuen mag, die Unkräuter zu vernichten, kann sie sich doch niemals aus Gottes Hand befreien, noch da jäten, wo er es nicht will, noch seine Absicht vereiteln, einen wunderbaren Garten anzulegen. So tut der Teufel stets die Arbeit Gottes. Auch heute benutzt Gott Satan, um die Ungehorsamen zu erziehen.

Gott benutzt Satan, um seine Erwählten zu reinigen

Dann ist da die interessante Erfahrung des Apostels Paulus. Ihm wurde ein Dorn im Fleisch gegeben, ein Bote Satans, um ihn zu schlagen. Dies geschah nicht aufgrund irgendeiner Sünde, die er begangen hatte. Er sollte vielmehr Paulus vor der Selbstüberhebung schützen. »Darum, damit ich mich nicht überhebe, wurde mir ein Dorn für das Fleisch gegeben, ein Engel Satans, dass er mich mit Fäusten schlage, damit ich mich nicht überhebe« (2Kor 12,7). Ein anderes Beispiel, in dem Gott das Schlachtfeld bestimmte.

Nachdem Paulus dreimal darüber gebetet hatte, zeigte ihm Gott, dass dieser Dorn nicht weggenommen werden würde, dass er aber Paulus die Gnade gebe, es zu ertragen. Worauf Paulus erwiderte: »Sehr gerne will ich mich nun vielmehr meiner Schwachheiten rühmen, damit die Kraft Christi bei mir wohne. Deshalb habe ich Wohlgefallen an Schwachheiten, an Misshandlungen, an Nöten, an Verfolgungen, an Ängsten um Christi willen; denn wenn ich schwach bin, dann bin ich stark« (Vers 9-10).

Paulus sagte im Grunde: »Mein Feind, dieser Bote Satans, der mir schaden will, tut mir in Wirklichkeit wohl.« Satan wird niemals unser Freund, denn er hasst uns und sucht uns zu vernichten, aber er kann uns Gutes tun, wenn er von Gott gesandt ist, uns zu reinigen. Gott gebraucht Satan um uns zu zeigen, dass Gottes Gnade uns genügt; auch in den Dornen des Lebens.

Als Paulus so weit war, dass er den Dorn im Fleisch als einen Boten Satans akzeptieren konnte, den ihm der himmlische Vater gesandt hatte, da konnte er das Ganze in einem völlig anderen Licht sehen. Nun konnte er für die Prüfung (den Dorn) danken. Wenn Satan unabhängig von Gott handeln könnte, dann wäre solcher Dank gegenüber Gott unmöglich.

Wenn Christen beginnen, ihre Prüfungen als etwas zu sehen, das vom Vater der Lichter kommt und nicht vom Vater der Finsternis, dann erkennen sie, dass alles einem größeren Ziele dient. Solcher Glaube ist ein Fluch für die Mächte des Bösen.

Wir sollten Gott niemals für Sünde danken, oder - diesbezüglich - für Satan. Aber wir können für die Art und Weise danken, in der Gott das Böse benutzt, um sein Ziel mit uns zu erreichen. Wir können danken für unsere inneren Kämpfe und Versuchungen, und wir können sagen: »Auch darin ist Gott gut, und was er tut, ist wohlgetan!«

Wir befinden uns im Training. Übungen bringen Leiden, Disziplin, Glaube und Einsicht. Auch Christus lernte Gehorsam durch Leiden (Hebr 5,8).

Zwischen Gott und dem Teufel

Welche Verwicklungen bedeutet Gottes absolute Macht über Satan für die Seelsorge? Offenbar können wir nicht jede Situation gleich behandeln.

Man stelle sich Hiob, Paulus und König Saul bei einem Befreiungskreuzzug unserer Tage vor. Man würde ihnen wahrscheinlich gesagt haben, alles was sie tun müssten sei, Satan zurechtzuweisen, denn er sei ja auf jeden Fall ein besiegter Feind! Was dabei übersehen wird ist das Ziel, das Gott mit all den Mühen verbindet. Oftmals könnten Gläubige schnelle Befreiung suchen, während Gott doch eine dauernde Umkehr will.

Gott verfolgt andere Ziele mit unserer Auseinandersetzung mit der dämonischen Welt. Einige sollen zur Umkehr geführt werden, andere eine tiefgreifende Reinigung erfahren, wieder andere durch Prüfungen gestärkt werden. Es ist sowohl grob vereinfacht wie auch falsch zu sagen, dass wir Satan jederzeit zurechtweisen und uns so von seinen Verlockungen frei machen könnten. Gott könnte ihn ebenso sicher zu uns geschickt haben, wie er ihn zu Hiob schickte. Was wir mit Überzeugung sagen können ist, dass wir Satans Verführungen zur Sünde nicht gehorchen müssen (aber das ist Gegenstand eines anderen Kapitels). Befreiung erfordert Einsicht.

Mit unseren inneren Kämpfen und Versuchungen haben Gott *und* der Teufel zu tun. Wir müssen begreifen, dass sie unterschiedliche Ziele verfolgen.

1. *Wir müssen unterscheiden zwischen dem, was Gott will und dem, was Satan will.* Sowohl Satan als auch Gott haben aktiv mit unseren Versuchungen zu tun, aber natürlich haben sie radikal unterschiedliche Absichten dabei. Während Gott mit allem, was er tut, ein am Ende gütiges Ziel verfolgt, sucht der Teufel stets zu zerstören. Satan wollte Hiob vernichten; Gott wollte ihn prüfen.

Gott sucht unsere Reinigung und will sich mit uns versöhnen. Er begehrt uns zufriedenzustellen. Er will, dass wir einig werden mit seinem geoffenbarten Willen. Mit einem Wort: Er wünscht für uns das Gute. Es ist sein erklärtes Ziel, uns in das Bild Christi zu verwandeln, viele Söhne in die Herrlichkeit zu führen. Gott will in unseren Herzen etwas bewirken, was ewig bleibt. Er will uns lehren, dass Sünde zerstörerisch ist und im Gegensatz dazu Rechtschaffenheit unabdingbar und gut.

Satan sehnt sich danach, unsere Seele von der Gemeinschaft mit Gott abzuschneiden. Er sucht zu zerteilen, zu zerstören. Er will Gottes Schafe zerstreuen, sie dem Hirten wegnehmen. Wenn wir Christen sind, gehört unsere Seele Gott, aber wir können immer noch verunreinigt werden. Satan mag nicht in der Lage sein, Besitz von uns zu ergreifen, aber er würde uns gern vernichten.

Wenn wir es zulassen, wird er das Band, das uns mit Gott verbindet, zerreißen, unsere Zuneigung zu Gott abtöten und unser Leben mit Sünde füllen. Zumindest steht das auf seiner Tagesordnung. Er will einfangen, umgarnen und lähmen. Er will, dass wir ihm in seiner Rebellion und Unabhängigkeit so ähnlich wie möglich werden.

Das richtet ein vollkommenes Umfeld für uns auf, unsere Treue zu Christus deutlich zu machen und Gottes Tagesordnung zu folgen. Nur in den Flammen der Versuchung und der Prüfung werden wir rein. Man bedenke - alles was Gott in unserem Leben tut, dient der Vergrößerung unserer Freude; wenn nicht in diesem Leben, dann mit Sicherheit in dem zukünftigen.

2. *Wir müssen unterscheiden zwischen der Autorität Gottes und unserer eigenen.* Der Teufel muss jedem Befehl Gottes gehorchen, aber nicht notwendigerweise jedem *unserer* Befehle.

Christus steht über jedem Fürstentum und über jeder Macht, und wir sitzen mit ihm in den himmlischen Örtern (Eph 2,6). Jedenfalls haben Sie und ich nicht allein deshalb, weil Gott ein Ziel mit dem Wirken Satans in der Welt verfolgt, auch gleich absolute Autorität über den Bösen. Wir alle haben schon Prediger über den Teufel reden hören, als hätte er jeder ihrer Launen gehorchen müssen. Der Böse reagiert oft mit Trotz und zweifellos höhnischer Verachtung.

Nur Gott hat unbegrenzte Macht über Satan. In Washington, der Hauptstadt der USA, wurde ein Predigertreffen veranstaltet, in dem ein Mann mit mehr Begeisterung als Verstand ausrief: »Ich befehle dem Teufel und seinen Dämonen, Washington zu verlassen und niemals zurückzukehren!« Es gibt, denke ich, schlagende Beweise dafür, dass der Teufel und seine Dämonen Washington nicht verlassen haben. Wäre der Böse vollkommen unter unserer Macht, würden wir ihm in jeder Stadt der Welt verbieten, zu wirken; noch mehr: Wir würden ihn in den Abgrund werfen. Wäre es uns möglich, oh wie würden wir kurzen Prozess mit ihm machen!

Am 13. Dezember 1995 wurde Pastor Julio Ruibal in der kolumbianischen Stadt Cali niedergeschossen. In der Vereinigung der Kirchen und im Predigtdienst war er von Gott besonders gebraucht worden. Er hatte seit sechs Tagen gefastet. Niemand kannte besser als er die Tatsache, dass wir in Christus alle Eroberer sind; niemand hatte anhaltender gegen die Verlockungen des Teufels angekämpft und seine Autorität gegenüber dem Teufel in die Waagschale geworfen. Das aber verhinderte nicht den brutalen Mord, dem er zum Opfer fiel. Er erlitt wie Christus das Martyrium von der Hand böser Menschen, die Satans Gebot folgten. Sein Tod brachte den Gemeinden, die er zurückließ, Einheit und Kraft.

Wenn wir fragen, warum der Teufel nach wie vor in Kolumbien oder in Washington am Werk ist, dann lautet die Antwort: »Der Herr bedarf dort seiner«. Der Böse hat noch ein Werk zu vollbringen; es gibt immer noch Aufträge, die er ausführen muss. Wir können nichts besseres tun, als uns an das zu erinnern was Luther sagte, als 1527 ein mit ihm befreundeter

Pastor ermordet wurde. Luther war niedergeschlagen über die Tragödie und grübelte tief darüber nach. Es war, so sagte er, das Werk eines bösen Menschen. Dieser böse Mensch war ein Werkzeug des Teufels, aber der Teufel war ein Werkzeug Gottes. So konnte der Christ auch darin die Vorsehung Gottes erkennen. Gott würde entweder in diesem Leben oder in dem Nächsten alles Böse zum Guten wenden.

Es gibt einen Vers, der die Absichten dieses Kapitels zusammenfasst. Im ersten Jahrhundert sagte Christus zur der Gemeinde in Smyrna: »Fürchte dich nicht vor dem, was du leiden wirst! Siehe, der Teufel wird [einige] von euch ins Gefängnis werfen, damit ihr geprüft werdet, und ihr werdet Drangsal haben zehn Tage. Sei treu bis zum Tod, und ich werde dir den Siegeskranz des Lebens geben« (Offb 2,10).

Dabei darf man folgendes nicht außer Acht lassen:

- Obwohl diese Gemeinde von der Hand des Teufels verfolgt wurde, war sie immer noch fest in der Hand Gottes.
- Der Grund, weshalb Satan Macht gegeben wurde, Gläubige ins Gefängnis zu werfen, bestand darin, dass sie geprüft würden.
- Dauer und Strenge der Prüfung wird von Christus bestimmt. Wenn er sagt, dass die Prüfung zehn Tage dauern wird, dann kann auch Satans rasende Wut sie nicht auf *elf* Tage ausdehnen!

Wir alle haben die Autorität, die wir benötigen, um dem Teufel zu widerstehen. Wir alle haben die Kraft, die wir benötigen, um den Willen Gottes zu tun. Aber wir haben keine absolute Befehlsgewalt über unseren Feind. Wir können sein Reich nicht zerstören. Wir können nicht die Grenzen seiner Macht festsetzen. Paulus meinte nicht, mit dem Teufel dauernd kämpfen oder Autorität über ihn ausüben zu müssen. Er schrieb, er habe gewünscht, nach Thessalonich zu kommen, aber »der Satan hat uns gehindert« (1Thes 2,18). Zeitweise konnte Paulus Satans Einschränkungen als Gottes Eingreifen annehmen.

Nun darf man da aber nicht hineininterpretieren, dass wir untätig danebenstehen und Satan bei der Arbeit zuschauen könnten und einfach sagen: »Das ist der Wille Gottes«. Wir müssen unseren Feind aktiv bekämpfen, wir müssen seinen Angriffen widerstehen. *In der Tat, Satan ist uns gegeben, damit wir gegen ihn kämpfen.* Aber es kommt darauf an, wie wir kämpfen. Unser Kampf kann mit mehr Glauben und Verstehen geführt werden wenn wir wissen, dass Satan immer ein Untertan Gottes ist.

Unser Krieg kann gewonnen werden.

Und nun müssen wir eine eingehendere Antwort auf die Frage geben: Was will die Schlange von uns?

8

WAS DIE SCHLANGE VON UNS WILL

Wir sind im Krieg.
Wir können nicht Pazifismus einfordern.
Wir können nicht vor den Kugeln davonlaufen.
Wir können uns vor den Bomben nicht verstecken.
Wir können keine medizinisch begründete Zurückstellung geltend machen.

Wer nie den Krieg in sich verspürt hat, kann es nicht erkennen. Der Kampf bleibt stürmisch, auch nachdem wir jahrelang mit Gott gegangen sind. Ein Teil davon ist der Kampf zwischen Fleisch und Geist; ein Teil ist Satan, der uns mit seinen Ideen und Vernünfteleien und damit, dass er unser Begehren ins Riesenhafte übersteigert, in Unruhe versetzt. Sünden, von denen wir dachten sie längst abgelegt zu haben, blühen unerwartet wieder auf. Wie ein Mann gesagt hat: »Jetzt kommt der Teufel und sammelt für die Sünden, die ich in meiner Jugend begangen habe.«

Was will die Schlange von uns, von mir, von Ihnen? Kurz gesagt, sie will uns veranlassen zu sündigen, damit unsere Gemeinschaft mit Gott unterbrochen wird. Sie will, dass wir Gottes Autorität zurückweisen, wie sie selbst es tat, damit wir sein Schicksal teilen möchten. Er zürnt gegen Gott und ist besonders darüber verärgert, dass am Ende ein Teil der menschlichen Rasse erlöst sein wird. Wir sind die Zielscheibe seiner Wut und seiner unbarmherzigen Angriffe. All das soll sein verzehrendes Begehren begünstigen: Anerkennung und Verehrung. Er will, dass wir ihm ähnlich seien.

Er weiß, dass er uns wenn wir Gläubige sind, nicht von der Liebe Gottes fernhalten kann, und dass unsere Seelen auf ewig sicher sind, da wir Gottes Kinder sind. Das äußerste, was er tun kann ist, unsere Gemeinschaft mit Gott zu unterbrechen; er will uns mit Sünde verseuchen, so dass uns Gott verdunkelt wird. Er streckt sich danach zu beweisen, dass unsere Loyalität gegenüber Gott Heuchelei ist und auf eigennützigen Motiven beruht. Wenn er uns schon nicht vom Himmel fernhalten kann, kann er mindestens unsere Nützlichkeit auf der Erde zunichtemachen.

Was er wirklich zu gern erreichen will, ist zu beweisen, dass er unsere tiefsten Bedürfnisse mit größerem Erfolg befriedigen kann als Gott. Wenn wir ihm folgen - so lautet seine Argumentation - haben wir größere Möglichkeiten, größere Erfüllung und größeres Glück. Dann wird er für uns tun, was Gott nicht tun kann. Wir brauchen uns nicht zu demütigen, um gesegnet zu werden. Es gibt keine Notwendigkeit zum Sündenbekenntnis, keine Notwendigkeit zur Unterwerfung unter den Allmächtigen. Was wir wirklich brauchen, ist egozentrisch zu sein, selbstbewegt und selbstgetrieben. Das, so zischt uns die Schlange zu, ist es, was das Leben wirklich ausmacht.

Georg Müller, der zahlreiche Waisenhäuser errichtet hat, ohne um Geld zu betteln, verbrachte jeden Tag manche Stunde im Gebet. Er sagte, es sei die erste Pflicht eines jeden Christen, seine Seele in Übereinstimmung mit Gott zu bringen. So las Müller jeden Morgen in der Bibel und verbrachte Zeit im Gebet, bis seine Seele »in Gott frohlockte«, wie er es ausdrückte. Das ist das Glück, das Satan zu sabotieren versucht. Was er am meisten fürchtet, sind Christen, die Gott als herrlich kennengelernt haben. Er hat nichts, was damit konkurrieren könnte.

Die Frage, wer Herr war, bedurfte einer Demonstration.

Seine Hauptmethode besteht darin, die Sünde vor unseren Augen schön zu machen. Er will nicht, dass wir uns vor Ungehorsam fürchten, sondern dass wir unser Vertrauen in die Fähigkeit entwickeln, die Sünde und ihre Folgen unter Kontrolle zu halten. Sünden aller Art und Größe werden uns in der anziehendsten Verpackung vor die Augen gehalten. Da ist für jedermann etwas dabei. Er erklärt aber nicht das Gesetz der unerwarteten Folgen.

Natürlich liegt Gottes Absicht auch darin, uns zu prüfen. Er *versucht* uns nicht, um uns zum Bösen zu verlocken (Jak 1,13), aber er *prüft* uns und gibt uns damit die Möglichkeit zu zeigen, wie sehr wir ihn lieben. Jede Versuchung, die uns Satan in den Weg legt, verwandelt sich zu einer Prüfung unserer Treue zu Gott. Wer Ford-Fahrzeuge mag, will sie getestet sehen, um ihre Zuverlässigkeit zu beweisen; wer Ford-Fahrzeuge hasst, will sie getestet sehen, um ihre Mangelhaftigkeit zu beweisen. Gleicher Test - unterschiedliche Ziele.

Gottes Absicht, so erfahren wir, ist unsere Veredelung, Stärkung und Besserung. Aber solange wir das nicht wissen, kann Versuchung uns zum Ruin führen, zu einem verwüsteten Leben, zur Knechtschaft der Sünde. Was Gott an uns gebrauchen kann, um ein Maximum des Guten zu erzielen, das kann sich für uns, wenn wir nicht aufpassen, zum größtmöglichen Schaden verwandeln. Die Wetten in dieser Auseinandersetzung stehen hoch.

Wir wollen einen Spaziergang in die judäische Wüste unternehmen und die Auseinandersetzung zwischen der Schlange und Christus verfolgen. Hier sehen wir eine klassische Schlacht, und wir können aus dem Ergebnis lernen.

Wir müssen die Bedeutung des ersten Verses erfassen: »Dann wurde Jesus von dem Geist in die Wüste hinaufgeführt, um von dem Teufel versucht zu werden« (Mt 4,1). Viele meinen, Christus habe sich in die Wüste zurückgezogen, um ein Versteck zu finden, aber ach, der Teufel fand ihn doch! Das Gegenteil ist der Fall. Christus wurde von dem Heiligen Geist in die Wildnis getrieben, um dort mit dem Teufel konfrontiert zu werden! Vor tausenden von Jahren hatte Christus die Prahlereien des Teufels vernommen, und nun bedurfte die Frage, wer Herr war, einer Demonstration. Christus war durch den Willen Gottes in der Wüste; durch den Willen Gottes kämpfte er gegen Satan. Und - es sei gedankt - durch den Willen Gottes siegte er.

Gott führte Christus dahin, von dem Teufel versucht zu werden, um ihn zu *prüfen*; es sollte bewiesen werden, dass er »ganz Weizen« ist. Besonders wollte Gott beweisen, dass Christus in der Arena der Versuchung siegen würde, wo Adam versagt hatte. Satan versuchte seinerseits, die Prüfung in eine Versuchung zu verwandeln, um Christus womöglich von seinem Vater abzusondern. Es war Satans Plan, Christus dahin zu bringen, zu tun was Satan selbst vor Zeitaltern getan hatte. Er wollte Christus als Heiland disqualifizieren und zu diesem Zweck auch als geliebten Sohn Gottes.

Vor Luzifers Fall mögen er und Christus in den himmlischen Herrlichkeiten oft zusammengetroffen sein. Nachdem Luzifer in Sünde gefallen war, war es ihm jedoch nicht möglich, Christus in den Himmeln zu versuchen. Nun aber, da »das Wort Fleisch geworden« war, meinte Satan, der Menschlichkeit des Christus einen Schlag versetzen zu können. Obwohl Christus als Gott nicht sündigen konnte, wäre es möglich, dass er als Mensch sündigte (wenigstens muss Satan so etwas gedacht haben). So versuchte Satan voller Verwegenheit etwas, wovon er höchstwahrscheinlich wusste, dass es unmöglich war. *Er versuchte, über den Christus zu triumphieren, der ihn geschaffen hatte!*

Christus war gerade im Jordanfluss getauft worden; soeben hatte er in den Himmel geschaut. Nun sollte er auch noch in die Hölle blicken. Jemand hat gesagt: Soeben hatte er die Taube gesehen, nun musste er dem Teufel ins Angesicht blicken. Der Teufel schlug zu, und seine Schläge folgten den großen geistlichen Erfahrungen Christi auf dem Fuße.

DIE STRATEGIE

Dass Christus »in allem in gleicher Weise [wie wir] versucht worden ist,« ist uns bekannt (Hebr 4,15). Das soll nicht heißen, er sei versucht worden, in einem Hotelzimmer am Fernseher erotische Filme anzusehen oder seine Einkommensteuererklärung zu frisieren. Es bedeutet vielmehr, dass er auf jede Weise versucht wurde, die auch Sie und ich erfahren haben: »die Lust des Fleisches und die Lust der Augen und der Hochmut des Lebens« (1Jo 2,16). Wenn wir diese Passage durchgehen, werden wir in der Lage sein uns an jedem Punkt mit Christus zu identifizieren, weil er sich so tiefgreifend mit uns einsgemacht hat.

Erster Versuch: Abkehr vom Willen Gottes

»Wenn du Gottes Sohn bist, so sprich, dass diese Steine Brote werden« (Mt 4,1). Das Wort *wenn* sollte besser durch »*da*« übersetzt werden. Satan ist rechtgläubig in seinem Verständnis darüber, wer Christus ist. Er wusste, der Christus war der Sohn Gottes. Die Theologie des Widersachers über die Inspiration der Bibel, über die Existenz Gottes, über die Person des Christus ist richtiger als die der liberalen Theologen, die diese Wahrheiten leugnen. Der Teufel glaubt und zittert, und doch setzt er seinen Aufstand fort. Es ist ihm nie leicht gefallen, nach dem zu handeln, was er weiß.

Steine in Brot zu verwandeln, war dem Christus nicht nur möglich, es war die Art Wunder, die er später vollbrachte. In wenigen Monaten würde er an den Gestaden Galiläas stehen, fünf Laibe Brot und zwei Fische in seiner Hand, und mit ihnen eine große Menschenmenge sättigen. Christus begegnete voller Mitleid den Nöten anderer Menschen; es würde nicht falsch für ihn gewesen sein, seine eigenen Bedürfnisse zu befriedigen.

Ausgenommen dies: Es war noch nicht die Zeit für ihn gekommen, zu essen. Er und sein Vater hatten scheinbar festgelegt, wann das Fasten des Sohnes beendet sein sollte. Jetzt ein Wunder zu bewirken, hätte sich nicht mit dem göttlichen Plan vertragen. Wie stets suchte Satan nach einem an sich legitimen Bedürfnis und forderte Christus auf, es auf nicht erlaubte Weise zu befriedigen. Der Zweck dieser Versuchung war, zu zeigen, dass die Bedürfnisse des Leibes wichtiger seien als die der Seele. Das Heute ist wichtiger als das Morgen. Wünsche, nicht Pflichten. Macht, nicht Armut.

Hier kommen wir zu den Feinheiten der Versuchung. Wäre das, was er uns anbietet, von Grund auf böse, dann könnten wir viel leichter widerstehen. Wir finden seine Versuchungen gerade deshalb so verlockend, weil das Festmahl, das auf dem Weg vor uns ausgebreitet wird, so gut aussieht, und es sieht deshalb gut aus, weil es gut *ist* - zur rechten Zeit am rechten Ort.

Denken wir an die sexuelle Versuchung, die so reizvoll ist, weil es so berechtigt scheint, dass unsere Bedürfnisse befriedigt werden sollten. In der Tat haben Hedonisten aller Zeitalter so argumentiert: »Wenn ich Nahrung begehre, so esse ich; wenn ich Sex wünsche, dann finde ich einen Partner, um es mit ihm zu treiben.« So werden die Begierden des Körpers, die nach Erfüllung rufen, fern vom Willen Gottes eigenmächtig befriedigt.

Sei es nun Sex, Nahrung oder Vergnügen, Gott hat die Regeln vorgeschrieben. Er tat es, weil er uns befriedigt sehen möchte, nicht frustriert. Unsere Herausforderung liegt darin, zu glauben, dass sein Weg der beste ist auch dann, wenn es oberflächlich betrachtet, nicht so zu sein scheint. Die Anforderung an uns deckt sich mit der Evas: zu glauben, dass auch ein guter Baum giftig wird, wenn Gott ihn verboten hat.

Christus erkannte die Versuchung als das, was sie war. Obwohl er vom Hunger getrieben wurde, erwiderte er: »Es steht geschrieben: Nicht von Brot allein soll der Mensch leben, sondern von jedem Wort, das durch den Mund Gottes ausgeht« (Mt 4,4). Das Brot, das die Seele befriedigt, ist wichtiger als jenes, das den Leib sättigt. Christus sprach damit eine höhere Autorität und ein höheres Ziel an. Kommt ihm der Teufel mit dem Irrtum, wird Christus ihn mit der Wahrheit bekämpfen.

Der Teufel erntete nicht den *Un*gehorsam, den er wünschte; Gott der Vater aber erhielt den *Gehorsam*, den er suchte! So erkennen wir das Ziel der Versuchung: Sie soll uns eine kraftvolle Möglichkeit bieten, unsere Treue unter Beweis zu stellen; zu zeigen: Wir glauben, dass Gottes Weg der beste ist - auch wenn wir es nicht immer so empfinden.

Zweiter Versuch: Abkehr vom Wort Gottes

Die zweite Versuchung ist heikler.

Christus zitiert die Heilige Schrift - nun, das kann der Teufel auch! In einer eindrucksvollen Machtdemonstration hebt Satan Christus auf und stellt ihn auf den höchsten Punkt des Tempels: »Darauf nimmt der Teufel ihn mit in die heilige Stadt und stellt ihn auf die Zinne des Tempels« (Mt 4,5). Natürlich konnte der Teufel das nicht tun, ohne dass Christus es ihm zugebilligt hätte. Ob mit der Zinne der First des Tempeldaches gemeint war oder eine der Mauerkronen, die über dem Kidrontal aufragten, wissen wir nicht. Klar ist aber, dass Christus wirklich durch dämonische Macht an diesen Ort gebracht wurde.

»Wenn du Gottes Sohn bist, so wirf dich hinab; denn es steht geschrieben: ›Er wird seinen Engeln über dir befehlen, und sie werden dich auf den Händen tragen, damit du nicht etwa deinen Fuß an einen Stein stößt‹« (Mt 4,6). Ganz recht, was Satan hier sagt, steht genau so in Psalm 91,11-12. Hier zitiert der Teufel, ohne ein Exemplar der Bibel in der Hand zu halten, Verse der Heiligen Schrift, als ob er glaube!

Einige Autoren geben sich Mühe herauszustellen, dass der Teufel einen entscheidenden Teil des Textes nicht mitzitiert habe. Der vollständige Vers lautet: »Denn er bietet seine Engel für dich auf, dich zu bewahren auf allen deinen Wegen« (Ps 91,11). Der Teufel lässt die Worte »auf allen deinen Wegen« aus. Er umgeht damit die Wahrheit, dass Gott uns nur dann hält, wenn wir seinem Willen folgen und den Wegen, die er uns bestimmt hat.

Andere bestehen darauf, dass durch die Auslassung die Bedeutung des Verses nicht wesentlich verändert werde. Ihrer Ansicht nach hat der Teufel den Kern des Textes scheinbar wahrheitsgemäß wiedergegeben. Der Punkt ist aber, dass er die Bibel zitiert - und er tut es, um Christus zur Sünde zu verleiten!

Wir wollen diesen Punkt nicht übersehen. Der Teufel zitiert die Bibel aus widergöttlichen Motiven. Indem er die Heilige Schrift benutzt, will er Christus die Möglichkeit nehmen, seinerseits die Bibel gegen ihn zu verwenden. Er wollte Christus das Schwert des Geistes entreißen und seinen eigenen finsteren Zielen dienstbar machen. Er benutzt das Wort Gottes, das uns doch vor der Sünde bewahren soll, um Christus zu einer Sünde zu verleiten. Er tut es, indem er eine Bibelstelle gegen eine andere ausspielt, anstatt Bibelstellen nebeneinanderzustellen. *Er möchte, dass wir uns für die Sünde entscheiden, und das, während er auf einen Vers in einer aufgeschlagenen Bibel zeigt.*

Die Vorstellung, dass Satan immer nur böse Dinge sagt, ist einfach nicht wahr. Er kann Gottes Wort zitieren und sogar predigen. Er wird so eng an der Wahrheit bleiben, wie er nur kann, um zu täuschen, zu manipulieren und seinen Opfern religiöse Fallen zu stellen. Einige seiner Lügen kommen der Wahrheit sogar gefährlich nahe.

Ich habe einen Mann getroffen, der von einer hörbaren Stimme ermutigt worden war, zur Kirche zu gehen und barmherzig zu sein. Er nahm an, dass dies die Stimme Christi gewesen sei, weil die empfangene Botschaft positiv und aufrichtend war. Aber auch Dämonen versprühen guten Rat. Sie sprechen von Einheit, zitieren bröckchenweise die Heilige Schrift und ermutigen zu guten Werken. All dies aber tun sie, um ihre arglosen Opfer unter ihre Kontrolle zu bringen.

Man glaube nicht einen Augenblick, Satan habe hier versucht, Christus zur Bibel als Grundlage seiner Entscheidungen zurückzuführen. Es war vielmehr ein wohlüberlegter Missbrauch von Gottes Wort, damit Christus verleitet würde, das Wort zu ignorieren. Mit diesem Vers wurde niemals die Absicht verfolgt, dass wir ermutigt würden, mit der Gefahr zu liebäugeln, damit wir die Glaubwürdigkeit Gottes prüfen könnten. Von der Gefahr überrascht zu werden ist eine Sache; sie zu suchen, um als Held dastehen zu können, ist eine andere.

Spring nur, Gott wird dich auffangen!

Ich habe im Fernsehen Prediger gesehen, die behaupteten, Gott werde Menschen reich machen, wenn sie ihnen Geld schickten. Kranke würden geheilt werden, wenn sie eines seiner Gebetsgewänder besäßen. Und wenn sie eine seiner Veranstaltungen besuchten, würden sie ein Jahr lang gesegnet werden. Teuflische Vermessenheit.

Wir können dem Teufel immer dann in die Falle gehen, wenn wir Gottes Wort missdeuten und verlangen, dass er uns gewährt was er nicht versprochen hat. Wir können der Vermessenheit anheimfallen, wenn wir uns weigern, in unseren Entscheidungen Gott zu gehorchen und meinen, dass wir schon selber wüssten, was das Beste für uns ist. Wir können behaupten, uns nach Gottes Wort zu richten, und es dabei außer Kraft setzen.

Christus antwortete seinerseits mit einem Bibelvers: »Wiederum steht geschrieben: ›Du sollst den Herrn, deinen Gott, nicht versuchen‹« (Mt 4,7). Christus brauchte Gott nicht zu »prüfen«, wie es der Teufel von ihm erwartete. Unser Herr wusste, dass Gott seine Versprechen treu hält, wenn sie richtig gedeutet werden. Er ging nicht in des Teufels Falle, einen Bibelvers zu benutzen, um anderen den Sinn zu nehmen. Wiederum wandte er sich zu Gottes Wort, an seine Autorität und seine Kraft.

Der Glaube, mit dem Christus Gott verherrlichte, war derselbe Glaube, durch den der Teufel besiegt wurde. Bis hierher hatte Christus zwei von zwei Gelegenheiten für sich entschieden. Und doch war der Teufel noch nicht geschlagen.

Dritter Versuch: Abkehr vom Kreuz

»Wiederum nimmt der Teufel ihn mit auf einen sehr hohen Berg und zeigt ihm alle Reiche der Welt und ihre Herrlichkeit und spricht zu ihm: Dies alles will ich dir geben, wenn du niederfallen und mich anbeten willst« (Mt 4,8-9). Noch einmal wird Christus durch die Macht des Teufels fortbewegt, diesmal auf den Gipfel eines sehr hohen Berges. Der Teufel zeigte ihm alle Reiche dieser Welt - das kaiserliche Rom mit seinen Palästen, das antike Griechenland mit seiner Kunst und Ägypten mit seinen Pyramiden. All dies und noch viel mehr konnte Christus gehören als Gegenleistung für einen einzigen einfachen Akt der Anbetung.

Satan, der wusste, dass Christus eines Tages die Welt beherrschen werde, offerierte ihm eine Abkürzung zu dieser Herrschaft. Wenn er das Kreuz umgehen würde, konnte er mit weniger Leiden die Krone erlangen. So bietet der »Gott dieser

Welt« dem Gott des Himmels das eigene Reich an. Der Thronräuber versucht, mit dem Eigentümer einen Handel abzuschließen.

Die Theologen sind uneins in der Frage, ob der Teufel das Recht hatte, Christus dieses Angebot zu machen. Einige betonen nachdrücklich, dass die Welt Gott gehört und dass der Teufel nur vorgibt, sie zu besitzen. Es war nicht an ihm, sie wegzugeben. Seine Eigentumsurkunde für den Planeten Erde ist eine Fälschung.

Andere erinnern uns daran, dass Gott zwar der Eigentümer der Welt ist und auch von allem, was in der Welt ist, dass er aber die Führerschaft der Welt an Satan delegiert hat. Gott übergab sie seinen Händen, und vielleicht dachte Satan, er habe das Recht, sie »wegzugeben«. Wie dem auch sei - Christus stellte sein Recht nicht infrage, dieses Angebot zu machen.

Dieses Angebot war kühn, geradezu atemberaubend. Luzifer, jetzt Satan, der einmal Christus im Himmel anbetete, versuchte jetzt diesen Christus zu bewegen, ihn auf der Erde anzubeten. Er wusste, dass Christus der rechtmäßige König des Himmels und der Erde war. Er konnte sich erinnern, wie oft sie sich begegnet waren; das waren weit zurückliegende Zeitalter gewesen. Nun aber wollte er den Spieß umdrehen. Nach einem Augenblick der Herrlichkeit dürstend, machte der Böse das Spiel. Im günstigsten Fall würde Christus als Mensch das Spiel mitspielen; schlimmstenfalls musste der Arge eine erneute Niederlage zugeben.

Nun können wir auch besser verstehen, weshalb Christus Petrus schalt, als der Apostel vorschlug, Christus solle nicht nach Jerusalem gehen. Petrus muss überaus bestürzt gewesen sein, Christus sagen zu hören: »Geh hinter mich, Satan! Du bist mir ein Ärgernis, denn du sinnst nicht auf das, was Gottes, sondern auf das, was der Menschen ist« (Mt 16,23). Natürlich machte sich Petrus nicht klar, dass er mit seinem Vorschlag sein eigenes Verderben besiegelte, weil er Christus ja ermutigte, die österliche Auferstehung aus der Geschichte zu streichen. Wäre Christus aber nicht getötet worden, dann wäre Petrus zusammen mit allen anderen und somit auch mit uns verloren gewesen.

Aber Christus wich nicht vom Willen Gottes ab. Hier in der Wüste antwortete er: »Geh hinweg, Satan! Denn es steht geschrieben: ›Du sollst den Herrn, deinen Gott, anbeten und ihm allein dienen‹« (Mt 4,10). Und so blieb Satans stärkstes Begehren unerfüllt. Er wusste: Wäre er angebetet worden, dann hätte ihm gehorcht werden müssen. Da er aber nicht angebetet wurde, konnte er nur weitermachen, als wäre es doch geschehen. Er würde sich immer mit der Phantasie anstatt mit dem wirklichen Ereignis zufriedengeben müssen.

Heute kann Satan Christus nicht mehr versuchen, das Kreuz zu meiden, aber er kann uns verführen es herabzusetzen. Wir können es dadurch mindern, dass wir meinen, wir müssten irgendeine Buße vollbringen, um Vergebung zu erlangen. Oft tragen wir unsere Schuld selbst, weil wir vergessen, dass Christus für alle unsere Sünden gestorben ist.

Oder wir mindern das Kreuz Christi, indem wir meinen eine Sünde begangen zu haben, die zu groß sei als dass Gott sie vergeben könne. So meinen viele, sie hätten die »unvergebbare Sünde« begangen. Dabei machen sie sich nicht klar: Wenn es wirklich so wäre, dann würde es sie nicht beunruhigen.

Wir können das Kreuz Christi auch dadurch verharmlosen, dass wir meinen, die Lösung der Probleme in unserem Staat liege in der Politik oder in ethischen Reformen und nicht in der Kraft des Kreuzes. Sie ist Gottes einziger Weg, Menschen mit sich zu versöhnen.

Immer, wenn wir das Kreuz herabmindern, hat Satan seine Berufung erfüllt. Er will uns glauben machen, dass es eine Krone ohne Kreuz geben könne; Rettung ohne den Stellvertreter. So dauert der Konflikt zwischen dem Willen Gottes und den »Reichen der Welt« auch heute noch an.

Christus bestand seine Prüfung, der Teufel fiel durch. Gott wurde geehrt, weil Christus entschieden erklärte, er werde das Reich auf des Vaters Weise erlangen. Satan wurde entehrt, einmal mehr darauf beschränkt die Rolle eines Verlierers zu spielen. Engel kamen und dienten Christus. Für dieses Mal war die Schlacht geschlagen, aber wie wir wissen, würde der Teufel nach einer gewissen Zeit zurückkehren (Lk 4,13).

Christi Sieg heute

Heute treffen sich Satan und Christus nicht mehr in der Wüste von Judäa. Christus sitzt als Haupt der Gemeinde zur Rechten Gottes des Vaters im Himmel. In seinem Besitz befindet sich »der Schlüssel Davids«. Er beschreibt sich selbst als »der Heilige, der Wahrhaftige, der den Schlüssel Davids hat, der öffnet, und niemand wird schließen, und schließt, und niemand wird öffnen« (Offb 3,7). Ein Schlüssel steht für Autorität. In seinem Fall ist es fraglos königliche Autorität.

Die Hausmeister unserer Gemeinde in Chicago geben verschiedene Schlüssel an verschiedene Mitarbeiter aus. Einige Schlüssel öffnen einfach nur die Haustür des Gebäudes, andere öffnen auch den Bürotrakt. Dann ist da ein weiterer Schlüssel, mit dem man ins Haus und in den Bürotrakt gelangt und auch in ein besonderes Büro. Schließlich gibt es da noch den Hauptschlüssel, der jede Tür des Gebäudekomplexes öffnet, einschließlich aller Kammern und Lagerräume.

Christus hat den Hauptschlüssel des Universums. Ihm ist keine Kammer auf dem Planeten Erde verschlossen. Wir ehren ihn wahrlich nicht, wenn wir sagen, es gebe Länder die »dem Evangelium verschlossen« seien. Wenn wir meinen, es gebe irgendwelche Widerstandsnester, die das Evangelium nicht überwinden kann, vermindern wir Christi Autorität in der Welt. Er hat den Schlüssel zu jeder Familie und zu jedem Herzen. Er hat auch den Schlüssel zu unseren Leiden und zu unseren Kämpfen mit dem Teufel.

Eines Tages erzählte mir ein Minister von einer Stadt, die er »die Hauptstadt des Okkultismus im Mittelwesten« nannte. Er sagte, dort gebe es mehr Hexensabbate, satanische Rituale und Menschen unter dämonischem Einfluss pro Kopf der Bevölkerung als irgendwo sonst. Seine Gemeinde mühte sich redlich, wie er sagte, doch die Gegend sei »ein Pastorenfriedhof«. Brandstifter versuchten, das Gemeindegebäude niederzubrennen, und die Gemeindemitglieder wurden terrorisiert.

Ich kann den Widerstand einschätzen, der ihm entgegengebracht wurde, aber ich habe eine gute Nachricht für ihn. Ich weiß von einer Gemeinde in allernächster Nähe zu einem Ort voller satanisch beeinflusster Götzendiener, und doch blüht die Gemeinde durch das direkte Eingreifen Christi. Das war die Gemeinde in Philadelphia, gelegen an der Mittelmeerküste Kleinasiens.

Weil er den Schlüssel Davids hat, konnte Christus zu dieser Gemeinde sagen: »Siehe, ich habe eine geöffnete Tür vor dir gegeben, die niemand schließen kann ... Siehe, ich übergebe [dir] aus der Synagoge des Satans von denen, die sich Juden nennen und es nicht sind, sondern lügen; siehe, ich werde sie dahin bringen, dass sie kommen und sich niederwerfen vor deinen Füßen und erkennen, dass ich dich geliebt habe« (Offb 3,8-9). Wir mögen versucht sein zu meinen, Satan habe den Schlüssel zu dieser Synagoge; jedenfalls wurde sie von seiner Autorität und Macht beherrscht. Aber Christus kann den Bösen außer Kraft setzen und der Gemeinde zusichern, dass diese Juden zum Glauben kommen werden. Die Gefolgsleute Satans werden zu Nachfolgern Christi.

Satans Schlüssel zu dieser Synagoge wird ihn geradesoweit bringen. Christus hat den Hauptschlüssel. Besser noch - Satan gibt nur vor, den Schlüssel zu haben. Er täuscht andere, dass sie denken, er sei derjenige, der Türen schließen oder sie öffnen kann. Tatsache ist, er kann weder das eine noch das andere; er kann eine Tür weder öffnen noch schließen, ohne dass Christus es so will. So kann Christus, unser Herr, sagen, er habe eine Tür geöffnet, die niemand schließen kann und er werde »aus der Synagoge des Satans von denen, die sich Juden nennen ... dahin bringen, dass sie kommen und sich niederwerfen vor deinen Füßen«. Satans Zugriff ist abgezogen, und alles was er tun kann, ist heulen, während Christus siegt.

Christus allein hat den Schlüssel zu Himmel und Hölle, den Schlüssel zu Marokko und Japan, den Schlüssel zu Deutschland und Frankreich. Christus allein hat den Schlüssel zur »Hauptstadt des Okkultismus im Mittelwesten«. Und wenn Christus eine Tür zu öffnen wünscht, kann niemand sie schließen, und wenn er sich entscheidet, eine Tür zu verschließen, kann niemand sie öffnen! Manchmal - Paulus wusste das - öffnet Christus eine Tür, aber er hinterlässt viele Widersacher (1Kor 16,9). Doch er wusste ebenso dass, wenn Satan persönlich mit einem jeden seiner wütenden Dämonen erschiene, sich die ganze Truppe demütig dem unterwerfen müsste, der den Schlüssel zum Universum in seinen Händen hält.

Wenn eine Tür geschlossen ist, dann lasst uns kühn behaupten, dass Christus sie aus Gründen geschlossen haben will, die uns unbekannt sind. Lasst uns aber mit der gleichen Kühnheit behaupten, dass es keine Tür gibt, die Christus nicht öffnen kann. Als Paulus im Gefängnis war, ermutigte er die Gläubigen zu Kolossä, für ihn zu beten, »Betet zugleich auch für uns, dass Gott uns eine Tür des Wortes auftue, das Geheimnis des Christus zu reden, dessentwegen ich auch gebunden bin« (Kol 4,3). Oft werden uns verschlossene Türen gegeben, damit unser Glaube und unsere Beharrlichkeit sich bewähren können. Es hätte aber wenig Sinn zu beten und ihre Öffnung anzustreben, wenn Satan die Macht hätte, sie geschlossen zu halten. Und so fragen wir nun: Was will der Teufel eigentlich von uns?

Und was will Gott in unserem Leben geschehen sehen?

Satans Ziele - Gottes Ziele

Auch wir haben unsere Wüste. Jakobus schreibt, dass wir versucht werden, wenn wir von unserer eigenen Lust fortgezogen und gelockt werden. Dann fügt er hinzu: »Danach, wenn die Lust empfangen hat, gebiert sie Sünde; die Sünde aber, wenn sie vollendet ist, gebiert den Tod« (Jak 1,15). Unsere größte Herausforderung besteht darin, das zu tun, wovon wir wissen, dass es richtig ist - zu glauben, dass Sünde wirklich so schlimm ist wie Gott sagt, und dass Satan mit all seiner Verführungsmacht uns am Ende enttäuschen wird.

Was will Satan?

Dämonische Versuchungen nehmen manchmal eine extreme Form an. Jedermann, der über das Thema »Satan« geschrieben oder gesprochen hat, sind herzerweichende Geschichten von jenen erzählt worden, die von unserem Feind attackiert wurden. Weil er uns so gut kennt, sind auch seine Angriffe gegen uns genau auf unsere Person abgestimmt. Er nutzt unsere Schwächen aus und lässt nicht ab mit seinen Vorstellungen. Manche werden von dämonischen Qualen terrorisiert.

Dies ist nicht der Ort, eine Detailanalyse dieser Nöte zu versuchen. Aber einige Tatsachen sind doch offensichtlich.

Erstens: Satan will uns von Gott abwenden. Er will uns glauben machen, dass Gott entweder unfähig ist, unseren Nöten zu begegnen, oder dass ihn unsere schlimme Lage nicht interessiert. Satan ist ein Dieb, und so kommt er herbei, um uns die Freude zu stehlen.

Zweitens: Satan will herrschen; er will die Kontrolle über unser Leben zurückerlangen. Würden wir seinen Vorschlägen folgen, dann erführen wir noch stärkeren Druck, unseren Ungehorsam zur logischen Schlussfolgerung nachzuverfolgen. Die Schlange will unser Begleiter auf dem Weg durchs Leben werden. Satan lässt einen Richtungswechsel für unser Leben unmöglich erscheinen. Verzweiflung ist des Teufels nachhaltigste Waffe.

Drittens, und das gehört immer dazu: Satan möchte gern unser Zeugnis in Verruf bringen. Er möchte, dass wir Gottes Unfähigkeit bezeugen, für seine eigenen Kinder zu sorgen. Als David Mord und Ehebruch beging, da sagte der Herr, die Nachricht von dem, was er getan hatte, habe »den Feinden des HERRN durch diese Sache Anlass zur Lästerung gegeben« (2Sam 12,14). Die Kinder Gottes sind Satans begehrteste Trophäe. Er weiß, dass Gott sie für immer bei sich im Himmel haben wird. Seine einzige Möglichkeit, sie zu terrorisieren, ist hier und jetzt. Er ist ein Verkläger, der uns gern in Verruf bringen würde.

Der letzte Schritt: Natürlich wünscht Satan, dass wir uns von ihm erbitten, was Gott scheinbar nicht zu tun willens ist. Wenn wir in eine enge Ecke gedrängt sind und kein Ende unserer Leiden abzusehen ist, dann sind wir am ehesten geneigt, uns von Gott abzuwenden.

Satan versucht selbstverständlich, uns mürbe zu machen, damit wir verzweifelt zusammenbrechen. Der Hoffnungslosigkeit nahe - wächst unser Zorn auf Gott, weil wir unablässig kämpfen müssen. Da wir diese Schlachten ohne Glauben nicht gewinnen können, sucht uns der Feind zu schwächen. Wir sollen fühlen, dass unsere Leiden den Kampf nicht wert seien. Verzweiflung treibt den Glauben aus unseren Herzen aus.

Soviel zu dem, was er von uns will!

Was will Gott?

Es gibt keine einfache Antwort auf diese Frage für jene, die von Satan terrorisiert werden. Aber es gibt eine Antwort. Zuerst müssen wir jedoch versuchen zu bedenken, was nach dem Willen Gottes inmitten des Konflikts geschehen soll.

Wenn Satan uns *aufreiben* will, will uns Gott *reinigen*. Gott will, dass wir unsere Loyalität für ihn deutlich machen. Wir können nicht sagen, dass wir Gott lieben mit ganzem Verstand, ganzem Herzen und ganzer Seele, bevor wir nicht bereit sind, um seinetwillen einige schwierige Entscheidungen zu treffen. Wir können unsere Liebe zu Gott nur beweisen, indem wir *Ja!* zu ihm sagen, während alle Leidenschaften unseres Leibes und unserer Seele schreien: *Nein!*

Gott wird auch verherrlicht, wenn wir glauben, dass die Wahrheit seines Wortes stärker ist als der Irrtum der Lügen Satans. Gott sucht solche, die ihm wirklich glauben wenn er sagt, dass in ihm größeres Glück gefunden wird als es in der Welt zu finden gibt. *Gesegnet der Mensch, der an Gott glaubt - ungeachtet der Tatsache, dass jeder Zentimeter bestritten wird.*

Gottes zweites Ziel besteht darin, sich uns zu offenbaren, in neuer Liebe und mit neuem Verständnis zu uns zu kommen. Wenn wir mit dem Teufel gekämpft und gewonnen haben, dann dürfen wir erwarten, dass Gott uns froh macht. Gott will, dass wir von seiner Größe und Herrlichkeit überzeugt sind, so dass wir Satan niemals wieder die Macht zugestehen, die er über uns auszuüben wünscht.

Abraham sah sich der schauderhaftesten Versuchung der ganzen Geschichte gegenüber, als von ihm gefordert wurde, Isaak auf dem Altar zu opfern. Wir wissen, dass Abraham diese Prüfung bestand. Er glaubte sogar, dass Gott nötigenfalls aus den Toten auferwecken werde, damit Gottes Verheißungen erfüllt würden. Als er den Berg verließ - er sei gesegnet -, kennzeichnete er die Stelle, indem er sie »Jahwe-jireh« nannte, »Der Herr wird sorgen«. Man stelle sich die erfrischenden Gedanken über Gott vor, die seine Seele durchfluteten. Von da an betete er anders an, diente anders und starb später anders. Der Abraham, der von dem Berg herabstieg war ein anderer Mann als der Abraham, der auf den Berg hinaufgestiegen war. Er war durch die Versuchung verwandelt, weil er sie mit Erfolg ertrug.

Wir sollten nicht übersehen, was Gott sagen möchte. Als Paulus im Brief an die Epheser schrieb, dass wir bei allem »den Schild des Glaubens, mit dem ihr alle feurigen Pfeile des Bösen auslöschen könnt« ergreifen sollen (Eph 6,16), da wusste er, dass dies ein Teil der Waffenrüstung ist, ohne das wir einfach nicht leben können. Scheinbar sind die Schilde in diesen Tagen abgeschrägt, das heißt, mit einer Kante versehen, die es gestattet, sie zusammenzufügen. So scheint es, wenn die Armee in die Schlacht zieht, als marschiere eine lange Mauer auf das Lager des Feindes zu.

Es gibt Kämpfe, die können wir alleine nicht ausfechten. Deshalb schrieb Paulus: »Das Auge kann nicht zur Hand sagen: Ich brauche dich nicht; oder wieder das Haupt zu den Füßen: Ich brauche euch nicht« (1Kor 12,21). Es gibt Zeiten, wo sich der Leib Christi hinter einem seiner schwächsten Glieder zusammenscharen muss. Wenn Satan zermürben will, muss der Leib in Fürbitte zusammenstehen, im Dienst des Wortes und in der Seelsorge.

Wir müssen denen beistehen, die von der Schlacht erschöpft sind. Wenn wir nicht für uns selbst beten können, müssen wir andere haben, die für uns beten. Gott ist treu, nicht nur, wenn wir siegen, sondern auch, wenn wir kämpfen und es keinen andauernden Sieg gibt. Wenn wir uns daran erinnern, dass der Teufel unter Gottes Oberaufsicht steht, dann werden wir glauben, dass Gott mit der Vertiefung unseres Wandels mit ihm ein Ziel verfolgt - auch im Getümmel der Schlacht.

Es spielt keine Rolle, welche Motive Satan antreiben. Gottes Ziel mit seinen Kindern ist immer gütig. Wir brauchen nicht eine sofortige Befreiung vor Augen zu haben, damit Gott verherrlicht werden kann. Wir brauchen nur ein Ja dazu, dass uns nie mehr auferlegt wird, als wir tragen können. Wir müssen einfach nur wissen, dass wir auch im Leid unter Gottes treuer Fürsorge stehen.

Allen, die unter Satans fortgesetzten Angriffen leiden, müssen wir sagen: »Keine Versuchung hat euch ergriffen als nur eine menschliche; Gott aber ist treu, der nicht zulassen wird, dass ihr über euer Vermögen versucht werdet, sondern mit der Versuchung auch den Ausgang schaffen wird, so dass ihr sie ertragen könnt« (1Kor 10,13). Irgendein anderer erträgt irgendwo dieselbe Anfechtung, in der wir gerade stehen, und er ist siegreich. Eine neue Prüfung ist eine alte Prüfung, die einer neuen Person widerfährt.

Manchmal lehrt uns Gott mehr, während wir unter Versuchungen leiden als wenn wir frei davon sind. Wir sind gesegnet, wenn wir das Angesicht Gottes sehen. Natürlich sollten wir uns nie zufriedengeben, ehe der Teufel geflohen ist. Doch wir müssen auch bedenken, dass Gott seinen Stundenplan hat.

Gesegnet sind jene, die glauben dass Gott gut ist, auch wenn er nicht zu tun scheint, was er unserer Ansicht nach tun sollte. Hier haben wir Worte der Ermutigung von einem Mann, der eine lange Zeit Satans unablässigen Angriffen ausgesetzt war - viel zu lange:

»Er kennt den Weg, der bei mir ist. Prüfte er mich, wie Gold ginge ich hervor. An seinem Schritt hat mein Fuß festgehalten, seinen Weg habe ich bewahrt und bin nicht abgewichen. Vom Gebot seiner Lippen ließ ich nicht ab; mehr als es meine Pflicht gewesen wäre, wahrte ich die Worte seines Mundes« (Hi 23,10-12).

Keine Prüfung ist verschwendet, wenn Gott bekommt, wonach er sich sehnt. Erinnern wir uns: Gott gewinnt auch, wenn er zu verlieren scheint; Satan verliert sogar, wenn er zu gewinnen scheint.

9

WIE MAN DER SCHLANGE DIE TÜR VOR DER NASE ZUSCHLÄGT

Ein gewiefter Betrüger arbeitete auf folgende Weise. Er nahm Kontakt zu einem potentiellen Kunden auf und versicherte diesem, eine Investition von wenigen hundert Dollar in ein ganz spezielles Geschäftswagnis werde sich in ein paar Monaten verdoppeln.

Der Kunde war schlau, aber das Angebot war so eindrucksvoll, dass er sich entschloss, es mit einem geringen Betrag auszuprobieren. Bei ein paar hundert Dollar gab es nicht viel zu verlieren.

Einige Monate später machte der Betrüger sein Versprechen wahr. Er kam mit einem Scheck, der den Einsatz des Kunden verdoppelte. Seine übertriebenen Behauptungen schienen doch wahr zu sein.

Einen Monat später brachte der Betrüger ein ähnliches Angebot. Diesmal wurden ein paar tausend Dollar investiert. Noch einmal erhielt der Investor einen beeindruckenden Gewinn. So ging es weiter. Mit jeder Begegnung vergrößerte sich das Vertrauen des Kunden in seinen Makler; jedesmal vergrößerte sich auch der investierte Betrag erheblich.

Schließlich war der zufriedene Kunde bereit, seinen Freund auf das Versprechen noch größeren Profits fünfzigtausend Dollar zu geben.

Damit verschwand der Makler.

Geschickte Führer raten dazu, einige unaufgebbare grundlegende Regeln zu beachten, wenn man Leute täuschen will.

1. Verliere dein Langzeitziel nie aus den Augen - unterwirf ihm all deine Pläne.
2. Denke darüber nach, auf welche Weise du deinem Kunden helfen kannst, Vertrauen in dich zu entwickeln. Tue nichts, was Verdacht erwecken oder Ängste hervorrufen könnte.
3. Benutze Köder, die Anziehungskraft auf deinen Kunden ausüben. Stelle aber sicher, dass du den Haken geschickt verborgen hast.
4. Mache Versprechungen, die die persönlichen Gewinne deines Produktes unter Beweis stellen. Halte so viele deiner Versprechungen wie nur irgend möglich.
5. Biete so viele Köder an, wie es Interessen unter den Massen gibt. Die Zahl der Türen, durch die man zu seinem Fernziel gelangen kann, zur Kontrolle und zum Zuschnappen der Falle, ist unbegrenzt.

Satan hat einen allgemeinen Gesamtplan, die Völker der Welt zu täuschen. Er hofft, unsere Vorstellung von Gott neu zu definieren, so dass wir bereit sind, unsere Untertanentreue neu auszurichten. Der Böse will, dass wir am Ende ihn anbeten anstatt den lebendigen und wahren Gott.

Aber er hat auch einen persönlichen Plan für Ihr Leben. In seinem Gesamtprogramm hat er eine Nische für Sie vorgesehen. Er glaubt, dass er uns dahinbringen kann, ihm zu folgen; wenigstens für einen Teil unserer Reise. Er streut Samen aus, von denen er hofft, dass sie Jahre später keimen werden. Er bleibt aus dem Blickfeld und wartet auf diesen besonderen Augenblick. Er weiß, dass er selbst abstoßend für uns ist, also kommt er in verschiedenen Verkleidungen, gebraucht verschiedene Namen und stellt verschiedene Neigungen zur Schau.

Seine Methode besteht darin, die Sünde in unseren Augen gut aussehen zu lassen.

Jäger studieren Tiere, um sich mit ihren Vorlieben und Abneigungen vertraut zu machen, mit ihren Gewohnheiten und mit ihrem Milieu. Sie locken Tiere in eine Umgebung, die ihnen anziehend erscheint, die aber einen tödlichen Haken verbirgt. Eine Falle bietet den Vorteil, dass sie für den Fallensteller arbeitet. Er muss nicht unbedingt anwesend sein, um den arglosen Bären fangen zu können.

Um eine Maus zu fangen, benutzt man Käse; ein Bär fühlt sich hingezogen zu einem Stück Frischfleisch; um Fische zu angeln, braucht man Würmer. Der Trick besteht natürlich darin, die Beute mit dem zu locken, was sie haben will, dass sie aber am Ende bekommt, was der Fallensteller ihr geben will.

Ich glaube, dass Satan die Pläne für unseren Sturz schon bis ins allerkleinste ausgearbeitet hat. Alles was wir tun müssen, ist, in die Falle zu gehen, die er uns sorgfältig gestellt hat. Natürlich wissen wir nicht, wo die Falle ist, auch können wir sie nicht sehen, aber sie ist nichtsdestoweniger vorhanden.

Wenn wir das Ausmaß seines Wissens über uns kennten, wenn wir die teuflische Freude begreifen könnten, die ihn erfüllt, wenn wir zur Unehre Christi handeln - wir würden über der Bibel grübeln, um alles über ihn zu erfahren und über die Arten der Fallen, die uns gestellt werden könnten.

Man muss sich drei Prinzipien vergegenwärtigen. Erstens: Satan ist sehr wütend. Er ist wütend auf Gott, weil er weiß, dass Gott den Krieg gewinnen wird. Er ist wütend, weil er dem Höchsten gleich sein will und doch weiß, dass es niemals sein kann! Er ist zutiefst empört über Gottes Großzügigkeit gegenüber uns, weil er hoffte, die ganze menschliche Rasse mit in seine Rebellion hineinziehen zu können. Uns anzugreifen heißt, sich an Gott zu rächen. Er ist wütend, wenn er in uns das Bild Christi sieht.

Zweitens: Seine Methode besteht darin, die Sünde in unseren Augen gut aussehen zu lassen. Welchen Köder auch immer er einsetzt - er will, dass wir Vertrauen in unsere Fähigkeit gewinnen, mit den Folgen des Ungehorsams fertigzuwerden. Er wird uns niemals an das Gesetz unerwarteter Folgen erinnern.

Drittens: Er benutzt die Sünden des Fleisches. Er nimmt gerade die Sünden, gegen die wir schon ankämpfen, und verstärkt ihre Kraft. Sein Ziel ist ein gewisses Maß an Hebelwirkung, mit dem er Einfluss auf unser Leben nehmen kann. Er will, dass schlecht über Christus geredet wird; er will uns stolpern machen, damit unser Leben in Verruf kommt. Da er keine moralischen Skrupel hat, wird er alles tun, was er kann, um uns zu bekämpfen. Nichts ist unter seiner Würde.

Was will er von uns? Dass wir ihm die Kontrolle übergeben. Er begehrt das Vorrecht, unser Leben zu managen. Er will ein Stückchen davon für sich und seine Ziele.

STUFEN DER KONTROLLE

Versuchung

Die erste Ebene der Kontrolle ist die Versuchung. Satan beeinflusst unsere Gedanken. Das versetzt ihn in die Lage, verborgen zu bleiben, während er uns zur Sünde verlockt. Eine glänzende Strategie, denn obwohl Sünde attraktiv für uns ist, ist er selbst es nicht.

Eines Tages entschloss sich ein Ehepaar, einen Teil seines Besitzes zu verkaufen und einen Teil des Erlöses der Gemeinde zu geben. So weit, so gut. Aber sie kamen auch überein, so zu tun, als gäben sie den *ganzen* Erlös weiter. Wie viele von uns wollten sie den Schein erwecken, sie seien bessere Christen, als sie es in Wirklichkeit waren. Der Apostel Petrus schalt sie und fragte den Ehemann: »Ananias, warum hat der Satan dein Herz erfüllt, dass du den Heiligen Geist belogen und von dem Kaufpreis des Feldes beiseite geschafft hast?« (Apg 5,3). Der Mann wurde wegen seiner Sünde von Gott tödlich getroffen, und Augenblicke später erlitt seine Frau das gleiche Schicksal.

Nun, wenn irgendjemand den beiden erzählt hätte, ein böser Geist habe ihnen den heuchlerischen Gedanken eingegeben, dann wären sie sehr überrascht gewesen. Sie dachten wirklich, diese Idee sei ihre eigene. Aber es war der Böse, der ihnen diese Anregung eingegeben hatte.

Obgleich Satan sicherlich nicht ihre Gedanken lesen konnte, war er in der Lage, ihre Gedanken zu beeinflussen. Erinnern wir uns, unser Verstand ist von geistiger, nicht von materieller Substanz. Es wäre falsch, zu sagen: »Ich hatte einen Gedanken, der war etwa ein Drittel-Zoll lang und wog ein halbes Gramm!« Unsere Gedanken bewegen sich in einem Bereich, der der geistigen Welt zugänglich ist. Das erklärt, warum jene, die bewusstseinserweiternde Drogen oder Techniken anwenden, entdecken, dass sie mit Dämonen in Verbindung stehen. Als geistige Wesen können wir Verbindung mit der geistigen Welt aufnehmen.

Der Punkt ist hier natürlich, dass Satan uns versuchen kann, indem er uns Gedanken gibt. Ob wir allerdings danach handeln, ist schließlich unsere Entscheidung, nicht die seine. Ananias und Saphira folgten der Anregung und trugen die Konsequenzen.

Zwangsvorstellungen

Eine zweite Stufe besteht in Bedrückungen oder Zwangsvorstellungen. Jüngst unterhielt ich mich mit einer guten Christin die mir erzählte, dass sie seit einigen Monaten schreckliche Gedanken habe. Insbesondere stellte sie sich immer wieder vor, ein Messer zu nehmen und ihren Enkel zu töten, der erst einige Monate alt war. Diese Frau litt unter Zwangsvorstellungen solch grausiger Art.

Interessanterweise hatte sie niemals derartige Gedanken gehabt, während sie ihre eigenen Kinder erzog. Erst in den letzten Monaten und aus keinem bestimmten Grund kämpfte sie mit der Furcht, man könne sie nicht mit ihrem Enkel alleinlassen. Sie befürchtete, sie könnte diesen Phantasien gemäß handeln.

Waren das ihre eigenen Gedanken? Ich weiß es nicht. Aber wie könnte eine liebende Christin daran denken, ihren eigenen Enkel zu töten, den sie abgöttisch liebte? Diese Gedanken hatten ihren Ursprung durch Satan, der sie entsprechend zu beeinflussen suchte.

Als ich ihr versicherte, dass dies nicht ihre Gedanken waren, fühlte sie sich aus zwei Gründen erleichtert. Zum ersten war sie nicht die böse Frau, die zu sein sie begonnen hatte zu glauben. Zum zweiten wusste sie nun, dass diese schrecklichen Bilder keine Macht über sie haben mussten. Ein Dämon mochte sie zum Bösen anregen, aber er konnte sie nicht zwingen, es auszuführen. Mit anderen Worten, sie stand unter ihrer eigenen Kontrolle, ob sie es sich nun bewusstmachte oder nicht. Sie konnte diese Gedanken im Namen Christi von sich weisen im völligen Vertrauen darauf, den Vorstellungen nicht folgen zu müssen. Christus stand ihr bei.

Keiner von uns ist frei von sexueller Versuchung. Und ich möchte hinzufügen, solche Versuchungen hätten wir sogar, wenn Satan und seine Dämonen gar nicht existieren würden. Wir sind auf jeden Fall gefallene Kreaturen, die mit sündigen Lüsten und Begierden zu kämpfen haben. Aber wenn wir uns diesen Sünden hingeben, dann geben wir Satan Raum, bieten ihm eine Möglichkeit, seinen Anspruch auf uns neu zu erheben, auf ein Areal, das er für sein Eigentum hält. Ich habe Menschen in der Seelsorge betreut, die unter zwanghaften sexuellen Phantasien litten, oftmals abartig und pervertiert. Diese Vorstellungen konnten in ihnen aufsteigen, während sie in der Gemeinde ein geistliches Lied sangen oder versuchten zu beten. Die Zwangsvorstellungen verdrängen alle anderen Gedanken. Satan hat die Schlinge um eine Umdrehung enger zugezogen.

Besessenheit

Die dritte Stufe ist Besessenheit. Die Eigenarten dieser Kontrollebene sehen wir überdeutlich im fünften Kapitel des Markusevangeliums. Hier terrorisiert ein Dämon einen Mann nicht nur, sondern er wohnt tatsächlich in seinem Körper. Wir sympathisieren mit diesem Mann in seinem Getriebensein, in seinem Zwang, allein zu leben und seinen Körper zu entstellen. Vielleicht lag der Grund dafür, dass er sich selbst mit Steinen malträtierte, darin, dass er selbstmörderisch war. Christus befreite ihn von diesen furchtbaren Mächten, so dass er sich bekleidete und vernünftig zeigte.

Können Christen besessen sein? Diese Frage wird heute diskutiert, und die Antwort darauf mag unklar bleiben. Ein Teil des

Problems liegt in seiner Begrifflichkeit. Sicher würden wir alle beipflichten, dass ein Christ nicht von einem Dämon besessen sein kann, dass er dessen Eigentum wäre oder dass dieser unmittelbar in ihm wohnen könnte wie der Heilige Geist. Einige beharren jedoch darauf, dass ein Christ dämonisiert sein kann, das heißt, dass er in einem hohen Grad in dämonische Beziehungen verstrickt sein kann, auch aus dem Leib heraus. Das zweite Problem bei der Beantwortung unserer Frage ist, dass wir nicht annähernd genug über die menschliche Psyche wissen, um genau erkennen zu können, wo die Grenze zwischen Zwangsvorstellung und Besessenheit gezogen werden muss.

Vielleicht können Dämonen einen höheren Grad an Einfluss auf Christen ausüben, als viele von uns zu glauben gelehrt wurden. Aber wir müssen Satans Macht immer der Macht Gottes gegenüberstellen, denn sonst geben wir dem Bösen mehr Hebelkraft in die Hand, als er verdient. Unser Sammelruf muss lauten: »Ihr seid aus Gott, Kinder, und habt sie überwunden, weil der, welcher in euch ist, größer ist als der, welcher in der Welt ist« (1Jo 4,4).

Satan ist Gottes Werkzeug, aber Gott gestattet ihm, uns durch das Erleiden von Versuchungen zu prüfen. Auch die gewöhnlichen Prüfungen des Lebens können Gelegenheit zur Versuchung bieten. Es kann nicht oft genug gesagt werden: Wir müssen wachsam sein für die Gefahren, die auf unserem Wege liegen.

Sieben Türen

In den vorangegangenen Kapiteln haben wir gesehen, dass Gott - zum Beispiel im Falle Hiobs - das Schlachtfeld wählt. Manchmal bestimmt Satan, wie im Fall des Petrus, wo der Kampf ausbricht. Manchmal wählen wir unser eigenes Schlachtfeld, und wenn wir es tun, dann ist es stets zu unserem Schaden.

Hier sind einige Türen, von denen der Teufel hofft, dass wir sie öffnen, und sei es nur einen Spalt weit. Ich meine nicht, dass Satan kommt, um in uns Wohnung zu nehmen, wenn wir diese Türen öffnen. Doch es sind die Türen, die ihm Gelegenheit geben, eine Festung zu errichten, das heißt, ein sündiges Verhaltensmuster, das ihn in die Lage versetzt, uns zu beeinflussen. Er wird zurückkehren, um an jene Tür zu klopfen, die seinem Einfluss einmal geöffnet worden ist.

Es mag noch andere Möglichkeiten des Eintretens geben als die hier aufgezeigten. Es sind einfach einige der offensichtlichsten, jene, die wir am leichtesten erkennen können. Ich werde zehn von ihnen beleuchten und zeigen, wie wir diese Türen schließen und wie wir sie geschlossen halten können.

Auflehnung/Eigenwille

Da die erste Sünde, die jemals begangen wurde, Auflehnung war, muss diese Sünde auch zuerst betrachtet werden. Kinder, die sich gegen die elterliche Autorität auflehnen, auch wenn sie liebevoll ausgeübt wird; Erwachsene, die sich Christus und der Gemeindeleitung nicht fügen wollen - diese und ein Dutzend weitere Arten der Auflehnung erfreuen den Bösen. Die Philosophie des Schielens nach dem ersten Rang entstammt nicht ursächlich dem menschlichen Gemüt, sondern wurde erstmals durch Luzifer hervorgerufen, als er den Willen Gottes durch den eigenen ersetzte.

»Widerspenstigkeit ist eine Sünde [wie] Wahrsagerei, und Widerstreben ist wie Abgötterei und Götzen dienst« (1Sam 15,23). Die Auflehnung mit Drogen, Hard Rock-Musik und Gewalttätigkeit spielen zusammen in einem Konzert, das der Teufel komponiert hat, so auch die Auflehnung der Gleichgültigkeit und des Rückzuges von Gott und von seinem Volk. Es spielt keine Rolle, wie freundlich die Zurückweisung vorgebracht wird: Wenn wir nicht wollen, dass Gott über uns herrscht, dann lehnen wir uns gegen ihn auf.

Da Eigenwille eine Wurzel all unserer Sünden ist, werde ich ihn im nächsten Kapitel eingehender behandeln. An dieser Stelle genügt es daran zu erinnern, dass die Auflehnung des Menschen in den Augen Gottes genauso abscheulich ist wie die Satans. Sich auflehnen heißt, dem Fürsten der Widerspenstigkeit nachzufolgen.

Wut

Ein Anzeichen dämonischer Aktivität ist unsinnige, unkontrollierbare Wut. Auf eine leichte Provokation hin oder auch ganz ohne Anlass brechen Wutanfälle aus. Paulus schrieb: »Zürnet, und sündigt [dabei] nicht! Die Sonne gehe nicht unter über eurem Zorn, und gebt dem Teufel keinen Raum« (Eph 4,26-27). Das hier mit »Raum« übersetzte griechische Wort ist *topos*; es bedeutet einen Punkt, auf dem der Fuß Halt finden kann. Wie andere Sünden erlaubt Wut einem bösen Geist schließlich, teilweisen Eingang in jemandes Leben zu gewinnen. Der Keil in der Tür kann Grundlage für weiteren Zorn und dämonische Ausnutzung werden.

Ein Mann erzählte mir, dass seine Frau, wenn sie ohne Provokation zu wüten beginne, in eine andere Person verwandelt werde. Sie schien von einer Macht über ihr beherrscht zu werden, einer Macht, die sie in tagelanges Grübeln versetzte. Natürlich könnten viele verborgene Gründe für ihre Wut vorliegen, aber siedende Wut gibt stets Anlass, an des Teufels Werk zu denken.

Wütende Männer, oftmals auch gewalttätig und unvernünftig, verwüsten ihre Ehe und ihre Kinder. Wenn sie auch um Vergebung bitten, so ist doch irreparabler Schaden entstanden. Da Wut zerstört, benutzt sie der Zerstörer, um seine Tagesordnung zu erfüllen.

Hass/Mord

Der Wut auf dem Fuße folgt Gewalttätigkeit, Ausdruck von Hass und unkontrolliertem Zorn. Wir sahen schon, dass Kain seinen Bruder tötete, weil er »aus dem Bösen war« (1Jo 3,12). Johannes pflichtet bei, dass einer, der seinen Bruder nicht liebt, wie ein Kind des Teufels handelt. Im Gegensatz dazu lieben sich die Kinder Gottes gegenseitig. Und dann fügt Johannes den aufrüttelnden Kommentar hinzu: »Jeder, der seinen Bruder hasst, ist ein Menschenmörder, und ihr wisst, dass kein Menschenmörder ewiges Leben bleibend in sich hat« (1Jo 3,15). Das erklärt, warum manche, die unter dem Einfluss böser Geister stehen, sich wünschen, durch Mord »quitt« zu werden oder aus diesem Grund Selbstmord zu begehen versuchen. Der Teufel stiftet zu Gewalttätigkeit und Mord an. Christen, die Selbstmord begehen, sterben besiegt, aber ich glaube, sie werden sicher im Himmel ankommen.

Da, wie Johannes sagt, »die ganze Welt in dem Bösen« liegt (1Joh 5,19), sollte uns die Brutalität nicht überraschen, die von Beginn der Schöpfung an auf diesem Planeten existiert. Eine Stunde Fernsehen wird bestätigen, dass Satan der Gott dieses Zeitalters ist.

Schuld

Der Begriff *Widersacher* bedeutet »Verkläger«. Wir besprachen schon die Vision des Propheten Sacharja, der den Hohenpriester Josua vor dem Herrn stehen sah, gekleidet in befleckte Gewänder, die die Sünden des Volkes symbolisierten. Auch Satan war anwesend; er stand zu seiner Rechten um »ihn zu verklagen«. Gott aber nahm die verschmutzten Kleider von Josua und bekleidete ihn mit Festgewändern (Sach 3,1-7).

Während uns der Heilige Geist durch Schuld zu Christus treiben will, damit wir ihn um Vergebung bitten, benutzt Satan die Schuld, um einen Keil zwischen Gott und uns zu treiben. Das gelingt ihm, indem er uns glauben macht, unsere Sünden seien allzu groß, als dass Gott sie vergeben könnte. Oder er gibt uns das Gefühl, für Sünden verdammt zu sein, die uns doch bereits vergeben waren.

Satan lügt nicht nur mit Worten, sondern auch mit Gefühlen. Er versucht, Gefühle hervorzurufen, die uns von Gott, von anderen und sogar von uns selbst entfremden. Er findet es höchst hilfreich, wenn wir in der Isolation grübeln und glauben, unsere schmerzhaftesten Depressionen spiegelten die Wirklichkeit wider.

Lassen wir uns die darinliegende Ironie nicht entgehen: Satan verlockt uns zur Sünde, und wenn wir seinen Anregungen gefolgt sind, häuft er Verdammnis über Verdammnis auf unser Bewusstsein. Er verklagt uns für die Sünden, die er uns zu tun verführt hat. Wie schnell er sich vom *Versucher* zum *Verkläger* verwandelt!

Satans Wirken als Verkläger wird schließlich einmal enden. »Nun ist das Heil und die Kraft und das Reich unseres Gottes und die Macht seines Christus gekommen; denn [hinab]geworfen ist der Verkläger unserer Brüder, der sie Tag und Nacht vor unserem Gott verklagte« (Offb 12,10).

Mit der Schuld geht ein Gefühl der Hoffnungslosigkeit einher, das manche Menschen zur Verzweiflung treibt. Der von den Dämonen besessene Mann lebte allein in den Grüften (Mk 5,3). Er hatte alle sozialen Beziehungen hinter sich gelassen. Das hatte er möglicherweise selbst so entschieden, aber vielleicht war es auch eine Entscheidung, die andere für ihn getroffen hatten. Wie dem auch sei, er wurde jedenfalls ein Einzelgänger; einer, der sich in seine eigene Welt innerer Qualen und Ängste zurückgezogen hatte. Obgleich er nicht an Christus geglaubt hatte, ehe sie zusammentrafen und eine herrliche Befreiung erlebte, kann die gleiche Verzweiflung auch in einem Gläubigen aufsteigen.

Hoffnungslosigkeit ist eine der am glaubhaftesten vorgebrachten Lügen Satans. Man hat gesagt, wir Menschen könnten vierzig Tage ohne Nahrung leben, drei Tage ohne Trinkwasser und vier Minuten ohne Atemluft, aber wir könnten auch nicht eine Minute existieren ohne Hoffnung. Der Teufel weiß, dass Hoffnungslosigkeit nur ohne die Verheißungen Gottes bestehen kann. Daher wird die Hoffnungslosigkeit zur Hilflosigkeit.

Falsche Religionen

Satan begeistert Menschen, vom Glauben abzuspringen und sich falschen Kulten zuzuwenden, die Christus entthronen. Er führt Menschen in fremdartige, okkulte Lehren ein. »Der Geist aber sagt ausdrücklich, dass in späteren Zeiten manche vom Glauben abfallen werden, indem sie auf betrügerische Geister und Lehren von Dämonen achten« (1Tim 4,1).

Diese Lehren reichen von der leiblichen Askese bis zu theoretischen Spekulationen über die geistige Welt. Paulus sagte, dass die Heiden, wenn sie ihren Göttern Opfergaben darbringen, »das, was sie opfern, sie den Dämonen opfern und nicht Gott. Ich will aber nicht, dass ihr Gemeinschaft habt mit den Dämonen. Ihr könnt nicht des Herrn Kelch trinken und der

Dämonen Kelch; ihr könnt nicht am Tisch des Herrn teilnehmen und am Tisch der Dämonen« (1Kor 10,20-21).

In 5. Mose 18,9-12 bezeichnet Gott verschiedene heidnische Praktiken als Abscheulichkeit. Dazu gehören Kindesmissbrauch, Weissagung, Hexerei, Zeichendeutung, Zauberei, Verfluchungen, Medien, spiritistische Sitzungen und ähnliches. All dies sind satanische Fälschungen, die allein den Zweck haben, den Platz des wahren Gottes einzunehmen. Es gibt natürlich noch viele andere Formen des Okkultismus; viele von ihnen sind verknüpft mit fernöstlichen mystischen Religionen.

Furcht

Die Furcht, Christus zu bezeugen, die wir alle schon verspürt haben, erscheint uns so natürlich, dass wir selten auf den Gedanken kommen, Satan könnte damit etwas zu tun haben. Doch interessanterweise erklärte Christus, ehe Petrus leugnete dass er den Heiland kannte: »Simon, Simon! Siehe, der Satan hat euer begehrt, euch zu sichten wie den Weizen. Ich aber habe für dich gebetet, dass dein Glaube nicht aufhöre; und wenn du einst umgekehrt bist, so stärke deine Brüder« (Lk 22,31-32).

Viele Ängste sind natürlich und dienen wirklich unserem Überleben. Wir sollten uns wirklich fürchten, allzu schnell zu fahren oder eine Straße zu überqueren, ohne nach rechts und links geschaut zu haben. Die Furcht, beraubt zu werden, mahnt uns, nachts vorsichtig zu sein. Wir alle fürchten Krankheit, Armut und Tod. Schreckerregende Kindheitserfahrungen können grundlose Ängste hervorrufen.

Es gibt aber auch jene Ängste, die übertrieben sind, die uns lähmen, die uns beherrschen. Wir brauchen uns nicht verfolgt zu wähnen von der Gebundenheit durch Ängste, die einfach grundlos sind. In dieser Hinsicht gibt es auch Ängste, deren Grundlage nur allzu wirklich sein mag, die uns deshalb aber nicht beherrschen müssen. Christus sagte beispielsweise, wir brauchten nicht die zu fürchten, die den Leib zerstören, sondern »vielmehr den, der sowohl Seele als Leib zu verderben vermag in der Hölle« (Mt 10,28).

Furcht lähmt jene, die sich ihr überlassen. Johannes schrieb: »Die Furcht hat Pein. Wer sich aber fürchtet, ist nicht vollendet in der Liebe« (1Jo 4,18). Wenn wir wirklich Gott fürchteten, dann hätten wir sonst wenig zu befürchten.

Sexuelle Ausschweifung und Perversionen

Als Paulus Ehepaare über ihre sexuellen Praktiken beriet, da sagte er ihnen, sie sollten nicht enthaltsam leben außer für eine kurze Zeit, und das in gemeinsamer Übereinstimmung, »damit der Satan euch nicht versuche, weil ihr euch nicht enthalten könnt« (1Kor 7,5).

Es ist leichter, ein militärisches Ziel zu zerstören, als es zurückzuerobern.

Jene, die sich der Sittenlosigkeit hingeben, entdecken bald, dass sie Sklaven ihrer Leidenschaft geworden sind. Wenn man mit solchen redet, die als Sexsüchtige bezeichnet werden könnten, dann werden sie von der Macht sinnlicher Geister sprechen, die sie in ihrer nicht enden wollenden Suche nach Erfüllung antreiben. Pornographie, Homosexualität und vielzählige weitere Formen sexueller Unreinheit sind des Teufels Spielplatz.

Offensichtlich würde es all diese Sünden auch dann geben, wenn Satan nicht mehr in der Welt aktiv wäre, denn sie haben ihre Wurzel im Fleisch, in unserer gefallenen Natur. Aber Satan steht zum Werk bereit, durch unsere Natur auszubeuten, aufzubauschen, in Versuchung zu führen und zu zerstören.

Da die Heilige Schrift klar sagt, dass wir dem Teufel widerstehen sollen, müssen wir wissen, wie wir ihm entgegentreten. Christus warnte: »Wacht und betet, damit ihr nicht in Versuchung kommt! Der Geist zwar ist willig, das Fleisch aber schwach« (Mk 14,38).

DIE TÜREN SCHLIESSEN

Luther sagte einst, wenn der Teufel käme und an die Tür seines Herzens klopfen würde, dann wolle er den Herrn Jesus an diese Tür schicken. Dann würde Christus sagen: »Martin Luther hat hier gewohnt, er ist ausgezogen. ... Jetzt wohne ich hier.« Wenn dann, sagt Luther, der Teufel die Nägelmale an Christi Händen und seine durchstochene Seite sähe, dann würde er sofort die Flucht ergreifen!

Wir müssen unsere Tür geschlossen halten, wie laut wir es auch klopfen hören. Wenn wir die Tür einmal geöffnet haben, neigen wir dazu, sie jedesmal etwas weiter aufzumachen. Im Krieg ist es leichter, ein militärisches Ziel zu zerstören, als es wieder zurückzuerobern, wenn es einmal in Feindeshand war.

Es ist interessant - welche Rolle Satan bei unserer Versuchung auch immer zukommen mag, Tatsache ist, dass Gott uns für unser Tun verantwortlich macht. Wir können nicht den Luxus genießen, Satan zu schelten und der persönlichen Verantwortung auszuweichen. Wir müssen lernen, zum Teufel Nein zu sagen, wie es auch Christus tat. Aber wir können einiges tun, unsere Tür verriegelt zu halten.

1. *Wir müssen innehalten und Gott für unsere Prüfung danken.* Das mag uns schwierig scheinen, aber unser Glaube wird gestärkt, wenn wir sehen, dass unsere Mühen von unserem himmlischen Vater kommen. Wir wollen es nie außer Acht lassen: Gott prüft, Satan versucht. Wenn wir Gott nicht danken können, haben wir sein Ziel mit alledem noch nicht erkannt. Wir danken nicht für unsere Sünde, wir danken nicht für den Teufel, aber wir können Gott dafür danken, dass er uns würdig befunden hat, geprüft zu werden.

Unser Lobpreis muss die Zuversicht beinhalten, dass Christus völlig über die dämonische Welt triumphiert hat. Wir stehen im Kampf nicht auf dem Boden der Schwäche, sondern auf dem Boden der Stärke. Es ist unfraglich: Satan ist zertreten worden. So danken wir für unseren Kampf. Wir danken auch dafür, dass Christus hoch über allen Fürstentümern und Gewalten ist. Wir danken dafür, dass wir würdig befunden wurden, diese Versuchung um Christi willen zu erleiden.

2. *Wir müssen die Bedeutung des Wortes »widerstehet« kennenlernen.* Die meisten von uns meinen, dass Satan leicht zu besiegen sei. Wir rufen den Namen Christi aus, zitieren einen Bibelvers und nehmen an, dass die Versuchung von uns weichen werde. Wir glauben, dass unsere Begierden abklingen, unsere Wut verrauchen werde und dass wir in Einklang mit unserer Umgebung kommen. Eifersucht soll sich in Freude verwandeln, Lust in Liebe, Hass in Heiligkeit - und das alles nur, weil wir ein Gebet gehaucht haben.

Petrus schrieb, Satan sei wie ein brüllender Löwe, der umherschreitet und sucht, wen er »verschlingen« könne, und dass wir »ihm widerstehen« müssten (1Petr 5,8-9). Jakobus wiederholte die gleiche Herausforderung, als er schrieb, wenn wir uns Gott unterwürfen und dem Teufel widerstünden, dann würde er fliehen (Jak 4,7). Aber keiner der beiden glaubte, dass wir nur einmal zu widerstehen bräuchten oder nur für kurze Zeitspannen. Christus widerstand, aber Satan kehrte mit schwererem Geschütz zurück.

Für Paulus war Versuchung Krieg; eine Angelegenheit von Leben und Tod. Er wusste, dass es Verluste geben würde. »Zieht die ganze Waffenrüstung Gottes an, damit ihr gegen die Listen des Teufels bestehen könnt« (Eph 6,11). Auf dem von Christus eroberten Territorium zu stehen, würde außerordentlich schwerfallen. Geradeso, wie Josua um das Land kämpfen musste, das ihm gegeben worden war, manchmal siegend und manchmal verlierend, so kann auch unsere Erbschaft nur mit großer Anstrengung gesichert werden.

Man denke an den Drogenabhängigen, der einem erneuten »Schuss« widersteht; man denke an den Pornographie-Süchtigen, der der Versuchung widersteht, ein weiteres erotisches Video auszuleihen; man denke an den wütenden Ehemann, der dem Impuls widersteht, mit Worten und vielleicht sogar mit Hieben um sich zu schlagen; man denke an den Unternehmer, der angesichts des Konkurses einer zupass kommenden Bestechung widersteht; man denke an ungerechtes

Geld, das einem verlockend zuwinkt. Bei diesen und anderen Gelegenheiten schließt Widerstehen Selbstkontrolle und Leiden ein. Solche Beschwernis ist es, zu der wir berufen sind.

Dabei macht die Art, *wie* wir widerstehen, den ganzen Unterschied aus. Wir stehen diesen ungezähmten Impulsen nicht bloß zähneknirschend und zu allem entschlossen entgegen. Wir stehen ihnen vielmehr entgegen, indem wir nach Gott rufen und ihn bitten, uns zu befreien. Wir schauen nicht auf das Böse, denn wir sollen durch das Böse verführt werden. Wir schauen vielmehr nach Christus, nehmen seine Verheißungen für uns in Anspruch und geben zu, dass wir unsere Qual meistern können, weil wir sie nicht allein durchstehen müssen. Wir zitieren die Bibel und singen Loblieder, denn wir wissen, wie verzweifelt wir auf Gott konzentriert bleiben müssen.

Wenn es beispielsweise dazu kommt, dass wir von sexuellen Leidenschaften bedrängt werden, dann müssen wir mit William Gurnall sagen: »Seid wachsam darüber wie ein Mann, der in einem strohgedeckten Haus wohnt. Er ist besorgt, auf die Funken zu achten, die aus seinem Schornstein fliegen, aus Furcht, dass einer von ihnen auf das Strohdach niedergehen und das ganze Haus in Brand setzen könnte.« Wir müssen dem ersten Impuls, zu sündigen, widerstehen, indem wir uns daran erinnern, dass es nicht leichter wird, Nein zu sagen, wenn wir der Versuchung einmal erlaubt haben, in unserer Seele zu logieren. Wir müssen gegen jede Wette antreten.

Warum sagte Paulus: »Bei allem nehmt den Schild des Glaubens?« Er sagte es, weil der Teufel unsere Proteste überhaupt nicht beachten wird, wenn wir nicht an Gottes bereitwillige Hilfe glauben. Wenn wir nicht glauben, dass Gott uns retten kann, schreibt Gurnall, dann haben wir den Glauben verloren und »deine Seele wird Satan zu Füßen fallen, zu entmutigt, die Tür noch länger vor der Versuchung verschlossen zu halten. Bedenke, wer inmitten geistlicher Dürre den Glauben preisgibt kann dem Toren verglichen werden, der seinen Krug am ersten Tag fortwirft, an dem der Brunnen trocken ist.«

3. *Wir müssen überzeugt sein, dass Sünde stets unser Feind ist.* Ein einziger Akt des Ungehorsams kann uns zu Fall bringen. Die

Maus genießt üblicherweise nicht den Luxus, eine Reihe von Erfahrungen mit Fallen machen zu können, bevor sie gefangen wird. Eine einzige könnte genügen.

Eine unsittliche Handlung, eine einmalige Trunkenheit oder ein einziges Experiment mit Drogen könnte eine Achterbahnfahrt voller Erfahrungen auslösen, bei der sich die Schlinge immer noch ein bisschen enger zuzieht. Und aus diesen Gründen muss der Widerstand erbitterter werden. Umkehr ist immer das Haupterfordernis der Befreiung.

4. *Wir müssen die Heilige Schrift gegen Satan gebrauchen, geradeso, wie auch Christus es tat.* Auch wir müssen in der Lage sein, Satan zu sagen: »Weiche! Denn es steht geschrieben ...« Solche Konzentration blockiert Satans Versuche, uns mit seinen Lügen zu verwirren. Das Wort reinigt uns nicht nur, es schützt uns auch. Christus sagte: »Ihr seid schon rein um des Wortes willen, das ich zu euch geredet habe« (Joh 15,3).

Ich muss allerdings auch warnen! Satan flieht nicht einfach deshalb, weil die Bibel gegen ihn angewandt wird. Man erinnere sich, dass Satan mit einer neuen Versuchung daherkam, als Christus die Heilige Schrift zitierte, und dass er seinerseits einen Bibelvers in seinen Verführungsversuch einbaute.

Solange wir nicht der Autorität Gottes unterstehen, können wir seine Autorität auch nicht ausüben. Erinnern wir uns: Die Söhne Skevas versuchten, im Namen Jesu zu handeln, und ein Dämon entriss ihnen ihre Kleider, so dass sie nackt flohen (Apg 19,14-16). Das Wort Gottes hat nur Kraft für uns, wenn wir ihm unterworfen sind. Und nur, wenn wir angesichts der Herausforderung auf seiner Wahrheit beharren, wird es den Feind veranlassen zu fliehen. Satan verlässt uns, wenn er uns nicht länger veranlassen kann, einer Lüge zu glauben.

Wir müssen die Bibel oft zitieren, gerade wenn der Widerstand wächst. Wir müssen bei der Wahrheit bleiben, ganz gleich, wie viele Granaten in unsere Richtung geschleudert werden. Es gibt Zeiten, da werden die Versuchungen so überwältigend, dass wir ernstlich unsere Zuflucht in Gott finden müssen. Solche Siege sind für ihn die kostbarsten.

Unglücklicherweise sagen wir oft *Vielleicht* anstatt *Nein*, womit wir uns die Wahl offenhalten, schließlich doch *Ja* zu sagen. Wir sind wie der Mann der versucht, einen lästigen Vertreter loszuwerden, ohne ein festes *Nein* zu sagen und die Tür zu schließen. Obgleich wir einwenden mögen, nicht am Kauf von Satans Produkten interessiert zu sein, lassen wir die Tür angelehnt und fahren fort, seine Verlockungen zu diskutieren. Solange die Sache im Gespräch ist, halten wir die Möglichkeit offen, dass der Teufel doch noch ein Geschäft macht.

Satan wird aufgeben, wenn sich die Tür einfach nicht rühren will. Das bedeutet nicht, dass die Schlacht vorüber ist. Innewohnende Sünde, die uns »so leicht umstrickt«, verlässt uns nie. Auch jene, die meinen, sie hätten das Fleisch besiegt, entdecken ihre unvorhersehbare Macht zu versuchen, zu verwirren und zu unterwerfen. Da ist es nicht verwunderlich, dass Christus sagte: »Wachet und betet, damit ihr nicht in Versuchung fallt« (Mk 14,38).

Christus lehrte seine Jünger zu beten: »Führe uns nicht in Versuchung, sondern errette uns von dem Bösen.« Wir sollten beten: »Herr, wenn ich den Wunsch habe zu sündigen, dann möchte ich keine Gelegenheit dazu haben, und wenn ich die Gelegenheit habe, dann möchte ich nicht den Wunsch verspüren.« Wenn wir erprobt werden, dann sollten wir sein wie Gold.

Es sind einige ausgezeichnete Bücher geschrieben worden, die Gläubigen helfen sollen, Satan in den Schützengräben geistlicher Kriegführung zu bekämpfen. Häufige Seelsorge ist erforderlich, um denen zu helfen, die in Süchte, bestimmte Verhaltensweisen oder besondere Schwierigkeiten geraten sind, die des speziellen Rates und besonderer Anleitung bedürfen.

Unsere Schlacht ist noch nicht geschlagen. Wir müssen die Wurzel unserer Kämpfe sorgfältiger freilegen. Wir müssen bekennen, dass wir in unserem Leben mit Gottes Hilfe manchmal auch Christus reflektieren, dass wir aber auch immer noch den Teufel widerspiegeln können. Bis wir in der Ewigkeit sind, halten unsere Kämpfe an.

Das Gift der Schlange muss neutralisiert werden.

10

WIE MAN DAS GIFT DER SCHLANGE UNWIRKSAM MACHT

Würde es Sie verletzen wenn ich sagte, dass wir einige Eigenschaften haben, die auch für den Teufel charakteristisch sind? Die Tatsache sollte uns eigentlich nicht überraschen, denn ein kleiner Tropfen vom Gift der Schlange ist auf jedes menschliche Herz gefallen. Wir mögen dem Teufel zwar nicht mehr gehören, aber manchmal handeln wir wie er.

Natürlich, als Gläubige haben wir auch die Merkmale Christi. Gottes erklärtes Ziel mit unserer Rettung ist, uns ihm ähnlicher zu machen; wir sollen seine Söhne und Töchter sein. Wir sind verwickelt in einen Konflikt: Wir schwanken zwischen Gott und Teufel hin und her, beide suchen unsere Loyalität, beide wünschen uns in ihr Bild zu verwandeln.

Laura hatte die unheimliche Fähigkeit, Freunde zu nehmen und sie gegeneinander und gegen sich aufzubringen. Sie war erfüllt von Bitterkeit und verweigerte jeder Autorität den Gehorsam. Ihr Verhalten war verständlich, denn sie hatte Verrat und Missbrauch erfahren müssen. Als Christin durfte sie sich einfach nicht so verhalten, wie sie es tat. In ihrer Verwirrung suchte sie nach Hilfe, und gleichzeitig wies sie sie zurück.

Es gab weder für sie noch für mich den geringsten Zweifel darüber, dass sie Christin war, obwohl ihr auch bewusst war, dass sie unter einem bösen Einfuss stand. Manchmal verspottete Sie mich, forderte mich heraus und verhöhnte meine Bemühungen, ihr zu helfen. So sehr ich mich auch bemühte - es war zwecklos.

Eines Sonntags kam Laura nach meiner Predigt zu mir und sagte: »Herr Pastor, ich habe Sie gehasst, seit Sie in unsere Gemeinde gekommen sind - und nun bin ich hier, um mich zu entschuldigen und die Dinge ins Reine zu bringen.«

Ich fragte sie, was ich getan hatte, dass sie so aufgebracht war, und sie sagte: »Nichts. Es liegt nicht an Ihnen. Es kommt daher, dass Bitterkeit in meinem Herzen ist.« Natürlich verzieh ich ihr.

Nach ein oder zwei Monaten rief sie mich gegen elf Uhr zu Hause an um mir zu sagen, sie habe den ganzen Abend gekämpft und sei nun frei von dem dämonischen Einfluss; das habe sie mir einfach sagen müssen. Ich forderte sie auf, am Telefon mit mir zu beten, damit sie ruhig schlafen könne.

Als ich begann zu beten, brach es erneut aus ihr heraus. Etwas Böses schien sich ihrer bemächtigt zu haben und sprach aus ihr. Nachdem dies eine ganze Weile so gegangen war, fragte ich sie schließlich, ob sie wüsste, was vorgefallen war, und sie sagte: »Ja ... ich weiß, dass irgendjemand durch mich spricht.« Und sie wusste auch, was er gesagt hatte.

Ich betete mit Laura, und das war das letzte, was ich von ihr hörte. Ich erfuhr, dass sie die Gemeinde verlassen hatte und nahm an, ich würde nie wieder etwas von ihr hören. Aber etwa zehn Jahre später erhielt ich zwei Briefe, die über ihre Befreiung von dämonischer Unterdrückung berichteten. Heute ist Laura frei, aber ihre Befreiung geschah auf eine Weise, die ich nicht erwartet hatte. Mehr davon später.

Damit, dass ich diese Geschichte weitergebe, will ich keineswegs in die Debatte der Frage einsteigen, ob Christen dämonisch besessen sein können. Schon im vorangegegangenen Kapitel habe ich zum Ausdruck gebracht, dass ein Gläubiger niemals Eigentum eines Dämons sein kann, weil jeder Christ ein »Besitztum« Gottes ist. In uns wohnt der Heilige Geist. Wie auch immer die unterschiedlichen Meinungen zu diesem Thema lauten mögen - hier ist nicht der Ort, die Angelegenheit auszudiskutieren.

Ich will mit dieser Geschichte auch nicht dazu Anregungen geben, wie man am besten Dämonen austreibt. Viele Seelsorger wissen viel besser als ich, was zu tun ist, wenn die Lauras dieser Welt von bösen Geistern gequält werden. Offensichtlich waren meine aufrichtigen Versuche zumindest in diesem Fall erfolglos.

Dass ich diese Geschichte erzählte, zielte in eine andere Richtung. Zunächst wollte ich zeigen, dass auch Christen zeitweise Eigenarten Satans haben können, denn wir strampeln uns immer noch in unserem gefallenen Zustand ab. Wir können verbittert sein, böswillig, und uns auflehnen. In Wirklichkeit gibt es mehr Parallelen, als wir gelten lassen wollen.

Zweitens möchte ich Laura als ein Beispiel dafür heranziehen, wie das Gift der Schlange unwirksam gemacht werden kann. Mit anderen Worten: Wenn wir auch manchmal handeln wie der Teufel, so müssen wir es in Wirklichkeit doch nicht tun. Laura erinnert uns daran, dass Gott mit diesen Kämpfen ein höheres Ziel verfolgt. In dem Augenblick, in dem wir als hundertprozentige Christen wandeln wollen, stoßen wir auf Widerstand, aber am Ende gehen wir daraus hervor auf einer neuen Stufe von geistlicher Entwicklung und Wachstum. Diese Schlacht zwischen uns und Satan ist ein Schulzimmer, in dem wir gelehrt werden, unsere Vertrautheit mit Gott weiterzuentwickeln.

Das Sträuben des Fleisches

Auch wenn Satan nicht die Freiheit hätte, heutigentags die Erde zu durchwandern, gäbe es Mord, Hass, Lüge, Unsittlichkeit und eine ganze Litanei anderer Sünden. Werfen Sie einen Blick in Ihr Herz und Sie werden alle Übel der Welt im Keim erkennen. Der Teufel hat keine absolute Macht über menschliche Wesen; er benutzt einfach eine schlechte Lage, indem er sie noch verschlechtert. Er versucht uns zum Bösen, aber am Ende tun wir doch, was wir tun wollen. Schauen wir unseren eigenen Sünden ins Angesicht, den Sünden des Fleisches.

»Offenbar aber sind die Werke des Fleisches; es sind: Unzucht, Unreinheit, Ausschweifung, Götzendienst, Zauberei, Feindschaften, Hader, Eifersucht, Zornausbrüche, Selbstsüchteleien, Zwistigkeiten, Parteiungen, Neidereien, Trinkgelage, Völlereien und dergleichen. Von diesen sage ich euch im voraus, so wie ich vorhersagte, dass die, die so etwas tun, das Reich Gottes nicht erben werden« (Gal 5,19-21).

Die Samen, die wir ausstreuen, können im Grund unseres Gemüts tief wurzeln und Begierden entflammen. Was als junger Schössling gedacht war, wird schnell zu einem mächtigen Baum.

Man stelle sich vor, jeder Ast dieses Baumes sei eines der »Werke des Fleisches«. Wie bei dem verbotenen Baum in Eden ist jeder dieser Äste reizvoll und trägt seine eigene giftige Frucht. Obwohl die Äste voneinander getrennt zu sein scheinen, stehen sie in Wechselbeziehung zueinander. Wir können sie bis zu ihren Wurzeln zurückverfolgen.

Diese Sünden decken ein weiteres Feld von Verhaltensweisen ab. Paulus beginnt mit sittlicher Unreinheit und endet mit »Völlereien«. Aber zwischen ihnen gibt es die okkulten Praktiken von Zauberei, Streitigkeiten, Eifersucht, Trunkenheit und dergleichen. In dieser Liste finden wir für jeden von uns etwas, das passt. Zum anderen, und das ist noch viel wichtiger: Gott hasst alle diese Sünden. Wir mögen uns mit der Tatsache zu trösten suchen, dass wir nicht in unmoralische Dinge verwickelt sind, aber - haben wir Streitigkeiten oder Wutausbrüche? Einige von uns mögen niemals mit Zauberei oder Trunkenheit zu tun gehabt haben, aber - haben wir Neid oder Feindschaften? Dies alles ist gleichermaßen fluchwürdig. Wir müssen uns vorsehen, andere zu richten, bevor wir uns selbst gerichtet haben. Unsere Sünden des Fleisches sind für Gott nicht annehmbarer als die von irgendjemand anders.

Wenn die Werke des Fleisches die Äste dieses Baumes sind, was ist dann sein Stamm? Ich glaube, die Wurzel ist Eigenwille, der Wunsch, Gottes Souveränität in unserem Leben zu widerstehen. Das war die Sünde unserer Ureltern, und diese Auflehnung ist bis auf uns gekommen. Mein Stolz hindert mich daran, Gott als höchsten Herrscher meines Lebens zu akzeptieren.

Walt Whitman sagt es in seinem epischen Gedicht »Das Lied von mir«: »Ich habe gesagt, dass die Seele nicht mehr ist als der Leib, und ich habe gesagt, dass der Leib nicht mehr ist als die Seele. Und nichts, auch nicht Gott, ist einem größer als das eigene Selbst.«

Was Wunder, dass so viele von uns sich selbst als Mittelpunkt von Gottes Drei-Manegen-Zirkus sehen. Diese egozentrische Ichbezogenheit liegt der satanischen Auflehnung auf dem Herzen. Als Luzifer sagte: »Ich will«, da verwandelte ihn sein Gift in ein böses Wesen. Als Adam und Eva sündigten, wurden sie verseucht; nun, als ihre Kinder sind wir alle betroffen.

Für Satan gibt es keine Heilung, für uns schon. Wir können, wenn es nötig ist, die Axt an die Wurzel des Baumes legen. Wir sollten nicht die Äste beschneiden und dabei immer wieder die gleiche Frucht vom gleichen Ast ernten. Wir müssen vielmehr, so gut wir können, Gott um die Kraft zu der harten Entscheidung bitten, die die Quelle unserer sündigen Gedanken und Verhaltensweisen verstopfen wird.

Unser Auftrag ist es, die Frucht der Auflehnung zu brandmarken und Satan keinen »Raum« zu geben. Wenn wir in unserem Kampf gegen die Versuchung Erfolg haben, wird Gott verherrlicht. Einen Schlag gegen das Fleisch zu führen heißt, einen Schlag gegen Satan zu führen. Zuerst aber müssen wir in uns die Charakterzüge erkennen, die uns an den Teufel selbst gemahnen.

Einige Eigenarten des Schlangengifts

Wenn wir den Teufel selbst im Zentrum jeder Sünde erkennen könnten, wären wir klüger, denn während uns Sünde anzieht, stößt uns der Teufel ab. Er ist einfach deshalb gefährlich, weil er unsichtbar ist. Er wäre nicht so verführerisch, wenn er plötzlich erscheinen müsste. Obwohl wir ihn verabscheuen, empfinden wir seine Haltung und Verhaltensweisen oft als recht bequem für uns selbst.

Ich habe diese Parallelen zwischen uns und Satan ausgewählt, weil sie uns daran erinnern, wie schnell wir unserem Erzfeind ähneln. Ich bin sicher, es gibt noch andere Möglichkeiten, wie wir ihm ähnlich sein können. Aber ich habe diese hier ausgewählt, weil besondere Schriftstellen entweder direkt lehren oder doch zumindest voraussetzen, dass wir unseren vormaligen Vater der Lügen immer noch spiegeln, wenn wir es wollen.

Verleumdung

In dem Augenblick, in dem die Worte meinem Mund entflohen sind, weiß ich, dass ich sie nicht hätte sagen sollen. Ich sprach nicht so sehr aus Wut als vielmehr aus Trotz; ich wollte mein Gegenüber hinabstoßen; ich wollte vor meinem Zuhörer einen klaren Unterschied zwischen mir und meinem Gegner setzen. In meinen Worten lag etwas Wahrheit, etwas Übertreibung, am meisten aber den verborgenen Wunsch, ihn schlecht zu machen. Verleumdung.

Als Paulus die Qualifikationen für die Ehefrauen der Diakone vorstellte, schrieb er: »Frauen [sollen] ebenso ehrbar sein, nicht verleumderisch, nüchtern, treu in allem« (1Tim 3,11). Im griechischen lautet der Ausdruck »verleumderisch« *diabolus*, das bedeutet wörtlich übersetzt »teuflisch«. Und das Wort *Teufel*, wir wissen es, bedeutet »Verleumder«.

Indem er sagt, die Diakonenfrauen sollten nicht »verleumderisch« sein, mahnt Paulus, sie sollten ihre Zunge im Zaum halten. Sie sollten nicht klatschend angetroffen werden, indem sie in verletzender Absicht über andere reden. Auch die Wahrheit, wenn sie mit falscher Begründung und gegenüber der falschen Person geäußert wird, ist Verleumdung.

Klatsch befriedigt ein tiefempfundenes selbstsüchtiges Bedürfnis in uns. Klatsch ist der Steigbügel, den wir benutzen, um uns selbst in den Sattel zu hieven. Wenn wir andere herabsetzen, dann erledigen wir die Arbeit des Teufels an seiner Stelle. Wenn wir Gottes Kinder schlecht machen, fördern wir das Reich der Finsternis. Wir handeln mit Satans Grundprinzip und Motivation. Jakobus schrieb: »Die Zunge aber kann keiner der Menschen bändigen: [sie ist] ein unstetes Übel, voll tödlichen Giftes. Mit ihr preisen wir den Herrn und Vater, und mit ihr fluchen wir den Menschen, die nach dem Bild Gottes geschaffen worden sind« (Jak 3,8-9).

Quelle dieses »tödlichen Giftes« ist die Schlange. Der eine Teil unseres Leibes, den Satan am meisten zu beherrschen wünscht, ist die Zunge. Sie hat die Macht zu segnen und die Macht zu fluchen; sie ist fähig, den Leib Christi zu erbauen und imstande, ihn abzureißen. Paulus' Worte sind an uns alle gerichtet: »*Sei kein Teufel!*«

Welcher Unterschied besteht zwischen einem Gläubigen, der Gottes Kinder verleumdet und der Schlange, die dasselbe tut? Beide sündigen; beide tun, was Gott hasst; beide begünstigen das Reich der Finsternis.

Zeugnisverweigerung

Wenn Eigenwille die Wurzel der Auflehnung ist, dann folgt daraus, dass es Satan schwerfällt, die Herrschaft Christi zu bekennen. »Deshalb tue ich euch kund, dass niemand, der im Geist Gottes redet, sagt: Fluch über Jesus! und niemand sagen kann: Herr Jesus! außer im Heiligen Geist« (1Kor 12,3). Satan wird sich bei dem Eingeständnis zurückhalten, dass Christus der Herr ist; ausgenommen, Gott zwingt ihn dazu. Kein böser Geist würde das jemals von sich selbst aus sagen.

Ich bin mit Gläubigen zusammengekommen, die nicht bekennen können, dass Christus der Herr ist. Sie mögen das in ihren Herzen bekennen können, aber sie können es nicht öffentlich. Sie finden eine derartige Unterwerfung unter Christus nahezu unmöglich, und von ihm als von dem Herrn zu sprechen ist gleichermaßen schwierig für sie. Sie können Christus auch dann nicht bekennen, wenn Gott die Tür öffnet.

Ein gläubiger Mann erzählte mir, er habe beim Friseur gesessen, als dieser begonnen habe, ihn über Christus und über die Bibel zu befragen. Der Christ erklärte mir: »Ich sah mich einfach außerstande zu reden. Ich hatte niemals zuvor Zeugnis gegeben, und ich hatte einfach nichts zu sagen.« Sicherlich mag solches Schweigen in manchem Fall die Folge mangelnder Übung sein. Wir alle haben schon die Furcht empfunden, unfähig zu sein unseren Standpunkt zu verteidigen oder Fragen zu beantworten, die andere stellen könnten. Aber oft kommt es einfach daher, dass wir uns schämen, zu Christus zu gehören -

es ist einfach so, dass es uns schwerfällt, seine Herrschaft zu bezeugen.

Es gibt, so denke ich, eine gewisse Ähnlichkeit zwischen einem Gläubigen, der es unterlässt, Christus als Herrn zu bekennen und einem Dämon, der das gleichermaßen ablehnt. Natürlich verlangt der Gläubige danach, was bei dem Dämon nicht der Fall ist. Aber der schweigende Christ und der rebellische Dämon haben dies gemeinsam: Beide können sich nicht dareinfinden, Christus in Gegenwart anderer zu ehren.

Wir singen: »Oh, dass ich tausend Zungen hätte«, aber unsere Unschlüssigkeit, die eine zu benutzen, die wir haben, mag ihre Wurzel in einem Mangel an Ergebenheit unter die Autorität Christi haben. Gott beruft uns, ihn zu bezeugen - nicht nur durch unser Leben, sondern auch durch unsere Lippen. Wir verleugnen Christus nicht nur durch unsere ungelehrige Dummheit, sondern auch durch unser Schweigen.

Unreinheit

Mindestens zwanzigmal werden Dämonen im Neuen Testament als »unreine Geister« bezeichnet. Beispielsweise wird von dem Mann im Land der Gerasener gesagt, er habe »einen unreinen Geist« (Mk 5,2). Das hat offensichtlich nichts mit körperlicher Reinheit zu tun, sondern vielmehr mit geistiger und moralischer Unbeflecktheit, das heißt, mit schandbaren und entwürdigenden Gedanken und Handlungen. Unrein zu sein, liegt außerhalb der sittlichen Übereinstimmung mit Gott.

Dasselbe griechische Wort verwendet Petrus, wenn er sich auf jene Lehrer bezieht, die dem Fleisch nachgeben, die verderbte Begierden haben (2Petr 2,10). Das ist die sittliche Unreinheit, die das Gewissen beschmutzt und den Geist verunreinigt. Wer den Fernseher einschaltet, bekommt wildwuchernde Unreinheit zu sehen. Wer den Gesprächen in einem Büro oder in der Fabrikhalle zuhört, findet Unreinheit. Wer einen Zeitungsstand betrachtet, sieht sich der Unreinheit gegenüber.

Nach einer Untersuchung geben mehr als fünfzig Prozent aller christlichen Männer zu, Probleme mit Pornographie in der einen oder anderen Form zu haben. Es wurde ganz richtig gesagt, dass jeder von uns mit dem Mond verglichen werden kann: Wir haben eine dunkle Seite, die niemand sieht. Nur der Heilige Geist kann einen Scheinwerfer auf diesen Teil unseres Lebens richten. Eine Frau bekannte, dreihundert Schundromane verbrennen zu wollen. Sie sagte, es sei als ob man eine Schreibtischschublade mit dem Boden nach oben öffne und den Unrat einfach herausfallen lasse. Ein unreines Bewusstsein war gereinigt worden.

Alles, was Gott nicht entspricht, ist schmutzig. Ich wiederhole: Die Ähnlichkeit darf nicht übersehen werden. Wenn wir von uns selbst anstatt vom Heiligen Geist angetrieben werden, dann werden wir unrein sein, und wir werden wahrscheinlich einen Großteil unserer geistigen Energie aufwenden, mit der wir andere vom Gegenteil zu überzeugen versuchen.

Machtgier

Dämonen wollen menschliche Wesen beherrschen, und wenn es nötig ist, auch Tiere. Als Christus die Dämonen aus dem Mann in den Grüften vertrieb, da baten sie darum, dass er sie in eine Herde Schweine sende. Wen wundert's, dass die Tiere sich in den Fluss stürzten und ertranken (Mk 5,11-13)?

Das Begehren nach Herrschaft wird am deutlichsten in den falschen religiösen Kulten. Nahezu jede dieser Gruppen wird Sie von Ihrer Familie abschneiden. Man wird Ihnen sagen, dass Sie Ihre Freundschaft mit jenen aufkündigen müssen, die eine andere Sicht der Dinge haben. Man wird Ihnen erklären, dass Sie jetzt eine neue Familie haben. Dann beginnt die Kontrolle über Sie. Man wird Ihnen vorschreiben, wie Sie sich zu kleiden haben, was Sie mit Ihrem Geld anfangen sollen und wen Sie heiraten können. Man wird Ihnen diktieren, was Sie glauben und wie Sie leben müssen. Und wenn Sie »bezeugen« gehen, dann werden Sie das nicht allein tun. Sie werden stets einen »Altgedienten« zur Seite haben; gerade dann, wenn es um jemand geht, der versuchen könnte Sie dahin zu bringen, dass Sie Ihren Sinn ändern.

Ein Mann richtete in der Gegend von Chicago in einem Ableger einer evangelischen Gemeinde einen neuen Kult auf. Eines Abends ergab es sich, dass ich bei ihm war, um über verschiedene Dinge zu reden, und er sagte mir, er wünsche sich, dass ich mich seiner Führung unterstellen möge. Er forderte mich auf, an seinem Kaffeetisch niederzuknien und meine Sünden zu bereuen - besonders jene Sünde, dass ich nicht bereit war, mich seiner Führung zu unterstellen. Ich tat es nicht aus einem guten Grund: Ich erkannte, dass ich mich in Wirklichkeit nicht vor Gott, sondern vor ihm beugen sollte. Er selbst wollte im Endeffekt mein Gott sein. Das ist in der Tat erschreckend.

Die Extreme können wir sehen, aber was ist mit weniger offensichtlichen Machtgelüsten? Wir alle haben solche Menschen kennengelernt, die in jeder Konfrontation gewinnen müssen. Sie müssen stets im Zentrum der Aufmerksamkeit stehen. Sie können nicht zugeben, sich zu irren. Sie sehnen sich heftig nach der Macht zu dominieren und zu manipulieren. Sie handhaben ihr Heim und ihr Büro mit Hilfe von Einschüchterung, versteckten Drohungen und Machtspielen. Diese Kontrolle ist so sehr auf jene konzentriert, die sich selbst betrügen sie in Händen zu halten, dass sie wütend werden und wahllos um sich schlagen, wenn sie sie aufgeben müssen.

Eine andere Form der Kontrolle sehen wir bei jenen Leuten, die eifersüchtig ihre Hilfsquellen hüten und sie nicht mit anderen teilen wollen. Sie haben einen Geist des Geizes und begehren ihren Zugriff auf alles zu behalten, was sie haben. Sie sind arme Seelen, die das Wort Christi: »Geben ist seliger als Nehmen« (Apg 20,35) nicht begriffen haben.

Ich kannte einen Christen, der auf dem Totenbett endlich seinen hochmütigen, beherrschenden Geist bekannte. Endlich musste er zugeben, dass es da einige Dinge gab, die ihm aus den Händen geglitten waren. Erst als er in einem Krankenzimmer lag und der Krebs im Endstadium ihn zur Hilflosigkeit verurteilte, da hatte er schließlich den demütigen Geist, der doch sein Leben hätte charakterisieren sollen.

Der Getäuschte weiß nicht, dass er getäuscht wird.

Herrschaft - das Begehren anzueignen, zu besitzen und zu befehlen - ist die Frucht des Eigenwillens. Es ist nur eine weitere Eigenschaft, die wir schließlich in irdgendeiner Weise mit dem Teufel teilen.

Ruhmesliebe

Als der Satan Christus anbot, ihm die Reiche dieser Welt im Tausch für einen einzigen Akt der Anbetung zu geben, da offenbarte er sein tiefstes Begehren. Eigenwille sehnt sich zutiefst nach Anerkennung und Verehrung. Er wird schützen, verherrlichen und Aufmerksamkeit auf sich ziehen, ohne ernsthaft auf das Preisschild zu achten. Der Teufel sehnt sich nach solchen Augenblicken, in denen er im Mittelpunkt steht - als Gegenstand übertriebener Streitgespräche und unterwürfiger Beachtung.

Wer von uns hätte niemals übelgenommen, dass er nicht beachtet oder zugunsten eines minder Qualifizierten zurückgesetzt wurde? Betrug verstärkt dieses Begehren nach Anerkennung; er ist unsere sorgfältig aufgebaute Fähigkeit, von uns selbst ein Bild geistlichen Wesens aufrechtzuerhalten, das von der Wirklichkeit weit entfernt ist. Wenn wir uns unvermittelt dem gegenübersehen, was in uns ist, dann verlegen wir uns aufs Leugnen - die Unwilligkeit, die Wahrheit aufzudecken, wer wir wirklich sind.

Wie leicht sind wir verletzt; wie leicht sind wir wütend, wenn man uns nicht beachtet; wie sehr ähneln wir dem Teufel, der für einen Augenblick der Anbetung die heißen Feuer der Hölle in Kauf nimmt.

Betrug

Satan ist ein Betrüger und er ist auch selbst betrogen. Ganz sicher war es ein Selbstbetrug, als er vor Zeitaltern fiel. Welche Ironie: Er, der meinte sich selbst in die höchsten Höhen zu erheben, stürzte in die tiefsten Tiefen hinab. Die Kluft zwischen dem, was er war, und dem, was er wurde, ist annähernd unendlich weit. Das ist wirklich Betrug.

Betrug ist eine komplizierte Sache. Man bedenke, dass ein Mensch, der betrogen wird, das nicht weiß. Wenn man schon weiß, dass man betrogen wird, dann ist der Betrug nicht echt. Beachten Sie bitte: *Wenn Sie einer Lüge glauben, dann ist sie ja für Sie zur Wahrheit geworden.*

Wir sind über uns selbst betrogen und überschätzen unsere Fähigkeit, unser Leben selbst zu lenken. Wir sind über Gott betrogen und meinen, er stelle unvernünftige Forderungen. Wir sind betrogen, wenn wir denken, dass unser Weg der beste ist. Wir sind betrogen, wenn wir in Hoffnungslosigkeit verfallen und glauben, dass Gott uns nie wieder helfen wird.

Vieles an unserer Täuschung ist vorsätzlich. Oft werden wir getäuscht, weil wir uns sehnen etwas zu sein. Unsere Fähigkeit, unser Verhalten zu beschönigen, um unser Gewissen zu beschwichtigen, muss die guten Engel zum Staunen und die Bösen zum Jubeln bringen. Unser Verstand hat die Fähigkeit, nach Vernunftgrundsätzen zu erklären, was immer auch unser Herz verlangt. Wir können tatsächlich dahin gelangen, unsere eigenen Lügen zu glauben.

Gerade vor einer Woche hörte ich die tragische Geschichte von einem wohlbekannten, erfolgreich wirkenden Pastor, der seine Frau verlassen hatte und mit einer anderen Frau aus seiner Versammlung eine ausgedehnte Urlaubsreise angetreten hatte. Er sagte, sie hätten darüber gebetet und gefühlt, dass dies »der Wille Gottes« sei. Kann irgendjemand daran zweifeln, dass er sich selbst überredet hatte, fest daran zu glauben, was er tat sei wirklich von Gott gewollt? Sieht man nicht geradezu diesen Mann und seine Begleiterin Gott suchen und dabei verzweifelt hoffen, getäuscht zu werden? Ihr Wunsch wurde selbstverständlich erfüllt.

Unser Vermögen, uns selbst und andere zu narren, bestätigt das Wort Jeremias: »Trügerisch ist das Herz, mehr als alles, und unheilbar ist es. Wer kennt sich mit ihm aus?« (Jer 17,9). Sicher können wir unser Herz nicht verstehen; das Ausmaß unseres Vermögens zu täuschen kennt nur Gott. So fährt Jeremia fort: »Ich, der HERR, [bin es], der das Herz erforscht und die Nieren prüft, und zwar um einem jeden zu geben nach seinen Wegen, nach der Frucht seiner Taten« (Vers 10). Wenn all diese Eigenarten Früchte des Eigenwillens sind, dann müssen wir eine Reihe von Hieben gegen den Stamm des Baumes führen. Wir müssen Gott um die Gnade bitten, die Werke des Fleisches »in den Tod« zu geben, die die Taten unseres Erzfeindes widerspiegeln.

Die Axt ist an die Wurzel des Baumes gelegt

Gibt es eine Heilung für den Eigenwillen, der so bittere Früchte getragen hat? Zehn Jahre nach meinen erfolglosen Versuchen, Laura in der Seelsorge zu helfen, nahm sie Verbindung zu mir auf. Im folgenden gebe ich den ersten von zwei Briefen wieder:

> »Als ich vor einigen Jahren unter dämonischen Bedrückungen litt, hatte ich ein ganz niedriges Selbstverständnis und sah mich außerstande, den Sieg zu erfahren, der durch das Blut Jesu bereits für mich erfochten war. Ich war sozusagen geschlagen mit Schuldgefühlen, Scham, Verzweiflung und Hoffnungslosigkeit. Ich sah keinen Ausweg.
>
> Nachdem ich Chicago verlassen hatte, besuchte ich andere Gemeinden, wo sich praktisch das gleiche ereignete. Ich erkannte nicht, dass ich von Dämonen manipuliert wurde, das Wirken von Pastoren zunichtezumachen und Spaltungen unter den Christen zu verursachen. Ich konnte keine Stelle halten, und so trieb ich viele Jahre in die gleiche Richtung, nämlich nirgendwohin.
>
> Etwa vor einem Jahr gab ich es auf, davonzulaufen. Außerdem war ich außerhalb der Rennstrecke gelaufen. Mit des Herrn Hilfe und der Liebe und Geduld der Ältestenschaft sowie der Unterstützung und Liebe der Brüder und Schwestern im Leib Christi begann ich zu glauben, dass Gott mich liebte, und ich konnte ihn bei seinem Wort nehmen. Ich war entschlossen zu glauben, dass ich in Christus Sieg hatte und Sieg über die bösen Anschläge des Teufels.

Mir ist heute klar, dass ich zuvor Lügen geglaubt hatte. Wenn wir uns auf das konzentrieren, was der Feind in unser Herz eingepflanzt hat, dann hat er uns besiegt, dann hat er uns da, wo er uns haben will. Alles Wissen, das ich im Laufe der Jahre erworben hatte, war machtlos, weil es nicht mit Glauben verbunden war. Wie konnte Gott jemanden lieben, der so furchtbar war wie ich? Ich dachte: ›Er verlässt dich geradeso wie du bist, weil er nicht für dich sorgt.‹ Solches waren die Worte, auf die ich jahrelang hörte und denen ich glaubte.

Preis aber sei Gott, er hatte mich niemals aufgegeben! Ich bin zur Annahme meiner Stellung in Christus gelangt. Ich bin ein Miterbe mit ihm und in einem gewissen Sinn erfreue ich mich seiner Vorrechte. Sie können sicher sein, dass ich Gemeinschaft mit ihm habe und dass er mir eine Zunge gegeben hat, die ihn preist und mutig von alledem spricht, womit ich in ihm gesegnet worden bin.

Nichts ist vollkommen, aber ich darf mich nun eines Gefühls der Freiheit erfreuen, eines gesunden Selbstverständnisses und des geistlichen Sieges, denn ›wen der Sohn frei macht, der ist recht frei‹. Ich wünsche, anderen zu helfen, dass sie aus der Knechtschaft des Teufels befreit werden, die untermauert wird durch seine zahllosen Lügen.

Ihnen sei noch einmal Dank gesagt für die Rolle, die Ihnen zukam bei der Anerkennung der Tatsache, dass ich von bösen Geistern gequält wurde. Bitte, beten Sie weiter für mich, dass ich weiterhin auf dem Weg des Sieges wandle.

Gott segne Sie.

Mit freundlichem Gruß in Christus, Laura«

Eine Zeile des Briefes zog meine besondere Aufmerksamkeit auf sich: »Alles Wissen, das ich im Laufe der Jahre erworben hatte, war machtlos, weil es nicht mit Glauben verbunden war.« Alles Wissen kann uns nicht helfen, ehe wir uns entschließen, es zu glauben. Wie aber kann Glaube in unseren Herzen aufgerichtet werden? Natürlich kommt der Glaube aus dem Hören auf das Wort Gottes. Aber parallel dazu muss ein starker Wunsch bestehen, unser Herz und nicht nur unseren Kopf zu Gott zu wenden. Laura gab das Recht auf, wütend zu sein und danach zu handeln; das Recht, verbittert und nachtragend zu sein, und das Recht, Lügen zu glauben, nur weil sie vernünftiger schienen als die Wahrheit.

Der deutsche Theologe Dietrich Bonhoeffer, der sein Leben im Widerstand gegen Hitler ließ, sagte: »Wenn Christus einen Mann ruft, gebietet er ihm: Komm und stirb.« Dem Eigenwillen abzusterben bedeutet nicht, dass wir traurig, düster, niedergeschlagen oder nach innen gekehrt sein müssen. Es kann eine tiefe emotionale Erfahrung sein oder auch nicht. Echte Reue beginnt oft mit Gewissensbissen, aber wenn sie biblisch ist, sollte am Ende Freude stehen. Die Axt an die Wurzel des Baumes zu legen ist nicht einfach eine einzelne Handlung, sondern ein Lebensstil. Es ist das tägliche Anerkennen unserer Abhängigkeit von Christus - dass er tue, was wir nicht tun können. Hier sind einige Wahrheiten, die uns leiten sollen.

1. *Wir müssen glauben, dass Christus uns den Tod unserer Selbstbestimmung möglich gemacht hat.* Wir lesen: »Da wir dies erkennen, dass unser alter Mensch mitgekreuzigt worden ist, damit der Leib der Sünde abgetan sei, dass wir der Sünde nicht mehr dienen ... So herrsche nun nicht die Sünde in eurem sterblichen Leib, dass er seinen Lüsten gehorche« (Röm 6,6.12). Unsere Stellung ist, »in Christus« zu sein. Aber es ist eine tatsächliche Stellung, in der wir von Gott gerechtfertigt sind und darum von unserem Vater für immer angenommen sind. Das macht uns frei von den Entmutigungen die wir erfahren, wenn wir versuchen das Christenleben zu leben. Wir sind von Gott geliebt, wir sind in eine besondere Ehrenstellung erhoben worden. *Alles, was zu tun von uns gefordert wird, beruht auf dem, was Christus bereits vollbracht hat.*

Das Kreuz war nicht nur dazu bestimmt, Hilfe für das zu schaffen, was ich getan habe. Es macht es auch möglich, aus mir einen Anderen zu machen. Das Kreuz war nicht bloß dazu da, das unreine Wasser zu säubern, das aus der Quelle fließt, sondern eine grundlegende Veränderung der Natur der Quelle selbst zu bewirken. Das ist etwas, das Gott für mich in Christus getan hat, und es ist auch etwas, das Gott fortfährt zu tun. Er weiß, dass wir uns nicht selbst kreuzigen können. Kreuzigung ist eine Sache, die jemand für uns tun muss.

Im Neuen Testament gibt es eine gesunde Spannung zwischen dem »schon vollbracht« und dem »noch nicht« unserer Erfahrung. Ja, wir sind in Christus gestorben; ja, in ihm können wir frei werden. Aber das geschieht nicht ohne Kampf, den Kampf des Glaubens. Ja, Christus starb, um sehr wohl möglich zu machen, was unmöglich erscheint. Was man dachte, niemals tun zu können - Gott gibt die Kraft, es zu vollbringen.

Dieser Wahrheiten sicher, können wir Gott für unsere Kämpfe preisen. Wir dürfen niemals den Blick auf die Wahrheit verlieren, die in diesem Buch schon wiederholt angesprochen wurde, dass nämlich der Teufel zu einem Ziel existiert, und dass auch die Kämpfe unseres Fleisches dazu bestimmt sind, uns zu stärken. Gott weiß sehr wohl, wie schwach wir sind. Er weiß besser als wir, wie anfällig wir dafür sind, in unsere bevorzugten Sünden zurückzufallen. Wir sollten nie mehr etwas zu tun haben wollen mit der Lüge, dass unsere hartnäckige Sünde stärker sei als Gottes Vorsorge für uns.

Erinnern wir uns: Satan will erreichen, dass wir ihm zuschreiben was er nicht besitzt, nämlich Unbesiegbarkeit. Er ist gerade so stark, wie wir ihm glauben, dass er ist. Als Laura sich selbst als hilflos sah, da wurde sie so hilflos, wie sie zu sein meinte. Erst als sie auf den Gott aller Hoffnung schaute und glaubte, dass seine Verheißungen wahr seien, wurde sie aus ihrer Entmutigung herausgeführt.

In einem weiteren Brief an mich schrieb Laura, dass die Veränderung ihrer Haltung einsetzte als sie begann, Gott zu preisen, anstatt vor ihm ihr Lebensschicksal zu beklagen. Sie schrieb: Bitte, sagen Sie auch anderen, dass ein Leben im Lobpreis des Herrn eine der wirkungsvollsten Waffen gegen den Feind ist. Satan hasst Lobpreis für Jesus, und ich gewinne es zunehmend lieb, solchen Lobpreis gegen ihn zu verwenden.«

2. *Wir müssen reuig sein, das heißt, mit unseren Beschönigungen und Rechtfertigungen aufhören.* Man beachte, wie müde Laura wurde. Sie sagte, sie habe keinen Ort, an dem sie sich verstecken

könne. Gott brach sie. Weil sie unter neuer Leitung stand, war sie verzweifelt genug, die Anordnungen eines neuen Herrn anzunehmen.

Warum wurde Laura nicht früher geholfen? Weil sie meinte, ihr Problem sei größer als Gottes Lösung. Sie besaß ein ganzes Arsenal von Rechtfertigungen dafür, dass sie sich verhielt, wie sie es tat. Ihre Verteidigungen hatten seit langem auf dem Schluss beruht, dass all ihre Probleme von jemand anderem verschuldet seien. Das ist ein allgemeiner Irrtum, dem wir erliegen, wenn wir unseren eigenen Gefühlen Glauben schenken, anstatt den gnädigen Verheißungen Gottes. Satan hat seinen wichtigsten Sieg errungen, wenn er uns Gründe liefern kann, das zu bezweifeln, was Gott gesagt hat.

Gewöhnlich fordert Gott uns auf, die eine Sache aufzugeben, die am allerschwierigsten ist - die eine Sünde, die wir so eifersüchtig schützen, kleinreden und pflegen. Wenn wir sagen, wir können sie nicht aufgeben, dann leugnen wir, in Christus der Selbstbestimmung gestorben zu sein. Wir müssen uns der Herrschaft des Herrn in allem fügen, was unser Vater im Himmel uns vor Augen führt.

> Der Teufel sagt: »Du kannst nicht.«
> Gott sagt: »Du kannst.«

3. *Wir müssen die Fülle des Heiligen Geistes empfangen.* Die Werke des Fleisches stehen im Gegensatz zur Frucht des Geistes, die Paulus nennt: »Liebe, Freude, Friede, Langmut, Freundlichkeit, Güte, Treue, Sanftmut, Enthaltsamkeit« (Gal 5,22). Paulus verspricht: »Wandelt im Geist, und ihr werdet die Lust des Fleisches nicht erfüllen« (Vers 16). Die meisten von uns meinen, wenn wir die Begierden des Fleisches in den Tod gäben, dann würden wir mit der Fähigkeit belohnt, im Geist zu wandeln. Aber Paulus kehrt diese Anordnung um, und das aus gutem Grund: Er weiß, dass wir die Kraft des Geistes brauchen, um gerade die ersten Schritte auf unserem Weg zu tun. Wir müssen beginnen, im Geist zu wandeln, wenn wir schwach sind. Wir müssen lernen, im Geist zu wandeln, während wir uns in Knechtschaft befinden, denn nur dann können wir frei werden.

Diese Kraft des Geistes wird durch Glauben empfangen. Jeden Tag dürfen wir die Versicherung in Anspruch nehmen, dass der Heilige Geist in unserem Leben wirkt. Wie wir durch Glauben Christus empfangen haben, so wandeln wir auch durch Glauben. Nur der Geist kann uns frei machen und uns auf diesem Weg halten.

4. *Schließlich ist, wie wir schon vorausgesetzt haben, Glaube der Schlüssel.* Ich zitiere aus Lauras zweitem Brief: »Ich preise Gott, dass er nicht lügen kann und niemals lügen wird. Es war so hart in den Jahren an meinen Sieg zu glauben, weil sich Satan selbst vor meinen Augen sehr stark erscheinen ließ. Er ließ mich fühlen, dass ich kein Gegner für ihn war und dass er mich niemals gehen ließe ... Jetzt weiß ich es besser.«

Gott ist gut. Seinen Versprechen muss man glauben, und wenn wir uns für diesen Weg entscheiden, dann wird Gott nicht nur tun, was gut für ihn ist, sondern auch, was gut für uns ist. Wir müssen die Anschauung überwinden, dass etwas angenehm sein muss, wenn es gut sein soll. Wir müssen auch die Ansicht überwinden, dass etwas schlecht ist, wenn es von Satan kommt. Natürlich *meint* Satan es schlecht, aber Gott *meint* es gut. Satans Angriffe können nur schlecht sein, wenn wir falsch darauf reagieren. Er sucht unseren Schaden, aber wenn wir die Prüfung bestehen, dann wird Gott uns segnen. Jakobus schrieb: »Glückselig der Mann, der die Versuchung erduldet! Denn nachdem er bewährt ist, wird er den Siegeskranz des Lebens empfangen, den er denen verheißen hat, die ihn lieben« (Jak 1,12).

Wenn wir bereit sind, »die Werke des Fleisches in den Tod« zu geben (Röm 8,13), dann werden wir Gott nicht länger sagen wollen, was er tun und was er nicht tun kann, uns zu veredeln. Das Eigentumsrecht an unserem Leben wird dann übertragen sein, und wir werden Gott glauben, dass er größer ist als unsere Umstände und als der Teufel, dem es oft gestattet wird, sie zu gestalten.

Die Geier sammeln sich anderswo, wenn die Kadaver entfernt worden sind.

Die Dämonen, die die uns innewohnende Sünde als Startbahn für ihre Terroranschläge benutzt haben, werden sich vor die Tatsache gestellt sehen, dass ihre Macht beschnitten wurde. Sie werden es schwieriger finden, einen Keil zwischen Gott und uns zu treiben. Sie werden herausfinden, dass das Territorium, das sie einst für sich beanspruchten, nun ihrem Zugriff entglitten ist. Sie werden entmutigt sein, weil wir diese Dinge bereut haben, die uns schließlich zu etwas ihnen Ähnlichem machten. Die Eigenarten, die wir mit der Schlange teilen, verschwinden, und wir sind verwandelt in Gleichheit des gesegneten Sohnes Gottes. Christusähnlichkeit wird unsere erste Priorität. Auf Christus schauend werden wir ihm ähnlich.

Laura war schließlich von ihrer dämonischen Bedrückung frei geworden; ohne Konfrontation mit den Geistern und ohne dass sie ausgetrieben wurden. Die Sünden, die diese Dämonen so klug ausgenutzt hatten, verschwanden unter dem Blut Christi. Der Glaube wuchs in ihrem Herzen, und die Frau, die sie so wütend gemacht hatten, sang Gott Loblieder. Die Frau, die andere getadelt hatte, entdeckte, dass Gott nur denen hilft, die stillstehen und zulassen, dass ihre größte Not die in ihren eigenen Herzen ist.

Die Geier sammeln sich anderswo, wenn die Kadaver vom Grundstück entfernt worden sind. Die Fliegen, die die Fäulnis umschwirren, verlassen den Platz wenn das tote Ungeziefer begraben ist. Der Wolf kehrt um, wenn das Schaf, das er verfolgt, nahe beim Hirten bleibt.

Wir sind von einer Schlange gebissen worden, aber die Wunde wurde aufgeschnitten, und es gibt ein Serum, das die Wirkung des Giftes neutralisiert. Christus kam, um uns durch Glauben »wirklich frei« zu machen.

11

DIE SCHLANGE IST AUS DEM HIMMEL HINAUSGEWORFEN

Gottes Gericht lässt oft lange auf sich warten, aber wenn es da ist, dann ist es schnell und gewiss. Wenn Gott - wie wir wissen - beginnt, die menschliche Geschichte aufzurollen, dann wird der Untergang der Schlange in einer Reihe von Stufen vonstatten gehen. Der Feuersee war Luzifer von dem Augenblick an unausweichlich, in dem er sagte: »Ich will ... dem Höchsten mich gleich machen« (Jes 14,14). Aber Gott hat das Unausweichliche jahrhundertelang verschoben. Wenn er Satan nicht mehr zur Erfüllung seiner eigenen Ziele benötigt, dann wird das Ende kommen.

Am Kreuz wurde der Fürst dieser Welt »hinausgeworfen« (Joh 12,31). Dort wurde Satan gerichtet und für schuldig befunden. Sein Urteil - Verderben - wurde für alle sichtbar hochgehalten. Man entblößte ihn aller Autorität und zeigte seine Mangelhaftigkeit. Als er sich im Staub der Niederlage und des schließlichen Verderbens wand und krümmte, da war er gezwungen zuzugeben, dass Christus Sieger ist. Satan führte einen Schlag gegen das Haupt, aber die beabsichtigte Vergeltung war doch nur ein Zwicken in Christi Ferse. Alles in allem bot er nun einen jämmerlichen Anblick.

Oh ja, Blitz und Donner ereignen sich im gleichen Augenblick, aber wir sehen zuerst den Blitz und hören das Grollen des Donners erst später. Am Kreuz sahen wir den

Blitz, aber es vergeht eine lange Zeit, ehe wir den Donner hören. Satan kämpft weiter, und ohne Zweifel hält er seine Günstlinge mit optimistischen Frontberichten bei der Stange. Aber sogar schon jetzt, während Sie diese Seiten lesen, ist der Krieg vorüber.

Satans endgültiger Zusammenbruch ereignet sich in drei Stufen. Zuerst wird er aus dem Himmel hinausgeworfen (das ist das Thema dieses Kapitels). Sodann wird er für tausend Jahre gebunden. Schließlich wird er in den Feuersee geworfen (das ist das Thema des nächsten Kapitels). Er weiß ebensogut wie wir, dass diese Gerichte am Horizont stehen. Wenn er an die Zukunft denkt, ist er erschrocken.

Hat Satan heute Zugang zum Himmel? Die Antwort hängt davon ab, wie man Offenbarung 12 versteht. Einige lehren, dass Satan aus dem Himmel hinausgeworfen wurde, als Christus am Kreuz starb. Jedenfalls sagte Christus, »jetzt wird der Fürst dieser Welt hinausgeworfen werden« (Joh 12,31). Christus erzählte seinen Jüngern auch: »Ich schaute den Satan wie einen Blitz vom Himmel fallen« (Lk 10,18). Aber es ist unwahrscheinlich, dass Christus über den Sturz Satans aus dem Himmel gesprochen hätte, wie es in Offenbarung 12 beschrieben wird. Einerseits traf Christus diese Feststellung, bevor er ans Kreuz ging und sogar noch ehe er voraussagte, dass der Fürst dieser Welt hinausgeworfen werden würde. Zum anderen hatten die soeben zurückgekehrten Jünger gerade durch Lobpreis ihre Freude bekundet, dass Dämonen ausgetrieben worden waren. Christus sah Satan fallen durch ihren Dienst. Dahinter steht der Gedanke, dass er Satan »*fallen* sah«.

Wenn Satan heute Zugang zum Himmel hat, wie ich es glaube, dann geschieht das, um mit Gott über uns zu reden. Besonders kommt er, um zu verklagen, zu schmeicheln und um die Erlaubnis zu erwirken, Menschen auf der Erde zu terrorisieren, soweit es ihm Gott erlaubt. Obgleich er mit der ganzen Menschheit im Krieg steht, richten sich seine besonderen Angriffe gegen die, von denen er weiß, dass sie auf ewig Gott gehören. Begreiflicherweise ereignen sich heutigentags Dialoge wie die im Buch Hiob.

Weitere Gründe, die mich glauben lassen, dass Satan noch nicht ganz aus dem Himmel verbannt ist, werde ich später anführen. Und wie wir sehen werden hat das, was wir über die Zukunft glauben, Auswirkungen darauf, wie wir unsere heutige Kriegführung gegen Satan einrichten.

Wenden wir uns den Einzelheiten zu.

Die zwei grossen Zeichen

»Und ein großes Zeichen erschien im Himmel: Eine Frau, bekleidet mit der Sonne, und der Mond [war] unter ihren Füßen und auf ihrem Haupt ein Kranz von zwölf Sternen. Und sie ist schwanger und schreit in Geburtswehen und in Schmerzen [und soll] gebären« (Offb 12,1-2). Dieser Symbolismus bedarf der Klärung durch andere Passagen der Heiligen Schrift. Eine sorgfältige Untersuchung der Textstelle wird zeigen, dass sie nicht so schwer zu verstehen ist, wie es scheint.

Die Frau repräsentiert Israel; die zwölf Sterne sind ein Symbol für die zwölf Stämme, und Sonne und Mond erinnern uns an den Traum Josephs, in dem diese Himmelskörper seine Eltern Jakob und Rahel darstellten. Einen weiteren Beleg dafür, dass die Frau Israel ist, bietet die Tatsache, dass sie durch die große Trübsal hindurch weiter existiert.

Die Frau war im Begriff zu entbinden; ein Hinweis auf Christus, der in Bethlehem geboren wurde. Sie gebiert einen Sohn, »der alle Nationen hüten soll mit eisernem Stab; und ihr Kind wurde entrückt zu Gott und zu seinem Thron« (Vers 5). Das ist in einem Satz die Zusammenfassung der Geburt Christi, seines Lebens und seiner Himmelfahrt.

Das zweite Zeichen ist das: »Ein großer, feuerroter Drache, der sieben Köpfe und zehn Hörner und auf seinen Köpfen sieben Diademe hatte« (Vers 3). Die Kronen stehen für seine Autorität, die zehn Hörner sind offenbar die zehn Königreiche in Daniel 7,7-8, wo wir eine Beschreibung des geeinten Europa finden, das von Satans Marionette, dem Antichristen, beherrscht wird. Hier ist der Drache, der dieses politischreligiöse System beherrscht, rot - vielleicht in Erinnerung daran, dass Satan ein Mörder ist.

Er wurde aus dem Himmel hinausgeworfen von einem, der einst sein Untergebener war.

Da ist noch mehr. »Und sein Schwanz zieht den dritten Teil der Sterne des Himmels fort; und er warf sie auf die Erde« (Vers 4). Wenn diese Sterne Engelswesen sind, was sehr wahrscheinlich ist, dann ist diese Passage eine Rückblende auf die Macht Satans, unzählige Engel vom Himmel zur Erde zu schleudern. Wir haben schon davon gesprochen, dass ein Drittel der Engel sich seiner Rebellion gegen Gott angeschlossen hatte. Johannes sah vergangene und gegenwärtige Ereignisse sich wie in einem Kaleidoskop überschneiden. Er wird sich manche Ereignisse vorgestellt haben, ohne alle sich überlagernden Grenzbereiche zu entdecken.

Das Bild ist absichtlich verzerrt. Der boshafte Drache steht bereit; er wartet darauf, dass die Frau gebiert, damit er das Kind verschlingen kann. Wir denken unvermittelt an Herodes, der Christus töten wollte, als er in Bethlehem geboren worden war. Das war der erste einer Reihe von Versuchen, Christus zu töten, die Satan unternahm.

Das Kind entkommt natürlich. Maria, Joseph und der kindliche Christus fliehen nach Ägypten, um Herodes' Pläne zu vereiteln, und als sie nach Nazareth zurückkehren, wächst Christus in ihrem Hause auf wie ein normales Kind. Später offenbart er sich als Messias, wird zurückgewiesen und wird für die Sünde der Welt gekreuzigt. Dann wird er aus den Toten auferweckt und in den Himmel aufgenommen, wie diese Passage auch lehrt.

Dann zeigt Johannes die Frau, wie sie in die Wildnis flieht, wo sie zweiundvierzig Monate oder dreieinhalb Jahre lang beschützt und versorgt wird. Das verweist auf die letzten dreieinhalb Jahre der sieben Jahre währenden Trübsalsperiode. Noch einmal will Satan das jüdische Volk vernichten, aber sein Versuch schlägt fehl.

Und nun folgt der beste Teil.

DER KRIEG IM HIMMEL

Es sollte uns nicht überraschen herauszufinden, dass Satan immer noch im Himmel ist. Offensichtlich bewilligt Gott ihm immer noch einige der Privilegien, die er vor seiner Auflehnung genoss. Jetzt aber muss er die Herrlichkeiten des Himmels verlassen, um nie mehr zurückzukehren. Er muss nun einen letzten schnellen Blick auf die Herrlichkeit erhaschen, denn er wird diese Gefilde nie wieder betreten. Welch eine Ewigkeit an Erinnerungen wird er mit sich schleppen!

Obwohl Michael so großen Respekt vor Satan hat, dass er nicht mit ihm um den Leib Moses streiten mochte (Jud 9), kämpft er nun mit unfehlbarer Zuversicht. »Und es entstand ein Kampf im Himmel: Michael und seine Engel kämpften mit dem Drachen. Und der Drache kämpfte und seine Engel; und sie bekamen nicht die Übermacht, und ihre Stätte wurde nicht mehr im Himmel gefunden« (Offb 12,7-8). Vergessen wir nicht, dass Michael und Luzifer zu einer Zeit auch einmal Kollegen waren; sie dienten demselben Herrn und hatten im wesentlichen dieselben Pflichten. Da ist es wahrscheinlich, dass Michael zu einer Zeit unter Luzifer diente - in dieser Schlacht zu unterliegen, war also besonders schmerzlich für den Teufel. *Er wurde aus dem Himmel hinausgeworfen von einem, der einst sein Untergebener gewesen war.*

Das ist das himmlische Gegenstück zu Christi Sieg auf der Erde. Der Sieg am Kreuz wurde nun übertragen in einen Sieg im Himmel. Der Teufel und seine Engel wurden hinausgeworfen und verloren ihren Platz im Himmel. Die Schlange blickt zum letztenmal gen Himmel und weiß, dass dessen Tore ihr nun mit Riegeln verschlossen sind. Man stelle sich Satans Wut vor, wie er die Tore des Himmels sich schließen sieht hinter den Heiligen, die er auf Erden verfolgt hat und die nun in der fleckenlosen Schönheit Jesu vor dem Thron Gottes stehen! Er sieht sie über die Engel erhoben als Brüder Christi, obgleich sie doch viele derselben Sünden begangen haben wie er. Er weiß, dass sie ewig dort sein werden; er weiß auch, wo *er* in alle Ewigkeit sein wird. Es kann nicht verwundern, dass er überaus wütend ist.

Ein weiterer Grund für die Annahme, dass dieses Ereignis in der Mitte der Trübsalsperiode stattfindet, besteht darin, dass hier der Beginn des künftigen Königreichs angekündigt ist. »Und ich hörte eine laute Stimme im Himmel sagen: Nun ist das Heil und die Kraft und das Reich unseres Gottes und die Macht seines Christus gekommen; denn [hinab]geworfen ist der Verkläger unserer Brüder, der sie Tag und Nacht vor unserem Gott verklagte« (Offb 12,10). Dieses Königreich konnte nur ausgerufen werden, weil Satan, der Verkläger der Brüder, hinausgeworfen worden war. Wenn wir dieses Königreich für das Tausendjährige Reich halten - die bevorstehende buchstäbliche Herrschaft Christi auf Erden, dann scheint es, dass Satan aus dem Himmel geworfen wurde, um alles für diese besondere Herrschaft Christi vorzubereiten.

Auch scheint das Intervall zwischen dem Krieg im Himmel und Satans Einkerkerung während des Tausendjährigen Reiches nur ein sehr kurzer Zeitraum zu sein. Nachdem er hinausgeworfen ist, lesen wir: »Wehe der Erde und dem Meer! Denn der Teufel ist zu euch hinabgekommen und hat große Wut, da er weiß, dass er [nur] eine kurze Zeit hat« (Vers 12). Er schlägt die Erde unablässig, denn er ist sehr wütend.

Wäre Satan aus dem Himmel geworfen worden, als Christus starb, dann wäre diese »kurze Zeit« auf eine Spanne von mehr als zweitausend Jahren ausgedehnt worden. Wahrscheinlicher ist, dass Johannes uns folgendes deutlich machen will: Der Teufel ist wütend, weil ihm nur dreieinhalb Jahre bleiben, ehe Christus in Herrlichkeit zurückkehrt und Satan während der folgenden tausend Jahre im Abgrund eingesperrt sein wird.

Ein letzter Grund, der uns Anlass gibt, all dies als ein Endzeit-Szenario anzusehen: Satan fährt fort, Israel zu verfolgen, eine Verfolgung, die sich während der Trübsalsperiode ereignet. Wir lesen: »Und als der Drache sah, dass er auf die Erde geworfen war, verfolgte er die Frau, die das männliche [Kind] geboren hatte« (Vers 13). Die Frau flieht nun in die Wildnis, wo sie »eine Zeit und Zeiten und eine halbe Zeit« lang versorgt wird. Das verweist auf einen Zeitraum von dreieinhalb Jahren; »eine Zeit« ist ein Jahr, »Zeiten« sind zwei Jahre und »eine halbe Zeit« sind sechs Monate (vgl. Dan 7,25; 12,7; Offb 11,2; 13,5). Diese letzte Verfolgung dauert dreieinhalb Jahre.

Er, der stets begehrte, den verheißenen Samen zu vernichten, um so die Ziele und Pläne Gottes zunichte zu machen, unternimmt nun einen letzten Versuch, das Volk Israel vom Angesicht der Erde hinwegzufegen. Der Frau nachjagend, ruft die Schlange eine Flut hervor, die sie hinwegspülen soll, aber die Erde saugt das Wasser auf. Was immer das sonst noch bedeuten mag - es ist klar, dass es sich um eine letzte satanische Bemühung handelt, das Volk zu vernichten. Irgendwie steht Gott den Israeliten bei, so dass sie nicht vollständig ausgelöscht werden.

Satans glänzender Augenblick

Und plötzlich scheint es so, als sei Satans Ziel in Reichweite gelangt! Seinen Platz im Himmel zu verlieren hat ihn nur umso entschlossener gemacht, sein Ziel auf der Erde zu erreichen. Während der letzten dreieinhalb Jahre der Trübsalsperiode beherrscht Satan durch den Antichristen die Welt. Obwohl er weiß, dass seine Zeit kurz ist, will er das Beste daraus machen. Wir lesen diese niederschmetternden Worte:

»*Und es wurde ihm gegeben, mit den Heiligen Krieg zu führen und sie zu überwinden; und es wurde ihm Macht gegeben über jeden Stamm und jedes Volk und jede Sprache und jede Nation. Und alle, die auf der Erde wohnen, werden ihn anbeten,* [*jeder,*] *dessen Name nicht geschrieben ist im Buch des Lebens des geschlachteten Lammes von Grundlegung der Welt an*« (Offb 13,7-8).

Wenn der Antichrist erscheint, wird die Welt bereit sein, einen Führer zu vergöttern, der zu haben scheint, was nötig ist, die Welt zu einen und in eine Ära des Friedens zu führen. Es genügt Satan nicht, in einem Menschen zu wohnen, der behaupten wird, er sei Gott. Der Meisterbetrüger wird tatsächlich versuchen, die drei Personen der göttlichen Dreieinheit zu imitieren. Diese drei Persönlichkeiten werden ihr Bestes versuchen, die

Welt in die Irre zu führen, indem sie vorgeben, der wahre lebendige Gott zu sein.

In dieser Fälschung entspricht zunächst einmal Satan selbst Gott, dem Vater; die Schrift spricht von ihm als von dem »Drachen«, der seine Autorität dem Tier gibt, dem Antichristen (Offb 13,4). So will Satan die Welt glauben machen, er sei Gott. Dieser Traum wird bald zu einem Alptraum werden.

Zweitens ist da das von dem Drachen bevollmächtigte Tier, das in der Fälschung Christus entspricht. Der Antichrist wird sein Bestes geben, Wunder zu vollbringen und Christi Auferstehung nachzuahmen. Besonders lesen wir: »Und [ich sah] einen seiner Köpfe wie zum Tod geschlachtet. Und seine Todeswunde wurde geheilt, und die ganze Erde staunte hinter dem Tier her« (Offb 13,3). Die Welt wird glauben, dass der Antichrist eine Verletzung überlebt hat, die jedem anderen Menschen den Tod gebracht hätte. Das wird auch die Kritiker überzeugen, dass man diesem Mann folgen und ihn anbeten muss.

Schließlich wird es religiöse Einheit geben - der Drache und das Tier werden die Verehrung der Welt empfangen. Oh ja, alle, die auf der Erde wohnen, werden ihn anbeten; nur nicht die Erwählten, deren Namen vor Grundlegung der Welt in das Buch des Lebens geschrieben wurden. Abgesehen von den verhältnismäßig wenigen, die es wagen Einspruch gegen diesen Diktator zu erheben, wird er die Herzen der Welt erobern.

Auf dem Gipfel der Karriere Hitlers veränderten viele das Gebet des Herrn in: »Unser Vater Adolf, der in Nürnberg ist, das Dritte Reich komme«. In gleicher Weise werden die Menschen den Antichristen anbeten, der der Welt mit finanzieller Hexerei eine stabile ökonomische Basis gibt. Er wird derjenige sein, den man des Lobpreises würdig erachten wird, den man ihm entgegenbringt.

Auf das dritte Mitglied dieser unheiligen Trinität wird Bezug genommen mit dem zweiten Tier in Offenbarung 13,11-18. Geradeso, wie der Heilige Geist die Aufmerksamkeit auf Christus lenkt, so hat dieser Bösewicht den Auftrag, die Welt zur Anbetung des Antichristen zu führen. »Es veranlasst die Erde und die auf ihr wohnen, dass sie das erste Tier anbeten, dessen

Todeswunde geheilt wurde« (Vers 12). Um das Vertrauen der Welt zu gewinnen, wird dieses Tier große Wunder vollbringen. Viele der Wunder, die von dieser unheiligen Triade gewirkt werden, sind aufgeführt: Feuer wird vom Himmel fallen, die tödliche Wunde wird geheilt werden und Standbilder werden zu sprechen beginnen (wobei das vermutlich durch eine Gaunerei bewirkt wird, da es unwahrscheinlich ist, dass Satan Leben schaffen kann).

Woher wird der Antichrist solch furchteinflößende religiöse Macht nehmen? Er wird einige Dinge tun, von denen die Menschen annehmen, dass nur Gott sie tun kann. Paulus schreibt über ihn, dass sein Handeln »gemäß der Wirksamkeit des Satans erfolgt, mit jeder Machttat und mit Zeichen und Wundern der Lüge und mit jedem Betrug der Ungerechtigkeit für die, welche verloren gehen, dafür, dass sie die Liebe der Wahrheit zu ihrer Errettung nicht angenommen haben« (2Thes 2,9-10). Die drei hier verwendeten Worte - *Machttat, Zeichen, Wunder* - werden alle auch bei den Wundern Christi angewandt. Die Macht des Antichristen, die Werke Christi nachzuahmen, ist so bemerkenswert, dass Menschenmassen ihm glauben werden.

Hitler sagte, eine große Lüge sei immer wirkungsvoller als eine kleine. Wenn es so ist, dann wird die Lüge, der Mensch sei Gott, sehr wirkungsvoll sein. Ein Volk, das in dem geschult und ausgebildet wurde, was wir heute unter dem Namen New Age kennen, wird daran glauben. Das ist Satans verdrehter Versuch, sein Versprechen gegenüber Eva wahrzumachen: »Ihr werdet sein wie Gott«.

Satans heißester Wunsch wird verwirklicht sein. Die ganze Welt wird seinen Menschen anbeten, aber hinter diesem steht Satan. In Wirklichkeit betet die ganze Welt ihn an!

AM ENDE: KONTROLLE

Nach einem Bericht des Barna-Forschungsinstituts glauben etwa zwei Drittel der Amerikaner, dass in den verschiedenen Religionen der Welt in Wirklichkeit derselbe Gott angebetet wird. Diese Schau religiöser Einheit ist es, die die Welt in die einheitliche Weltreligion und Weltregierung treiben wird. Religion und Politik werden in einer Person zusammenkommen. Die Wissenschaft des Geistigen und die Wissenschaft von der Wirtschaft werden zu einer einheitlichen Weltphilosophie vermischt.

Heute gibt es ein Netzwerk von Organisationen, die eine einheitliche Weltordnung entwickeln sollen, mit der die Probleme von Krieg, Hunger und wirtschaftlicher Instabilität gelöst werden sollen. Geschnürt werden wird dieses Bündel von einem Weltherrscher, der das Charisma hat, die Religionen der Welt zu einen und eine politische Struktur zusammenzuschweißen die die Kraft hat, eine weltweite Einheitsorganisation zu schmieden. Er wird beides sein: Priester und König, Messias und Kaiser.

Dieser Herrscher wird seine Kraft aus derselben Quelle schöpfen wie Adolf Hitler, der Deutschland mit derart hypnotischer Anziehungskraft beherrschte, dass die Menschen ihn praktisch unwiderstehlich fanden. Hitler war durch die Tiefen okkulter Verwandlung gegangen, so dass - um die Worte eines seiner Freunde zu gebrauchen - »sein Leib nur die Hülle für den Geist war, der ihn bewohnte«.

Alle ursprünglichen Lehren, die wir im dritten Kapitel der Genesis lesen, werden hier wiederkehren: Die Gottheit des Menschen, die Veränderung des Bewusstseins (»Erleuchtung«), Bedingtheit der Moral und so weiter. Möglicherweise könnte sogar Reinkarnation bemüht werden, um die Rede davon zu verbreiten, dass eine große historische Persönlichkeit der Vergangenheit zurückgekommen sei. Man denke sich die Ehrfurcht und Anbetung, die man einer Person entgegenbringt, die von sich behaupten kann, »aus den Toten auferstanden« zu sein, indem sie zu unserer Existenzweise zurückerneuert worden sei.

Er wird in eine Religion einführen, die das Christentum in jeder Hinsicht verfälschen wird. Anstatt von Gebeten wird es Mantras geben, statt der Prediger Gurus, anstelle der Propheten Medien und die Zehn Gebote der Bibel werden durch neue Gebote für das New Age ersetzt werden.

Wenn nun Satans Marionette ihren Platz eingenommen hat, wird sie in der Lage sein, die Welt durch ein gewaltiges finanzielles Netzwerk zu regieren, das auf strengen Kontrollen beruht. Niemand wird kaufen oder verkaufen können ohne »das Zeichen des Tieres«. Wer seine Autorität herausfordert, wird getötet werden. Wie Hitler wird der neue Messias den Juden größten Hass entgegenbringen und Rache an ihnen üben.

Vorhersagen über ein solches Weltsystem werden seit Jahren in der New-Age-Literatur getroffen. H.G. Wells sagte, dass es eines Tages eine weltweite Revolution geben werde, die von einer großen Menge und Vielzahl sich gegenseitig überlappender Gruppen getragen sei, die nun »schon zu gemeinsamer politischer, sozialer und erzieherischer Tätigkeit als auch zur Propaganda organisiert« seien.[1] Er fährt fort:

> »Sie wird zu einer großen Weltbewegung anwachsen, so weitverbreitet und sichtlich wie der Sozialismus oder Kommunismus. Sie wird großteils an Stelle dieser Bewegungen treten, denn sie ist mehr, sie ist eine Weltreligion. Diese große, lose, sich an alles anpassende Menge von Gruppen und Verbänden wird klar und eindeutig das Ziel verfolgen, die gesamte Bevölkerung der Welt zu verschlucken, und zur neuen Gemeinschaft des Menschen werden.«[2]

Das ist der Höhepunkt, dem all die verschiedenen Fasern religiöser Einheit zustreben. Auch die Ausflüsse der Satansverehrung, die wir heutzutage sehen, können als Nebenflüsse in diesen vereinten Strom okkulter Religion einmünden. Hier haben wir den Gipfel der Vergottung des Menschen. Endlich werden die Probleme der Welt überwunden - mit geistigen Lösungen.

Unter dem Deckmantel löblicher Schlagworte wird die Vergottung des Menschen ihre höchste Zustimmung erlangen. Jeder Widerspruch wird beiseitegestellt und die Neue-Welt-Ordnung wird beginnen.

Auf den, der da nicht mitzieht, warten Einschüchterung, Hungertod und Vernichtung.

Der Teufel wird regieren.

DIE ÜBERWINDER

Welches Szenario wir in Bezug auf die Endzeit auch übernehmen, so ist doch klar, dass es während der Trübsalsperiode Gläubige gibt, während Satan durch den Antichristen die Welt regiert. Einige ziehen die Existenz dieser Gläubigen als Beleg dafür heran, dass die Gemeinde durch die Trübsalsperiode hindurchgehen werde. Sie seien vor dem direkten Zorn Gottes geschützt, litten aber Verfolgung und Tod von der Hand der Schergen des Drachen.

Ich ziehe es vor zu glauben, dass die Gemeinde entrückt wird, ehe die Trübsal beginnt, und dass es ein Überrest (hauptsächlich aus den Juden) sein wird, der durch die Trübsalszeit hindurchgerettet werden wird. Welches Szenario man auch annehmen mag - sie alle stimmen darin überein, dass fromme Menschen herausgefordert sein werden, das Tier zu überwinden.

Und wie wird dieser gläubige Überrest dem Angriff Satans begegnen? So, wie wir es auch tun. »Und sie haben ihn überwunden um des Blutes des Lammes und um des Wortes ihres Zeugnisses willen, und sie haben ihr Leben nicht geliebt bis zum Tod« (Offb 12,11).

Zum ersten überwinden sie ihn durch das Blut des Lammes. Satan kann jene nicht mehr verklagen, die dank des Opfers Christi von Gott angenommen worden sind. Jeder Anklage sind nun die Lippen verschlossen. Wir lesen: »Dem, der uns liebt und uns von unseren Sünden gewaschen hat in seinem Blut« (Offb 1,5). Es macht nichts, wie umfassend Satans endzeitliches Netzwerk auch ist - die Kraft des Kreuzes bleibt bestehen. Tatsächlich sehen wir die Kraft des Kreuzes am deutlichsten, wenn die Mächte des Bösen zu triumphieren scheinen.

***Die Verkündigung des Evangeliums ...
versetzt uns in die Lage,
dem Toben Satans zu widerstehen.***

Auch jene von uns, die im christlichen Glauben unterwiesen sind, erfassen oft nicht die Bedeutung des Blutes Christi, der Grundlage unserer Vergebung und unseres Sieges. Am Ende eines schweren Tages des Versagens und der Sünde sind wir versucht, vor Gott zu treten und ihm zu sagen, dass wir wirklich nicht erwarten, dass unsere Gebete beantwortet werden, weil wir so jämmerlich versagt haben. Im Gegensatz dazu meinen wir, Gott werde uns sicherlich erhören, wenn wir einen guten Tag gehabt haben und unsere Beziehung zu Gott in Ordnung zu sein scheint.

Wir irren uns in beiden Fällen. Ob unser Tag gut war oder schlecht - unsere Basis, auf der wir uns Gott nähern, ist stets dieselbe, nämlich das Blut Christi. Und ob unsere Schuld objektiv ist (jene Schuld, die vor Gott erscheint), oder subjektiv (die Schuldgefühle, die wir in unserem Gewissen spüren), das Heilmittel ist stets dasselbe: Das Blut Christi.

Als Mose in Ägypten war, wurden die Häuser der Israeliten verschont wegen des Blutes an ihren Türpfosten. Da spielte es keine Rolle, ob die Familien im Innern der Häuser einen guten oder einen schlechten Tag gehabt hatten; es spielte keine Rolle, ob sie erfolgreich die Sünde überwunden hatten oder nicht, obwohl das in anderer Hinsicht wichtig war. Von Bedeutung war hier nur das Blut. Denn Gott hatte gesagt: »Wenn ich das Blut sehe, dann werde ich an euch vorübergehen« (2Mo 12,13).

Zum zweiten überwinden sie ihn durch das »Wort ihres Zeugnisses« (Offb 12,11). Die Verkündigung des Evangeliums, das Beharren darauf, dass Christus für uns starb und dass wir seinen Sieg erfahren haben - das versetzt uns in die Lage, der Wut Satans entgegenzutreten. Das ist auch die einzige Hoffnung für unser Land und für unsere Kultur.

Zum dritten ist auch das Geschenk des Martyriums etwas, was Satan daran hindert, einen Sieg zu erringen. Johannes schrieb: »Und sie haben ihr Leben nicht geliebt bis zum Tod« (Vers 11). Diese Gläubigen werden unter der Herrschaft eines wiedererstandenen Römischen Reiches sterben, geradeso wie die frühen Christen unter der Herrschaft des alten. In beiden Fällen ist ihr Martyrium gottgewollt. Mögen satanische Kräfte zur

Vernichtung anstiften - Gott ist es, der die *Vollmacht* gibt. So, wie es Gottes Wille war, dass Christus von der Hand böser Menschen sterben musste, so sterben seine Anhänger unter derselben Sorgfalt und nach demselben glückbringenden Plan. Auch hierin ist der Teufel immer noch Gottes Diener.

Wie Luther schrieb:

> Nehmen sie den Leib,
> Gut, Ehr, Kind und Weib:
> lass fahren dahin,
> sie habens kein Gewinn,
> das Reich muss uns doch bleiben.[3]

Der Tod kann die nicht schrecken, die dem Fürsten des Lebens nachfolgen.

Aber die trotzigen Tage der Schlange sind kurzlebig. Gott wird nicht zulassen, dass diese gefälschte Führerschaft lange unbestritten bleibt, und das aus gutem Grund: Der Vater wird nicht lange einen Menschen tolerieren, der die Verehrung für sich in Anspruch nimmt, die doch Gottes Sohn gehört. Der leichtsinnige Optimismus über die menschliche Fähigkeit, die Welt zu regieren, wird bald ein Ende finden. Satans Tage sind gezählt.

Die Krise steht vor der Tür.

12

DIE SCHLANGE IN DER EWIGEN ERNIEDRIGUNG

Wir können nur darüber spekulieren, was geschehen wäre, wenn man Luzifer den Feuersee gezeigt hätte, ehe er sich zur Auflehnung entschloss. Wenn er nur geglaubt hätte, dass Gott stets den besten Weg weiß - seine tragische Geschichte läse sich heute sicher ganz anders. Nun aber können Jahrhunderte sadistischer Rebellion nicht eine Stunde im Feuersee ausgleichen. Und dieses Feuer wird niemals erlöschen.

Im Alten Testament hatte Gott wiederholt ein künftiges Reich angekündigt, in dem Rechtschaffenheit und Gerechtigkeit überwiegen würden. Er sprach von einem Tag, an dem die Menschen ihre Waffen niederlegen und in Ruhe und Frieden miteinander leben würden. »Dann werden sie ihre Schwerter zu Pflugscharen umschmieden und ihre Speere zu Winzermessern. Nicht [mehr] wird Nation gegen Nation das Schwert erheben, und sie werden den Krieg nicht mehr lernen« (Jes 2,4). Unnötig zu sagen, dass wir eine derartige politische Ruhe in der geschriebenen Geschichte der Menschheit nirgends finden. Es wird ein Reich sein, in dem Christus herrschen wird.

Satan hat wiederholt versucht, dieses Reich unter seiner eigenen Leitung aufzurichten. Das Römische Weltreich mit seinem gewaltigen Netzwerk grausamer Armeen, endloser Straßen und grausamer Gesetze war der erste deutliche Versuch, die Welt zu einen und unter eine zentrale Leitung zu zwingen. Allerdings musste Satan entdecken, dass er menschliche Wesen nicht nach

Belieben kontrollieren konnte; er kann kein Reich auf der Erde aufrichten, das sowohl durchorganisiert als auch geeint ist. Dieses römische Kaiserreich verfiel schließlich in Unmenschlichkeit und Zwietracht. Die Selbstsucht des Menschen macht jeden Versuch zur Zusammenarbeit zunichte.

Auf den Ruinen des gefallenen Roms errichtete man das sogenannte Heilige Römische Reich; eine unheilige Verbindung der politischen und religiösen Kräfte Europas. Mit dem Auftreten Napoleons wurde dieses Reich, das seit langem nur noch aus einzelnen Bruchstücken bestand, für nichtexistent erklärt. Wieder entwirrte sich das ganze Gespinst am Ende, obwohl viele Träume Satans von einem politischen System in Verbindung mit verfälschter Religion dabei verwirklicht worden waren. Damit war auch das Ende dessen gekommen, was in der Geschichte unter der Bezeichnung *Erstes Reich* (*Erste Ordnung*) bekanntgeworden ist.

Dann wuchs die Macht des deutschen Staates Preußen, und unter der Führung Bismarcks wurde auf den Ruinen der napoleonischen Kriege etwas Neues aufgerichtet: Ein neues Kaiserreich mit einem neuen Kaiser und in der ausdrücklichen Absicht, Europa zu einen und den Traum von einem wiedererstandenen Reich zu verwirklichen. Aber dieser zweite große Versuch scheiterte, als Deutschland den Ersten Weltkrieg verlor. So endete das *Zweite Reich*.

Noch einmal wird Satan massiv versuchen, die Welt zu beherrschen.

Als ein junger Soldat im November 1918 erfuhr, dass Deutschland geschlagen war, da weinte er zum ersten Mal wieder, seitdem seine Mutter gestorben war. Bald darauf hatte er eine mystische Erfahrung, eins mit dem Universum zu sein. Er berichtet, dass er in diesem Augenblick seine Berufung in die Politik empfing. Er war Zeuge des Unterganges gewesen, in dem das Zweite Reich sein Ende gefunden hatte, aber er träumte davon, auf dessen Ruinen einen erneuten großen Versuch zu unternehmen.

So kam es, dass Hitler sein *Drittes Reich* einführte, den dritten Versuch, die Welt unter einem alleinigen Führer zu vereinen. Er prahlte, dass sein Reich tausend Jahre lang andauern werde. Aber wie wir heute wissen, hielt es nur für zwölf Jahre und sechs Monate. Soviel zu Satans Fähigkeit, Völker zur Einheit und Weltherrschaft anzureizen!

Die Welt ist niemals einig gewesen; noch viel weniger ist ein Herrscher jemals in der Lage gewesen, einen Thron weltweiter Macht zu besetzen. Die Idee einer geeinten Welt ist verlockend angesichts der Probleme von Hunger und Krieg. Um eine wirksame und stabile Wirtschaft aufrichten zu können, müsste die Welt - so sagt man uns - darum besorgt sein, in einer Völkerfamilie zusammenzufinden.

Wir haben gesehen, was die Bibel lehrt - dass Satan einen weiteren massiven Versuch unternehmen wird, die Welt zu beherrschen, und auch, dass dieser Versuch schließlich Erfolg haben wird. Wenn der Antichrist auftritt, wird die Welt bereit sein, einen Traum ernsthaft wieder aufzunehmen, der seit den Tagen Babylons in den Köpfen umherschwirrt. Damals hatten sich alle Menschen entschlossen zusammenzubleiben - vereint durch einen Turm, dessen Spitze »bis an den Himmel« reichen sollte (1Mo 11,4). Ausgehend von unserem heutigen technischen Fortschritt und unserer sekundenschnellen weltweiten Kommunikation könnte eine vereinigte Welt möglich erscheinen.

Satan wird aus dem Himmel mitten in die Trübsalsperiode hinein geworfen werden. Aber das wird ihn nicht daran hindern, sein weltweites Netzwerk aufzurichten. In der Tat, es ist seine Wut, das Wissen, dass seine Zeit kurz bemessen ist, was ihn motiviert, ein letztes, wagemutiges Risiko einzugehen. Er will Christus betreffs der Weltherrschaft den Rang streitig machen. Das wird das *Vierte Reich* sein.

In diesem Weltreich wird nicht alles in Ordnung sein. Zum einen werden die Heiligen Gottes gegen ihn stehen. Zum anderen werden die Herrscher dieser Welt alles unternehmen, um ihre eigenen selbstsüchtigen Ziele zu unterstützen. Die zerbrechliche Einheit der Welt wird zu bröckeln beginnen. Und - was das Ärgste ist - der Hass auf die Juden wird sich so sehr steigern, dass sich der Mittlere Osten in ein hochexplosives militärisches Pulverfass verwandeln wird. Und das wird sich als sein Verderben erweisen.

Diese Auseinandersetzung, die wir unter der Bezeichnung »Schlacht von Harmagedon« kennen, wird die schlimmste der Weltgeschichte werden. Obgleich sie im Tal von Megiddo beginnt, wird sie schnell das ganze Land Israel und den ganzen Mittleren Osten ergreifen. Christus sagte über diese Tage: »Dann wird große Drangsal sein, wie sie von Anfang der Welt bis jetzt nicht gewesen ist noch je sein wird« (Mt 24,21). Wieder einmal wird sich die völlige Verderbtheit der ganzen menschlichen Rasse erweisen.

Diesmal wird der Kampf zwischen Christus und dem Teufel nicht in den Bergen Judäas, sondern auf dem Ölberg ausgetragen. Satan wird nun nicht einem Christus gegenübertreten, der von Hunger geschwächt, sondern einem verherrlichten Christus, der zum Krieg gerüstet ist. Der rechtmäßige Herrscher ist unterwegs, und Satan weiß es.

DIE HERRLICHE WIEDERKUNFT CHRISTI

Die Armeen der Erde werden sich in Israel zur Schlacht um Jerusalem versammeln. Dann wird Christus wiederkommen. Sacharja schrieb:

> »*Und ich versammle alle Nationen nach Jerusalem zum Krieg; und die Stadt wird eingenommen und die Häuser werden geplündert. Und die Frauen werden geschändet. Und die Hälfte der Stadt wird in die Gefangenschaft ausziehen, aber der Rest des Volkes wird nicht aus der Stadt ausgerottet werden. Dann wird der HERR ausziehen und gegen jene Nationen kämpfen, wie er schon immer gekämpft hat am Tag der Schlacht. Und seine Füße werden an jenem Tag auf dem Ölberg stehen, der vor Jerusalem im Osten* [liegt]*; und der Ölberg wird sich von seiner Mitte aus nach Osten und nach Westen spalten zu einem sehr großen Tal, und die* [eine] *Hälfte des Berges wird nach Norden und seine* [andere] *Hälfte nach Süden weichen*« (Sach 14,2-4).

Die Geologen informieren uns darüber, dass eine geotektonische Verwerfungslinie über den Ölberg geht, die bis zum Toten Meer hin verläuft. Wenn die Füße Christi auf dem Berg stehen werden, wird er sich von Osten nach Westen teilen. Dann werden die sich bekriegenden Völker den Kampf gegeneinander einstellen und sich gegen Christus wenden. Jetzt wird Satan eine letzte Möglichkeit geboten, Christus von seinem Thron zu stürzen und seine Krone in den Staub zu schleudern. Aber wie Satan schon wiederholt entdecken musste, wird auch dieser Kampf nur eine Farce sein.

Johannes beschreibt es so:

»Und ich sah den Himmel geöffnet, und siehe, ein weißes Pferd, und der darauf saß, heißt ›Treu und Wahrhaftig‹, und er richtet und führt Krieg in Gerechtigkeit. Seine Augen aber sind eine Feuerflamme, und auf seinem Haupt sind viele Diademe, und er trägt einen Namen geschrieben, den niemand kennt als nur er selbst; und er ist bekleidet mit einem in Blut getauchten Gewand, und sein Name heißt: Das Wort Gottes. Und die Kriegsheere, die im Himmel sind, folgten ihm auf weißen Pferden, bekleidet mit weißer, reiner Leinwand. Und aus seinem Mund geht ein scharfes Schwert hervor, damit er mit ihm die Nationen schlage; und er wird sie hüten mit eisernem Stab, und er tritt die Kelter des Weines des Grimmes des Zornes Gottes, des Allmächtigen. Und er trägt auf seinem Gewand und an seiner Hüfte einen Namen geschrieben: König der Könige und Herr der Herren.

Und ich sah einen Engel in der Sonne stehen, und er rief mit lauter Stimme und sprach zu allen Vögeln, die hoch oben am Himmel fliegen: Kommt her, versammelt euch zum großen Mahl Gottes, damit ihr Fleisch von Königen fresst und Fleisch von Obersten und Fleisch von Mächtigen und Fleisch von Pferden und von denen, die darauf sitzen, und Fleisch von allen, sowohl von Freien als Sklaven, sowohl von Kleinen als Großen!

Und ich sah das Tier und die Könige der Erde und ihre Heere versammelt, um mit dem, der auf dem Pferd saß, und mit seinem Heer Krieg zu führen. Und es wurde ergriffen das Tier und der falsche Prophet - der mit ihm war und die Zeichen vor ihm tat, durch die er die verführte, die das Malzeichen des Tieres annahmen und sein Bild anbeteten -, lebendig wurden die zwei in den Feuersee geworfen, der mit Schwefel brennt. Und die übrigen wurden getötet mit dem Schwert, das aus dem Mund dessen hervorging, der auf dem Pferd saß; und alle Vögel wurden von ihrem Fleisch gesättigt« (Offb 19,11-21).

Wer sind jene, die ihn begleiten, »bekleidet mit weißer, reiner Leinwand« (Vers 14)? Es sind keine Engel, sondern die Heiligen, die gerade beim Hochzeitsmahl des Lammes saßen (Vers 7-9). Es gibt Belege dafür, dass die gegenwärtigen Gläubigen der Gemeinde entrückt sein werden, ehe sich diese unglaublichen Ereignisse abspielen. So werden sich unter diesen Heiligen auch die gegenwärtigen Gläubigen unseres Zeitalters befinden.

Halten Sie den Atem an, während Sie dies lesen: *Wir werden Christus folgen, um in der letzten Schlacht der Weltgeschichte die Völker der Erde zu bändigen*! Wir werden mit ihm auf dem Ölberg stehen und mit ihm zum Sieg marschieren. Jene, die in ihrem Leben niemals das Glück hatten, das Land Israel zu besuchen, werden jetzt die große Gelegenheit dazu bekommen. Christus selbst wird sein Volk zum Sieg führen.

Was das Tier und den falschen Propheten betrifft - »lebendig wurden die zwei in den Feuersee geworfen, der mit Schwefel brennt« (Vers 20). Satan wird ihr Schicksal teilen, aber nicht sofort. Für ihn gibt es noch einen Zwischenhalt, ehe er zu denen stößt, die er so grausam betrogen und beherrscht hat. Das Zeitalter des Reiches dämmert herauf, und Gott braucht ihn noch, um ein letztesmal seinem Zweck zu dienen. Die Tatsache, dass er jetzt zunächst von dem Feuersee verschont bleibt, macht seine dortige Zukunft nicht weniger gewiss. Die Geschichte schreitet jetzt mit unausweichlicher Gewissheit fort.

DIE SCHLANGE IM REICH

Als Christus dem von Dämonen besessenen Mann gegenüberstand, der in den Grüften hauste, da baten ihn die Dämonen, dass er sie nicht in den Abgrund senden möge; sie fürchteten, vor der Zeit gequält zu werden (Mt 8,29; Lk 8,31). Christus gewährte ihre Bitte und erlaubte ihnen, in eine Herde Schweine zu fahren, die sich dann auch prompt in den See stürzte und samt und sonders ertrank.

Aber es war den Dämonen nur möglich, ihr Verderben aufzuschieben, nicht aber, es zu verhindern. Nun aber, da das Reich unter seinem rechtmäßigen König aufgerichtet ist, werden Satan und die Seinen für eine Zeit in dem Abgrund eingesperrt, den sie so sehr fürchteten. Wir lesen:

»*Und ich sah einen Engel aus dem Himmel herabkommen, der den Schlüssel des Abgrundes und eine große Kette in seiner Hand hatte. Und er griff den Drachen, die alte Schlange, die der Teufel und der Satan ist; und er band ihn tausend Jahre und warf ihn in den Abgrund und schloss zu und versiegelte über ihm, damit er nicht mehr die Nationen verführe, bis die tausend Jahre vollendet sind. Nach diesem muss er für kurze Zeit losgelassen werden*« (Offb 20,1-3).

Warum werden Satan und seine Dämonen gebunden? Gott will einmal mehr den völligen Bankrott der menschlichen Natur demonstrieren. Obwohl es Satan während der Herrschaft Christi nicht gestattet ist, die Völker zu täuschen, werden sie von der ihrer menschlichen Natur innewohnenden Schlechtigkeit immer noch vom rechten Weg fortgeführt. So findet Satan, wenn er am Ende der tausend Jahre freigelassen wird solche, die bereit sind, mit ihm gemeinsam einen letzten Anschlag auf Gott zu verüben. »Wenn die tausend Jahre vollendet sind, wird der Satan aus seinem Gefängnis losgelassen werden und wird ausgehen, die Nationen zu verführen, die an den vier Ecken der Erde sind, den Gog und den Magog, um sie zum Krieg zu versammeln; deren Zahl ist wie der Sand des Meeres« (Offb 20,7-8). Niemand weiß, wer diese Völker sind, aber es scheint klar zu sein, dass es nicht jene Gog und Magog sind, auf die in Hesekiel 38 Bezug genommen wird. Hier ist eine andere Zeit und ein anderer Ort.

Was wir wissen ist, dass sich diese Völker rund um Jerusalem versammeln werden zu einem kurzatmigen, vergeblichen Versuch, Christus zu entthronen. »Und sie zogen herauf auf die

Breite der Erde und umzingelten das Heerlager der Heiligen und die geliebte Stadt; und Feuer kam aus dem Himmel herab und verschlang sie« (Vers 9). Das wäre dann das letzte Aufflackern der Hoffnungen Satans. Wenn er meint, er könnte immer noch gegen Gott gewinnen, dann nur deshalb, weil er mittlerweile seinen eigenen Lügen Glauben schenkt. Es ist die letzte direkte Auseinandersetzung, an der er beteiligt ist. Der Feuersee ist nur einen Schritt weit von ihm entfernt.

Das prophetische Schema, das ich umrissen habe, ist bekannt unter der Bezeichnung *Prämillenialismus*; der Glaube, dass Christus noch über diese Erde herrschen wird und Jerusalem zu seiner Hauptstadt macht. Diese Sichtweise nimmt die Prophetien des Alten Testaments wörtlicher als andere Auslegungen des Tausendjährigen Reiches.

Ich muss fairerweise erwähnen, dass viele glauben, wir Gläubige würden das Reich auf der Erde aufrichten; dann werde Christus zurückkehren, um unsere Bemühungen zu krönen. Sogar solche Christen, die es eigentlich hätten besser wissen müssen, haben das gelehrt, was von den Theologen *Postmillenialismus* genannt wird. Das ist die Vorstellung, dass wir das Reich aufrichten und dass Christus dann zurückkommt, um die Geschichte abzuschließen. Diese optimistische Vorstellung von unseren Bemühungen ist vielfach widerlegt worden, und doch findet sie in unserer Zeit immer noch Anhänger. Glücklicherweise bleibt ihre Zahl gering.

Viel mehr gibt es, die glauben, wir lebten bereits im Tausendjährigen Reich. Sie sagen, Christi Wiederkehr werde nicht zur Aufrichtung des Reiches führen, weil das Reich die Gemeinde sei. Diese Sichtweise nennt man *Amillenialismus*, den Glauben, dass es gar kein künftiges Reich geben werde. Alle Reichsverheißungen für Israel seien entweder bedingt oder durch die Gemeinde erfüllt. Diese Lehre hat in der ganzen Kirchengeschichte kompetente Anhänger gefunden.

Offensichtlich ist dies nicht der Ort für einen Versuch, diese Unstimmigkeiten aufzulösen. Aber die unterschiedlichen Sichtweisen haben praktische Auswirkungen: Wenn die Gemeinde das Reich ist, dann bedeutet das, dass Satan *bereits in diesem Zeitalter* gebunden ist. Seine Aktivität auf der Erde wäre dann nicht nur eingeschränkt, sondern praktisch nicht vorhanden. Im Abgrund gebunden zu sein bedeutet, nicht die Freiheit zum Durchwandern der Erde zu haben.

Jay Adams, dessen Bücher über Seelsorge für viele hilfreich gewesen sind, glaubt, dass wir schon jetzt im Reichszeitalter sind und dass Satan gebunden ist. Diese Einschränkung oder Behinderung, so sagt er, »beinhaltet auch den gedachten Stillstand solcher Aktivität [dämonische Besessenheit] seiner dämonischen Streitmacht. Das erklärt auch das seltene Vorkommen, wenn nicht die gänzliche Abwesenheit, dämonischer Besessenheit in der modernen Zeit.«[1]

Natürlich bestreite ich diese Sichtweise mit Nachdruck. Es gibt meinem Urteil nach überzeugende biblische Gründe zu glauben, dass dies nicht das Zeitalter des Reiches ist. Noch viel weniger sollten wir davon ausgehen, dass es heutzutage nur wenig oder gar keine dämonische Besessenheit gibt. Wäre dies das Reichszeitalter, dann wäre Satans Aktivität nicht nur »eingeschränkt«, sondern hätte vollständig aufgehört. Wäre dies das Reichszeitalter, dann hätten wir keinerlei Berührung mit dem brüllenden Löwen, der umhergeht »und sucht, wen er verschlinge« (1Petr 5,8). Die Lehre des Neuen Testaments bezüglich unserer Auseinandersetzung mit dem Teufel könnte bequem beiseitegewischt werden.

Der Beleg dafür, dass Christus diese Erde noch von Jerusalem aus regieren wird, ist überzeugend. Ganz sicher verstand David Nathans Vorhersage so, dass ihm ein Sohn geboren würde, der eines Tages Herrscher über sein Reich sein werde, das heißt, das Reich, über das David selbst herrschte (2Sam 7,8-17). Und der Engel Gabriel sagte zu Maria, dass ihr Kind groß sein werde und »der Herr, Gott, wird ihm den Thron seines Vaters David geben; und er wird über das Haus Jakobs herrschen in Ewigkeit, und seines Königtums wird kein Ende sein« (Lk 1,32-33). Es ist äußerst zweifelhaft, dass Maria oder irgendeiner ihrer Zeitgenossen geglaubt haben sollte, dass dieses Reich im Himmel war. Davids Reich befand sich auf dieser Erde und hatte Jerusalem zur Hauptstadt.

Aber es gibt einen weiteren Grund, weshalb ich glaube, dass Christus von der Erde aus regieren wird: Er muss beweisen, dass er tun kann, was Satan nicht konnte. Diese sündenverseuchte Erde, die über Jahrtausende das Haupteinflussgebiet der Aktivitäten Satans gewesen ist, muss der Ort sein, wo Christus noch selbst herrscht in Herrlichkeit und Triumph. *Christus, der den siegreichen Schlag führte, wird auf Satans Rasen herrschen.*

Wenn der Teufel Gottes Teufel ist, dann ist die Hölle Gottes Hölle.

Der erste Schritt in Satans Niedergang ist das Verbot, sich im Himmel aufzuhalten; der zweite das Verbot, auf der Erde zu weilen. Für tausend Jahre wird es den Völkern gestattet, ihren eigenen Weg zu gehen - ohne satanischen Rat oder Einfluss.

Nun steigern sich Satans Gewissensbisse. Milton erkannte dieses verzweifelte Gefühl der permanenten Gottesabwesenheit: »Wohin ich auch fliehe, es ist die Hölle; ich selbst bin Hölle!« Er, der stets seine eigene Hölle bei sich getragen hatte, wird nun in eine Hölle geworfen, die von ganz anderer Art ist. Jetzt muss er die Kontrolle über alle Wesen fahrenlassen, die er jemals beeinflusst hat. Die Macht ist vergangen, ebenso Frechheit, Ränke und Trotz. Von allem entblößt, was er einst zu besitzen dachte, ist er nun gezwungen, ewige Finsternis zu ertragen.

DER FEUERSEE

Wir stehen nun vor der letzten Stufe in Satans Niedergang. »Und der Teufel, der sie verführte, wurde in den Feuer- und Schwefelsee geworfen, wo sowohl das Tier als auch der falsche Prophet ist; und sie werden Tag und Nacht gepeinigt werden in alle Ewigkeit« (Offb 20,10). Schließlich wird er mit seinen Scharen in ewiger Qual vereint sein. Kein Zweifel: Er wird entdecken, dass es noch viel ärger ist, als er es sich jemals ausgemalt hat.

Was können wir über den ewigen Zustand Satans im Feuersee sagen?

1. *Dieser Ort wurde von Gott geschaffen - vom Allmächtigen jenen bereitet, die verurteilt waren ihn zu bewohnen.* Christus sagte, Gott werde zu den Gottlosen sprechen: »Geht von mir, Verfluchte, in das ewige Feuer, das bereitet ist dem Teufel und seinen Engeln« (Mt 25,41).

Gott hat zwei ewige Bestimmungen vorbereitet. »Ich gehe hin, euch eine Stätte zu bereiten«, sagte Christus zu seinen Jüngern (Joh 14,2). Dieser Ort, der Himmel, ist schon jetzt bereit, die aufzunehmen, die für immer bei Gott sein werden. Was den Feuersee betrifft, so ist auch er vorbereitet. Obwohl heute noch niemand in der Hölle ist (die ungläubig Gestorbenen kommen in den Hades), lässt Christus keinen Zweifel darüber, dass der Feuersee nichtsdestoweniger schon bereitet ist. Obgleich noch leer, ist er in Erwartung seiner Bewohner bereits fertiggestellt.

Wir behaupten kühn, dass der Feuersee nicht einfach ein weit, weit entferntes Abbild der natürlichen Schöpfung ist, sondern wirklich ein ganz besonderer Ort, geschaffen aus einem besonderen Grund. Und der Schöpfer beherrscht, was immer er erschafft. Auch hier gibt Gott seine souveräne Herrschaft nicht auf. Wenn der Teufel Gottes Teufel ist, dann ist die Hölle Gottes Hölle.

Gott herrscht in der Hölle, nicht der Teufel. Er ist der Schöpfer, und er gibt nicht einen Teil seines Reiches einem anderen. Die Hölle ist weder die Erfindung einer lebhaften Phantasie, noch ist sie der Ort, an dem Satan sein Reich aufrichtet. Gott ist in den Himmeln droben, und - weil er allgegenwärtig ist - ist er auch in der Hölle drunten. Sogar dort geschieht, genau gesagt, sein Wille.

Folgendes ist zu erwägen: Die Hölle ist ein Ort des Gerichts über die Auflehnung der Geschöpfe Gottes. Aber wie wir sehen werden, sind diese Gerichte peinlich genau bemessen unter der wachsamen Aufsicht Gottes. Die Strafen müssen gerecht sein, richtig, und der Tat entsprechen. Gott würde niemals den heiklen Auftrag, Gerechtigkeit zu üben, einem anderen übertragen.

2. *Die Hölle ist ein Ort der Qual.* Der im mittelalterlichen Brauchtum oft wiedergegebene Eindruck, die Hölle sei der Herrschaftsbereich des Teufels, fußt auf der Vorstellung, dass er

dort regiert, seinen eigenen Dämonen Befehle erteilt und Menschen willkürlich foltert. Dante, so hörten wir, zeichnete das Bild einer Hölle, wo die Dämonen jene quälen, die an den Ort ihrer Bestimmung kommen. Die mit ihm in Verbindung gebrachte Heugabel-Pechkocherei dachte man sich als eine Art mittelalterlichen Kochtopf-Salon zu dem Zweck, Schmerzen zuzufügen. Diese Vorstellung kommt natürlich aus der Mythologie und nicht aus der Bibel.

Wir müssen den Text sorgfältig betrachten. Wir lesen: »Sie werden Tag und Nacht gepeinigt werden in alle Ewigkeit« (Offb 20,10). Das ist kein Ort, wo Satan andere peinigt, sondern wo er gepeinigt wird. Er ist nicht der *Peiniger*, sondern der *Gepeinigte*. Er ist kaum in der Situation, anderen Probleme zu bereiten, weil er selbst von den Problemen überwältigt wird, die auf ihm lasten.

Der Zustand der Schlange in der Hölle ist sogar noch erbärmlicher als der anderer Geschöpfe! Wer außerordentlich gesündigt hat, wird auch außerordentlich bestraft. Niemand sündigte mit mehr Wissen und mehr Licht als Luzifer. Sein Gericht wird seiner Auflehnung entsprechen. Wir können sicher sein: Es gibt keinen *König* in der Hölle!

J. Marcellus Kik weist, vielleicht ganz richtig, darauf hin:

> »Welch ein Empfang wird dem Teufel von jenen bereitet werden, die er betrogen hat! Was für Flüche, was für Beschimpfungen, was für Misshandlungen, was für Verunglimpfungen, welcher Zank wird da über ihn kommen! Er wird umgeben sein von einem Meer von Flüchen. Seine Nase kann dem Gestank der Beschimpfungen nicht entfliehen. Er ist Teil seiner alltäglichen, allnächtlichen Pein. Er wird gehasst werden, verachtet und verworfen, in alle Ewigkeit.«[2]

Oh ja, das ist sehr wahr, dass Satan nie wieder singen wird. Er wird nur noch heulen. Die Erinnerung an himmlische Chöre wird nur noch die Pein seiner eigenen Reue vergrößern. Und es gibt kein Entkommen.

3. *Die Hölle hat viele Bewohner.* Wir lesen, wenn der Teufel in die Hölle geworfen wird, dann ist das der Ort, »wo sowohl das Tier als auch der falsche Prophet ist« (Offb 20,10).

Die sind seit der Wiederkunft Christi dort gewesen, die sich zu diesem Zeitpunkt tausend Jahre zuvor ereignet hat. Wir lasen schon von ihrem Schicksal. »Und es wurde ergriffen das Tier und der falsche Prophet - der mit ihm war und die Zeichen vor ihm tat, durch die er die verführte, die das Malzeichen des Tieres annahmen und sein Bild anbeteten -, lebendig wurden die zwei in den Feuersee geworfen, der mit Schwefel brennt« (Offb 19,20). Soweit uns bekannt ist, sind sie die ersten Bewohner der Hölle. Zweifellos werden die anderen gefallenen Engel zusammen mit ihrem Herrn dort hineinkommen, mit Apollyon.

Aber die Hölle hat auch menschliche Bewohner. Jene, die sich nicht bei Christus vor dem Zorn Gottes bargen, müssen ihr eigenes Los tragen. Unmittelbar nach der Ankunft des Teufels im Feuersee lesen wir vom Gericht über alle ungläubig Gestorbenen. Sie werden gemäß ihrer Werke gerichtet.

»*Und ich sah einen großen weißen Thron und den, der darauf saß, vor dessen Angesicht die Erde entfloh und der Himmel, und keine Stätte wurde für sie gefunden. Und ich sah die Toten, die Großen und die Kleinen, vor dem Thron stehen, und Bücher wurden aufgeschlagen; und ein anderes Buch wurde aufgeschlagen, welches das des Lebens ist. Und die Toten wurden gerichtet nach dem, was in den Büchern geschrieben war, nach ihren Werken. Und das Meer gab die Toten, die in ihm waren, und der Tod und der Hades gaben die Toten, die in ihnen waren, und sie wurden gerichtet, ein jeder nach seinen Werken. Und der Tod und der Hades wurden in den Feuersee geworfen. Dies ist der zweite Tod, der Feuersee. Und wenn jemand nicht geschrieben gefunden wurde in dem Buch des Lebens, so wurde er in den Feuersee geworfen*« (Offb 20,11-15).

Hades, der Ort, an dem die ungläubig Gestorbenen sich jetzt aufhalten, wird dann in den Feuersee geworfen werden. Zusammen mit Satan und seinen Dämonen werden Millionen anderer gerichtet werden - auf der Grundlage dessen, was sie getan und was sie gewusst haben. Ihre Leiden können niemals ihre Sünden ausgleichen, deshalb müssen sie ewig andauern.

4. *Die Hölle ist ewig.* Obwohl viele darauf beharren, dass die Hölle ein Ort der totalen Vernichtung sei, wird diese Vorstellung dem Text der Heiligen Schrift einfach nicht gerecht. Uns wird gesagt: »Sie werden Tag und Nacht gepeinigt werden in alle Ewigkeit« (Offb 20,10). Unaufhörliche Ruhelosigkeit, unaufhörliche Hoffnungslosigkeit, unaufhörliche Reue.

Einige Theologen unterlegen den Worten Christi - »fürchtet aber vielmehr den, der sowohl Seele als Leib zu verderben vermag in der Hölle« (Mt 10,28) - die Bedeutung, dass die Seelen von den Flammen der Hölle zerstört (vernichtet) werden. Aber das Wort *verderben* bedeutet nicht Vernichtung; es gibt ein ewiges Verderben, eine bewusste Qual, die niemals endet. Die Seelen in der Hölle werden nicht verderben in dem Sinn, dass sie vernichtet würden. Sie werden vielmehr verderben in dem Sinn, dass sie ohne Hoffnung auf eine künftige Erholung oder Erfüllung Qualen leiden.

Christus lehrte, dass die Hölle so ewig ist wie der Himmel. »Diese werden hingehen in die ewige Pein, die Gerechten aber in das ewige Leben« (Mt 25,46). Wenn wir glauben, dass wir uns für immer des ewigen Lebens erfreuen werden, dann müssen wir auch glauben, dass andere für immer ewige Strafe erleiden werden. Unglücklicherweise haben wir nicht die Freiheit, unseren Glauben nach unseren Vorlieben zu erwählen.

5. *Die Hölle ist gerecht.* Uns als Menschen scheint ewigwährende Strafe einem begangenen Vergehen unangemessen. Gott erscheint uns grausam, ungerecht, sadistisch und rachsüchtig. Der Zweck der Strafe, so lehrt man uns, sei stets Wiedergutmachung. Wiedereingliederung ist das Ziel aller Gefängnisstrafen. Der Begriff eines Ortes ewig währender Strafe ohne jede Möglichkeit bedingter Entlassung oder der Besserung erscheint uns ungerecht.

Wir müssen aber bedenken, dass alle Wesen, ob Dämonen oder Engel, auf der Grundlage des Wissens gerichtet werden. Wem viel gegeben ist, von dem wird auch mehr gefordert werden. Überflüssig zu betonen, dass die Schlange nicht auf Unwissenheit plädieren kann. Ihre Entscheidung wurde in Kenntnis der Tatsachen getroffen, die ihr vor Augen standen.

Natürlich konnte sie nicht alles wissen, weil nur Gott solch völlige Kenntnis sein eigen nennt. Aber sie wusste genug, um für ihre Dummheit streng bestraft zu werden.

Gott richtet in vollkommener Kenntnis aller Fakten. Kein Motiv wird falsch ausgelegt werden; keine mildernden Umstände wird er übersehen. Anders als bei einem menschlichen Gericht, das Einzelheiten beiseite lassen oder falsch verstehen kann, erstreckt sich Gottes Wissen sowohl auf das, was in der Welt wirklich geschehen ist als auch auf das, was unter anderen Umständen hätte geschehen können.

Satan und die, die ihn in den Feuersee begleiten werden, sind ewiger Strafe schuldig. Kein Leiden der Kreatur kann dem Schöpfer jemals vergelten. Wenn Leiden auch nur die unbedeutendste Sünde auslöschen könnte, dann würden die Bewohner der Hölle endlich befreit werden, nachdem ihre Schuld bezahlt worden ist. Aber alles geschöpfliche Leiden kann auch nicht eine einzige Sünde ausstreichen.

Sir Francis Newport, der das Christentum verhöhnte, sagt man nach, er habe die folgenden erschreckenden Worte auf seinem Totenbett gesprochen:

> »Ach, dass ich doch tausend Jahre auf dem Feuer läge, das nie erlischt, um die Gunst Gottes zurück zu erwerben und wieder mit ihm vereinigt zu werden! Aber das ist ein fruchtloser Wunsch. Millionen und Abermillionen von Jahren würden mich dem Ende meiner Qualen nicht näher bringen als eine einzige armselige Stunde. Oh Ewigkeit, oh Ewigkeit! Für immer und ewig! Oh, diese unerträglichen Qualen der Hölle!«[3]

6. *Wir können den Ernst der Sünde nicht begreifen.* Wir müssen bekennen, nicht zu wissen, wieviel Strafe für Satan ausreichend ist, der die größere Verantwortung trägt, oder für den Menschen mit der geringeren. Der berühmte Jonathan Edwards hat gesagt, der Grund, weshalb wir die Hölle so ärgerlich finden, liege in unserer Unempfindlichkeit für die Sünde.

Was, wenn vom Standpunkt Gottes aus die Größe der Sünde von der Größe der Ehre dessen bestimmt wird, gegen den sie gerichtet ist? Dann ist die Schuld der Sünde unendlich, weil die

Persönlichkeit eines unendlichen Wesens verletzt wurde. Und Gott wird es für Recht erachten, dass solch unendliche Sünden unendliche Strafe verdienen.

Als Menschen können wir dankbar sein, dass wir unsere Sünde nicht tragen müssen. Ein unendliches Wesen kam, um einen unendlichen Preis zu bezahlen, damit wir erlöst werden konnten. »Dem, der uns liebt und uns von unseren Sünden gewaschen hat in seinem Blut und uns gemacht hat zu einem Königtum, zu Priestern seinem Gott und Vater: Ihm sei die Herrlichkeit und die Macht in alle Ewigkeit! Amen« (Offb 1,5-6).

EIN BLICK ZURÜCK

Das kosmische Risikospiel ging verloren. Er, der nicht freiwillig Gottes Diener sein wollte, ist nun unfreiwillig Gottes Gefangener. Er, der sich weltweit zu produzieren gedachte, ist nun auf die Abmessungen der Hölle beschränkt. Er, der andere beherrschen wollte, erkennt nun, dass er sich selbst nicht beherrschen kann.

Der Untergang der Schlange im Feuersee besteht als letztes Zeugnis für die Tatsache, dass kein Geschöpf, das gegen den Schöpfer kämpft, gewinnen kann. Kein Wille, der gegen den Willen des Schöpfers ausgespielt wird, kann jemals zu dauerhafter Erfüllung und Freiheit gelangen. Gott hat bewiesen, dass er allein herrscht und dass es neben ihm keinen anderen geben kann.

Heute regiert der Teufel, aber nur auf göttlichen Erlass. Er versucht uns, aber nur in dem Ausmaß, das Gott ihm in Erfüllung seines Wunsches zubilligt. Er zerstört, aber nur soweit, wie Gott ihm Zerstörung gestattet. Er schreitet stolz umher, aber nur, soweit Gott ihn lässt. Er ist nicht bereit, der Realität seiner bevorstehenden ewigen Erniedrigung und Schande ins Auge zu blicken. Er weiß bereits, was andere nicht wissen: Seine gegenwärtig geschlagenen Schlachten sind nur eine Farce auf der kosmischen Bühne. Das Ende ist gewiss und unausweichlich.

Unterdessen ist Satan Gottes Werkzeug der Gerechtigkeit für die Ungehorsamen und Gottes Mittel zur Reinigung für die Folgsamen. Unser Krieg mit ihm belehrt uns über die Natur der Sünde, über die Heiligkeit Gottes und über unsere eigene Hilflosigkeit abgesondert von der Gnade. Luzifers Sturz bot unserem himmlischen Vater eine Möglichkeit, uns grenzenloses Erbarmen zu erzeigen. Er, der alle Dinge nach dem Ratschluss seines Willens lenkt, hat triumphiert, und wir haben Anteil an seinem Sieg.

Und Sie, mein Freund, können ebenso an seinem Sieg teilhaben, wenn Sie Ihr Vertrauen auf Christus übertragen, indem Sie ihre Hilflosigkeit ohne ihn anerkennen. Nur der persönliche Glaube an Christus kann uns vor dem kommenden Zorn bewahren. Nur jene, die ihren Glauben in »das Blut des Lammes« setzen, können die Wut des Teufels überwinden. Und sie überwinden, das werden sie.

»O Tiefe des Reichtums, sowohl der Weisheit als auch der Erkenntnis Gottes! Wie unausforschlich sind seine Gerichte und unausspürbar seine Wege! Denn wer hat des Herrn Sinn erkannt, oder wer ist sein Mitberater gewesen? Oder wer hat ihm vorher gegeben, und es wird ihm vergolten werden? Denn von ihm und durch ihn und für ihn sind alle Dinge! Ihm sei die Herrlichkeit in Ewigkeit! Amen« (Röm 11,33- 36).

Soli Deo Gloria
(Allein zur Ehre Gottes)

ANMERKUNGEN

Kapitel 1

1 William Gurnall: *The Christian in Complete Armour: Daily Readings in Spiritual Warfare* (»*Der vollkommen gerüstete Christ: Tägliche Andachten zur geistlichen Kriegführung*«), Hrsg. James S. Bell (Chicago, Moody 1995), Andacht für den 22. März.

2 Kenneth L. Woodward: *Do We Need Satan*? (»*Brauchen wir Satan*?«), Newsweek, 13. November 1995, S. 64.

3 »Die Hölle« (aus Dante Alighieri: *Die Göttliche Komödie*).

4 »Das verlorene Paradies«; »Das wiedererlangte Paradies«.

5 »Todesverliese und Drachen«; ein Computer-Rollenspiel, bei dem der Spieler unter Zuhilfenahme aller denkbaren okkulten Kräfte gegen die totale Vernichtung durch Dämonen kämpft.

6 Woodward, a.a.O.

7 Ibid., S. 67.

8 Ibid., S. 64.

9 Gerald McGraw: *Is Your Devil Too Big*? (»*Ist dein Teufel zu groß*?«), Alliance Life, 27. Februar 1991, S.9.

Kapitel 2

1 A.d.Ü.: Einige deutsche (z.B. Menge) und nahezu alle englischsprachigen Bibelausgaben übersetzen in diesem Vers »*gesalbter Cherub*«. Auf diese Salbung bezieht sich der Autor im weiteren.

2 »Der unsichtbare Krieg«.

Kapitel 3

1 Donald Grey Barnhouse: *The Invisible War* (»*Der unsichtbare Krieg*«; Zondervan, Grand Rapids 1965), S. 231-232.

2 Ibid.

Kapitel 4

1 Marilyn Ferguson: *The Aquarian Conspiracy* (»*Die Wassermann-Verschwörung*«; Jeremy P. Tarcher, Los Angeles 1980), S. 23.

2 Annette Hollander: *How to Help Your Child Have a Spiritual Life* (»*Wie verhelfe ich meinem Kind zu einem geistlichen Leben*«; A&W, New York 1980), S. 31.

3 A.d.Ü.: Das deutet an, dass der Geist dem Toten persönlich zugeordnet ist. Die englische King-James- Übersetzung definiert sogar: *familiar spirits*, »vertraute Geister«.

4 »Gewindebohrer«.

5 »Holzwurm«.

6 C.S. Lewis: *The Screwtape Letters* (Macmillan, New York 1943), S. 39. In deutscher Sprache er schienen unter dem Titel: *Dienstanweisung für einen Unterteufel* (Brendow, Moers 1995), S. 35.

7 A.d.Ü.: Die englische King-James-Bibel übersetzt: »as Gods«, »Göttern gleich«. Alle verbreiteten deutschen Ausgaben schreiben: »wie Gott«.

8 Nikos Kazantzakis: *The Last Temptation of Christ* (»*Die letzte Versuchung Christi*«) zitiert in AFA- Journal, Juli 1988, S. 22.

9 Allan Watts: *Beat Zen, Square Zen and Zen* (City Lights, San Francisco 1959), S. 10.

10 A.d.Ü.: Humpty Dumpty (»Dickerchen«) ist eine Figur aus dem Kinderbuch *Alice im Wunderland* des Engländers Lewis Carroll. Es ist ein Ei auf Beinen, das so lange auf einer hohen Kante balanciert bis es herunterfällt, wobei die Schale zerbricht und sich Dotter und Eiweiß auf die Erde ergießen. Nach einer gewissen Zeit fügt sich alles wieder zusammen, als sei gar nichts geschehen, und der Balanceakt beginnt von Neuem.

Kapitel 6

1 Frederick S. Leahy: *Satan Cast Out* (»*Satan wurde hinausgeworfen*«; Banner of Truth [Panier der Wahrheit], Carlisle, Pa.,1975), S. 30.

2 A.d.Ü.: Die englische Verszeile lautet im Original:
Jesus, Thy blood and righteousness
My beauty art; my glorious dress;
Midst flaming worlds in these arrayed,
With joy shall I lift up my head.

3 A.d.Ü.: Die englische Verszeile lautet im Original:
Jesus paid it all,
All to Him I owe;
Sin had left a crimson stain,
He washed it white as snow.

Kapitel 9

1 »Der Widersacher«.

2 »Wie man erobertes Land zurückfordert«.

Kapitel 11

1 H.G. Wells, zitiert in Constance Cumbey: *The Hidden Dangers of the Rainbow* (Huntington House, Lafayette La., 1983), S. 125. In deutscher Sprache erschienen unter dem Titel: *Die sanfte Verführung* (Schulte+Gerth, Asslar 1986), S. 146.

2 Ibid.

3 A.d.Ü.: Die englische Verszeile lautet im Original:
Let goods and kindred go,
This mortal life also;
The body they may kill:
God's truth abideth still,
His Kingdom ist forever.

Kapitel 12

1 Jay Adams: *The Big Umbrella and Other Essays and Adresses* (»*Der große Schirm und andere Essays und Ansprachen*«; Presb. & Reformed 1973), S. 118.

2 J. Marcellus Kik, zitiert in Frederick S. Leahy: *Satan Cast Out* (»*Satan wurde hinausgeworfen*«; Banner of Truth [Panier der Wahrheit], Carlisle, Pa.,1975), S. 61.

3 Sir Francis Newport: Knight's Master Book of New Illustrations (Eerdmans, Grand Rapids 1956), S. 159.

Glaube an die Vorsehung Gottes

Am 8. November 1994 reisten Pastor Scott Willis und seine Frau Janet mit sechs ihrer neun Kinder über die Autobahn bei Milwaukee, als ein Stück Metall von einem Lastwagen vor ihnen herunterfiel. Scott hatte keine andere Wahl, als den Klotz zwischen die Räder zu nehmen. Dadurch explodierte der hintere Benzintank und fünf der sechs Kinder starben sofort in den Flammen. Das sechste Kind, Benjamin, starb einige Stunden später.

Scott und Janet konnten mit schweren Brandwunden aus dem Auto entkommen. Als sie dort standen und zusehen mussten, wie ihre Kinder im Feuer starben, sagte Scott zu Janet: »Das ist der Augenblick, auf den Gott uns vorbereitet hat.« Der Mut dieses Ehepaares wurde überall in den USA und der Welt bewundert. Jesus ging mit ihnen durch den tiefen Schmerz dieser Tragödie.

»Jeden Morgen, wenn wir aufwachen, sagen wir uns, dass dies ein neuer Tag ist, an dem sich die Treue Gottes beweist. Jeden Abend sagen wir: Nun sind wir dem Wiedersehen mit unseren Kindern einen Tag näher.« Dieses Zeugnis stammt von einem Paar, das sich bewusst war, dass Kinder eine Gabe Gottes sind, und wenn Gott sie wieder bei sich haben will, dann hat er das Recht, sie zu sich zu holen. Hiob, der Patriarch des Alten Testaments, würde zustimmen.

Wir sagen, dass Familie Willis einen Unfall hatte, doch war dies nicht, von Gott her gesehen, ein vorherbestimmtes Ereignis? Ich glaube schon. Was wir einen Unfall nennen, kann sehr wohl ein von Gott sorgfältig geplantes Ereignis sein.

Denken sie nur an die Möglichkeiten, an all die Ereignisse, die hier zusammenkommen mussten, damit der Unfall passierte. Hier nur eine Auswahl: *Wenn* sie ihre Reise morgens nur eine Minute früher oder später angetreten hätten; *wenn* der Lastwagen nur an einer anderen Stelle der Autobahn gewesen wäre ... einige Sekunden früher oder später. Oder man kann sagen, *wenn* nur das Stück Metall früher oder später heruntergefallen wäre, oder, statt mitten auf der Spur liegen zu bleiben, in den Graben gepurzelt wäre ...

Mit ein bisschen Anstrengung könnten wir mindestens ein Dutzend »Wenn« finden. Letztlich konnte dieser Unfall nicht passieren, hätten nicht eine Menge Umstände dazu geführt, dass alles zur rechten Zeit am rechten Ort war.

Hören Sie einmal auf die Unterhaltung bei Beerdigungen, und sie werden viele »Wenn« zu hören bekommen.

»*Wenn* wir nur den Arzt früher gerufen hätten ...«

»*Wenn* nur kein Eis auf der Autobahn gewesen wäre ...«

»*Wenn* wir nur den Knoten früher entdeckt hätten ...«

»*Wenn* sie nur operiert hätten ...«

»*Wenn* sie nur nicht operiert hätten ...«

Ich möchte Sie auffordern, mit einem Stift einen Kreis um diese »Wenn« zu zeichnen. Dann sollten sie an den Kreis schreiben: »Die Vorsehung Gottes.« Der Christ glaubt, dass Gott größer ist als unsere »Wenn«. Seine vorsehende Hand umfasst unser ganzes Leben, nicht nur die guten Tage, sondern auch die »schlechten«. Wir führen das Wort »Unfall« in unserem Vokabular, er nicht.

Unfälle, schlechte Gesundheit oder sogar Tod durch die Hand eines Feindes - Gott benutzt all dies, um seine Kinder nach Hause zu bringen. So lange wir uns seiner Fürsorge anvertrauen, können wir darauf vertrauen, dass wir nach seinem Zeitplan sterben. Wir können die Ereignisse außerhalb von uns nicht beeinflussen, aber wir sind natürlich dafür verantwortlich, wie wir auf die scheinbar zufälligen Ereignisse unseres Lebens reagieren. Es ist eine Tatsache, dass Gott uns einen Feuerwagen schicken kann, wenn er uns zu sich holen will.

Martha und Maria kannten auch ihre »Wenn« (Joh 11,1-44). Als Jesus erfuhr, dass sein Freund Lazarus krank war, blieb er absichtlich noch zwei Tage, so dass Lazarus schon tot und begraben war, als er in Bethanien ankam. Beide Schwestern äußerten unabhängig voneinander ihre Klage: *»Herr, wenn du hier gewesen wärest, so wäre mein Bruder nicht gestorben.«* Doch Jesus wollte, dass sie wussten, dass Lazarus nach dem Willen Gottes gestorben war, er starb nach göttlichem Plan.

Wir gewinnen nichts dadurch, dass wir eine Tatsache betrauern, indem wir sagen: »Wenn wir es nur gewusst hätten, könnte heute alles anders sein.« Wir brauchen nicht wie die Frau zu werden, die vierzehn Jahre lang jeden Morgen zum Grab ihres Mannes pilgerte, weil sie sich schuldig fühlte. Sie hatte ihren Mann überredet, zu einem Konzert zu fahren. Auf dem Weg dorthin hatten sie einen Unfall, bei dem er getötet wurde. Solche falschen Schuldgefühle kommen nicht von Gott, sondern aus uns selbst.

Diese Frau - Gott segne sie! - hätte sich selbst viel Kummer ersparen können, hätte sie nur daran gedacht, dass wir nur Menschen sind und Gott Gott ist. Sie konnte vorher nicht wissen, dass dieser Unfall sich ereignen würde. Wir alle haben schon einmal unseren Ehepartner überredet, irgendwo hinzugehen, wohin er nicht wollte. Uns alle hätte also dieses Schicksal treffen können. Wir müssen verstehen, dass Gott größer ist als unsere Fehler, er ist auch größer als ein Stück Stahl, das zufällig auf der Autobahn von einem Lastwagen fällt. Wir müssen uns daran erinnern, dass diese Vorfälle, auf die wir keinerlei Einfluss haben, ganz fest in seiner Hand sind.

Als Lina Sandell Berg sechsundzwanzig Jahre alt war, begleitete sie ihren Vater auf einem Schiff, das den Vattern-See in Schweden auf dem Weg nach Gothenburg überquerte. Das Schiff bäumte sich unerwartet so auf, dass Linas Vater, ein hingegebener Christ, über Bord fiel und vor den Augen seiner Tochter ertrank. Aus ihrem gebrochenen Herzen heraus schrieb sie ein Lied, das in den USA sehr bekannt ist. Wenn Sie diese Worte lesen, suchen Sie doch alle die Zeilen heraus, die zeigen, dass Lina darauf vertraute, dass ihr Vater in der liebevollen Fürsorge Gottes starb.

Tag für Tag und jeden Augenblick
finde ich Kraft, meinen Anfechtungen hier zu begegnen,
vertraue auf meines Vaters weise Gaben,
und ich habe keinen Grund, mich zu sorgen
oder zu fürchten.

Der, dessen Herz über alle Maßen freundlich ist,
gibt jedem Tag, was er als bestes erkannt hat -
mit Liebe, die Teil von Schmerz und Freude ist,
die Mühe mit Friede und Ruhe durchmischt.

Jeden Tag ist der Herr selbst neben mir
mit einer besonderen Gnade für jede Stunde.
Alle meine Sorgen will er gerne tragen
und mich aufmuntern,
der, dessen Name Wunderrat und Macht ist.

Der Schutz seines Kindes und seines Schatzes
ist eine Aufgabe, die er sich selbst gestellt hat.
»Wie deine Tage, so deine Kraft« -
diese Verheißung gab er mir.

Bemerkenswerterweise hatte Lina das Zutrauen, dass der Tod ihres Vaters, den viele wohl einfach der zufälligen Bewegung eines vom Wind gebeutelten Schiffes zuschreiben würden, unter den liebenden sorgenden Augen ihres Herrn geschah. Sie konnte schreiben: »Der Schutz seines Kindes und seines Schatzes ist eine Aufgabe, die er sich selbst gestellt hat.« Sie war weit davon entfernt, diesen Vorfall als ein grausames Versehen Gottes anzusehen, statt dessen hielt sie den Tod ihres Vaters als Ausdruck liebevoller Fürsorge! Menschlich gesehen starb er wegen einer unerwartet hohen Welle, von Gott her gesehen starb er, weil Gott wollte, dass er heimkehrt.

Wenn für uns die Zeit zu sterben gekommen ist, werden wir durch das Beispiel des Einen getröstet, der den Vorhang durchschnitten hat und wiederkam, um uns zu sagen, was wir auf der anderen Seite erwarten können. Jesus ist unser bestes Beispiel, wie wir unsere letzte Stunde erwarten können, die ganz sicher zu jedem von uns kommen wird. Er starb, damit wir sieghaft sterben können.